H. B. 헐버트 선교사의 통전적 선교가 한국 근대교육과 사회문화 발전에 끼친 영향

유 성 실 지음

도서출판 **현대사포럼**

머리말

　이 책은 저자의 박사논문을 첨삭하여 독자가 읽기 쉽도록 재편집하였다.

　오늘날의 발전된 한국의 위상은 헐버트(Homer Bezaleel Hulbert)선교사를 비롯한 초기 미국선교사들의 활동의 결실이다. 조선말의 풍전등화와 같았던 국가위기의 시대에 조선에 들어와 기독교의 전파와 교육만이 나라를 살리는 비결임을 직시하고 그에 전념했던 초기 선교사들, 특히 헐버트 선교사는 조선 최초의 근대식 공교육을 담당했던 육영공원의 교사로 초빙되어 조선에 입국하였다.

　헐버트는 한국 근대교육의 선구자로서 조선말 유교적 교육제도를 근대적 체제와 새로운 교육내용으로 바꾸고 근대교육의 기틀을 다졌다. 헐버트는 최초의 순한글 교과서 『ᄉᆞ민필지』를 집필하여 조선인들에게 한글의 대중화를 꾀했고, 세계 각국의 지리와 사회문화에 대해 눈을 뜨게 하여 중국과 일본, 러시아만을 전부로 알았던 조선 사람들의 세계관을 넓혀 주었다. 세계에서 가장 배우기 쉽고 과학적인 한글의 우수성을 일찍이 발견하고 한글과 한국어, 한국의 문화 등을 연구하여 다수의 논문을 세계적인 잡지에 발표하였다. 또한 한국역사를 연구하여 『한국사』, 『대한제국멸망사』등을 저술함으로써 한국의 역사와 문화의 잠재력과 우수성을 전 세계에 알렸다. 을사조약이 발표되자 고종의 특사로 미국에 가서 일본의 조선 침략을 저지하고자 하였으며, 헤이그밀사의 일원으로서 한국 밀사들의 활동을 도왔고, 서방에 일제의 야만적 조선 침탈행위를 알렸다. 헤이그밀사 사건으로 인해 미국으로 추방된 후에도 조선에 대한 일본의 강탈 실상을 미국과 전 세계인들에게 지속적으로 알리며, 한국의 독립이 속히 올 수 있도록 노력하였다. 헐버트는 서재필과 이승만을 도와 한국의 독립을 이루게 한 공로자이며, 한국인보다 더 한국을 사랑했던 선교사였다.

헐버트 선교사는 복음전도를 위한 방편으로 자신이 가진 재능, 역량, 환경 등을 최대한도로 활용해 한국의 교육과 사회문화 등 모든 방면에서 봉사함으로써 한국의 근대화와 독립에 혁혁한 공을 세웠다. 이러한 헐버트 선교사의 다양한 사회활동은 기독교 복음을 전파하기 위한 하나의 방편이었으며, 복음전도와 기독교인의 사회적 책무가 불가분의 관계에 있음을 앞서 실천한 것이다. 헐버트의 이러한 선교방법을 이른바 '통전적(統全的) 선교'라고 한다. 즉 헐버트는 통전적선교사로서 선구적인 삶을 살았으며, 그의 통전적 선교는 한국의 근대교육과 사회문화의 발전을 가져온 견인차 역할을 했던 것이다.

이 책을 통하여, 한국 근현대사의 찬란한 발전은 호머 B. 헐버트와 초기 미국 기독교 선교사들의 한국 사랑의 씨 뿌림의 결과임을 온 국민이 인식하고 감사의 마음을 가짐으로써 역사를 왜곡하는 배은망덕한 국민이라는 오명을 벗길 염원한다. 뿐만 아니라 헐버트 선교사의 통전적인 선교를 모본 삼아 또 다시 한국교회가 대 부흥의 돌파구를 찾고, 통일대한민국의 견인차가 되어주기를 간절히 염원한다.

이 논문이 나오기까지 음으로 양으로 도움을 주신 모든 분들께 감사를 드린다. 대한민국 근현대 역사를 바로 알려면 헐버트 선교사에 대하여 연구해보라고 조언해 주시고, 논문이 나온 후에도 이 논문은 한국의 신학생들과 목회자들에게 꼭 필요한 내용이니 책으로 출판하라고 강권하신 근현대사 전문가 이선교 목사님께 감사드린다. 또 방대한 헐버트 선교사의 자료들을 깊이 연구하신 김동진 (사)헐버트박사기념사업회 회장님의 감동적인 역작 『파란눈의 한국혼 헐버트』와 헐버트의 논문 번역서 『헐버트, 조선의 혼을 깨우다』가 큰 도움이 되었다. 김동진 회장님과 많은 선행 연구자들에게도 감사드린다. 그리고 많은 자료들을 찾아주시며, 논문을 신속히 쓸 수 있도록 도움을 주신 이상원 목사님께 깊이 감사드린다. 또한 장기간의 신학교 과정을 지도하시고 격려해 주셨던 한세대의 조귀삼 지도교수님과 신문철, 김홍근, 최문홍 교수님 등 지금까지 교육을 통하여 나를 있게 하신 모든 스승님들께 감사드린다.

근현대 역사 왜곡을 바로잡기 위해 함께 뛰었던 서울신대 박명수 교수님, 안양대 이은선 교수님 그리고 김재동 목사님께 감사를 드린다. 또 이명숙, 김유나, 이혜숙 선생님을 비롯한 바른교육전국기독교사연합 스텝들, 새벽기도 때마다 기도해주시는 강정덕 전도사님, 매일 밤 철야기도로 나라를 파수하시는 에스더기도운동의 이용희 교수님과 스텝들, 매 주일 설교를 통하여 주님의 위로와 은혜를 맛보게 하시는 이일성 목사님과 기도 후원자 박영숙 사모님 등 귀하신 동역자님들이 계시기에 외롭지 않았음에 더욱 감사드린다.

어려운 여건 속에서도 책을 출판해주신 최득원 사장님, 한세서점의 박석진 실장님, 그 외에도 이스라엘에 계신 차, 육, 박, 신 선교사님… 이름을 미처 올리지 못한 지인들의 기도와 격려가 여기까지 오게 하였음에 감사드린다.

33년간의 교직 생활과 약 10년간의 신학공부로 인하여, 한 가지 일에 빠지면 다른 일에 신경을 쓰지 못하는 나의 특성상 돌봄이 필요했던 세 딸들에게 적절한 엄마의 돌봄을 제대로 주지 못했기에 늘 미안한 마음을 금할 수 없었다. 모든 형편과 상황을 아시는 주님께서 세 자녀들을 만나주시고 위로와 필요를 공급해주시기를 늘 기도할 뿐이다. 마지막 마무리를 도와준 남편, 그리고 연로하시나 기도로 도와주시는 부모님과 형제들… 모두에게 감사의 마음을 전한다.

그리고 결정적인 순간, 정말 연구를 포기하려 했을 때, 헐버트 선교사님의 한국 사랑의 희생적 여정을 떠올리시며 내게 헐버트 선교사님에 대한 애잔한 눈물과 함께 꼭 써야한다는 다짐을 하게 하신 주님!

어려움 속에서도 이 논문이 완성되어 빛을 볼 수 있도록 주제와 환경을 전적으로 인도해주신 주님께 이 모든 영광과 감사를 올려드린다.

추천의 글 Ⅰ

박 명 수 교수
(서울신대 현대기독교역사연구소장)

유성실 박사님은 필자가 역사교과서에 기독교서술을 위해서 노력하면서 함께 했던 귀한 동역자이다. 유 박사님은 여러 선생님들과 함께 전국바른교육기독교사모임을 만들어서 역사교과서 개정을 위해서 노력해 왔다. 유 박사님은 역사교과서의 바른 서술을 위해 기도운동을 인도했고, 방송에 나가 목소리를 높이기도 하였고, 교사들을 모아 세미나를 개최하기도 하였다. 필자는 유 박사님의 신앙과 행동에 많은 감명을 받았다.

유성실 박사님은 한편으로는 하나님을 뜨겁게 사랑하는 철저한 기독교인이었고, 다른 한편으로는 대한민국을 사랑하고, 학생들에게 애국심을 가르치기 위해서 노력하는 헌신된 교사였다. 신앙심과 애국심은 그를 설명하는 두 단어였다.

이런 유 박사님의 삶은 그를 새로운 방향으로 전진하게 했다. 그것은 본인이 한국사와 기독교의 역사를 본격적으로 연구하는 일이었다. 그리하여 유 박사님은 대학원에 진학하여 박사과정을 공부하면서 한국 기독교가 한국 근현대사에 미친 영향을 본격적으로 연구하였다. 그 결과가 2018년 한세대학교 대학원에 제출된 박사학위 논문 "헐버트 선교사의 통전적 선교가 한국의 근대교육과 사회문화 발전에 끼친 영향"이다.

헐버트가 한국근대사에서 근대교육과 독립운동에 귀한 기여를 했다는 것은 널리 알려져 있다. 그는 한미조약, 갑오개혁, 을사늑약, 한일합병, 105인 사건, 3·1운동, 태평양전쟁, 그리고 대한민국 정부 수립에 이르기까지 한국 근대사의 중요한 시기마다 귀한 역할을 감당했고, 지금은 자신이 그토록 사랑한 한국 땅, 양화진 선교사 묘지에 묻혀 있다.

지금까지 헐버트에 관한 많은 연구들이 진행되어 왔다. 유성실 박사님의 본 논문은 헐버트의 생애와 사역 가운데 어떤 특정한 분야를 택해서 전문적으로 하기 보다는 통전적 선교라는 관점에서 지금까지 많은 연구들을 정리하면서 그의 삶과 사상을 종합적으로 기술한 것이다. 따라서 우리는 이 책을 통해서 헐버트의 삶 전체를 한국 근현대사의 큰 흐름 가운데서 파악할 수 있다는 특징을 갖고 있다.

이 책이 헐버트의 삶을 전반적으로 다루고 있지만 몇 가지 점에서 한국사에 자세히 밝혀지지 않은 부분을 상세하게 소개하고 있다. 첫째, 헐버트의 한글 연구이다. 그는 자신이 한글을 연구해서 그 기원을 밝혔을 뿐만이 아니라 주시경 같은 한글학자를 키워내는 데에도 기여했다는 점이다. 둘째, 독립운동가의 후원 및 양성이다. 헐버트는 YMCA의 창설을 통하여, 한성사범학교, 상동학원을 통하여 많은 독립운동가를 양성하였다. 셋째, 한일합병 이후에도 지속적으로 한국의 독립운동을 도왔다. 헐버트는 고종의 내탕금 관리를 부탁받을 정도로 고종과 깊은 관계를 맺고 있었다는 것을 아는 사람은 많지 않으리라고 생각된다.

우리가 이 책에서 한 가지 아쉬운 점이 있다면 헐버트의 신앙에 대한 설명이 많지 않다는 점이다. 헐버트는 목사의 아들이었고, 자신이 목사였다. 헐버트의 수많은 행동의 뿌리에는 그의 기독교적인 신앙이 뒷받침되었으리라고 생각된다. 하지만 이 책에서는 이런 부분이 분명하게 들어나지 않고 있다.

필자는 유성실 박사님이 학위를 마치고, 논문을 책으로 출판하는 것을 진심으로 축하한다. 그리고 이 책이 널리 읽혀서 하나님이 그의 사람들을 통해서 이 민족과 국가를 위해서 어떻게 역사하셨는가를 많은 사람들이 알기를 원한다. 동시에 유성실 박사님이 이제부터 본격적으로 한국의 역사를 바로 정립하고, 공교육의 역사교육이 바로 이루어지기 위해서 더욱 열심히 활동하기를 원한다. 이제부터 더욱 열심히 공부하고, 기도하고, 활동해서 하나님이 다시금 역사의 주인이 되실 수 있도록 해 줄 것을 기대한다.

추천의 글 II

이 일 성 목사
(순복음삼마교회 담임목사)

이 책을 통해서 한국 교회와 신학을 하는 학생들 그리고 모든 성도들에게 호머 B. 헐버트 선교사를 소개할 수 있는 기회를 갖게 되신 것을 축하드립니다.

신학생들이나 성도들은 한국의 초기 기독교 선교사에 대해서 알렌과 언더우드 그리고 아펜젤러 정도라고 인식하고 있는 경우가 많이 있습니다. 그런데 우리 사회에 알려지지 않은 미국의 초기 기독교 선교사 호머 B. 헐버트는 이분들 못지않게 한국 사회와 교회에 지대한 영향을 끼친 분이셨습니다.

유 선교사님의 책을 통하여 숨겨져 있던 보석과 같은 호머 B. 헐버트 선교사님의 업적과 공로가 다시 한 번 빛을 발하게 된 것을 매우 감사하게 생각합니다.

이 책은 호머 B. 헐버트에 대해서 총체적으로 연구한 논문으로써 기독교인이라면 누구나 이 책을 통하여 통전적인 선교의 방법을 파악할 수 있으며, 복음전도의 삶을 사는 길잡이가 되어줄 것입니다.

특히 이 논문은 배우는 청소년들과 신학생들에게 꿈과 비전을 주는 책이 되기에 충분하고, 성숙한 성도의 모습이 어떤 모습인가를 보여주는 모범적인 삶을 제시하는 방향키가 될 수 있어서 감사한 마음으로 이 책을 추천합니다.

국가적으로 어려운 시기에 한국교회 성도들이 나라와 민족을 위해 어떻게 봉사하며 난관을 극복하고 공헌할 수 있는지 호머 B. 헐버트 선교사의 생애를 통하여 배워가기를 원합니다. 그러기에 이 책은 매우 시기 적절하게 출판되었다고 생각합니다.

헐버트 선교사의 생애를 한눈에 볼 수 있는 좋은 책을 출간하여 주신 유성실 선교사님께 다시 한 번 감사드리며 이 책을 적극 추천합니다.

추천의 글 Ⅲ

조 귀 삼 교수
(한세대학교 선교학)

헐버트 선교사의 교육 선교를 오랫동안 연구한 유성실 박사님의 출판을 진신으로 축하드립니다. 유성실 박사님은 다년간 교육의 현장에서 학생들을 가르치면서 한국의 교육을 많이 걱정 해 오신 분이십니다. 이러한 마음이 한세대학교 대학원에서 헐버트 선교사님의 조선에서의 교육, 사회문화 사역을 주제로 박사 학위를 취득하였습니다.

구한말 풍전등화 같은 위기의 시대 속에서 조선에 구원투수가 되어준 초기 미국인 선교사 헐버트(Homer B. Hulbert)는 통전적 선교사였습니다. 헐버트가 내한하던 당시의 조선은 선교사로서의 입국은 불가능하였고 복음 전파 활동 또한 금지되어 있었습니다. 그는 이러한 어려운 환경을 극복하고 근대식 공교육기관인 육영공원(育英公院) 교사자격으로 입국하였습니다. 이후 헐버트의 공헌을 통해서 근대 한국 교육용 교과서가 도입되게 되었고, 한국어의 우수성을 세계에 알렸습니다. 그는 구전으로만 전해오던 아리랑을 최초로 오선악보에 채보하였습니다. 또한 많은 외국서적과 잡지, 기사를 번역, 기고, 저술, 출판하였습니다. 한국의 역사에도 많은 관심을 기울여 조선왕조 역사서 〈대동기년(大東紀年)〉, 종합 역사서 〈한국사(The History of Korea)〉등을 저술하였습니다.

그 뿐만이 아니라 고종 황제를 도와서 외교적 위상을 높이기 위해 무던

히도 애를 쓰신 분이십니다. 유성실 박사님은 이러한 헐버트 선교사님의 사역을 심층적으로 연구하여 독자들에게 내어 놓습니다. 이 책을 접한 모든 분들께서 헐버트 선교사가 한국 선교에 끼친 공헌을 함께 공유 할 수 있는 계기가 되어지기를 기대 합니다.

추천의 글 Ⅳ

이 은 선 교수
(안양대학교 교회사)

　오랫동안 초·중·고등학교의 역사와 국사교과서에서 한국 기독교가 축소되고 왜곡되어 서술된 것을 바로 잡기 위하여 열심히 활동하시던 유성실 목사님이 박사학위를 취득하시고 그 학위논문을 책으로 출판하는 것을 진심으로 축하드린다.

　한국에 전래된 기독교에 대해 한국인들은 우리 영혼을 구원하는 구원의 신앙일 뿐만 아니라, 개항 이후에 우리에게 너무나 절실하게 필요했던 근대화 과정에 가장 기여한 종교라는 것을 발견하고 적극적으로 수용하고 발전시켰다. 기독교가 우리나라에 전해지는 과정에서 가장 중요한 역할을 했던 것이 미국을 비롯한 여러 나라의 선교사들이었는데, 그 가운데서도 헐버트 박사는 우리나라의 근대교육 발전과 한국의 문화 발전에 가장 많이 기여했을 뿐만 아니라 우리나라의 독립을 위하여 가장 적극적으로 활동했던 선교사님이다. 헐버트 선교사가 이와 같이 우리나라의 근대화 과정에 기여했을 뿐만 아니라 우리나라 독립을 위해 헌신적으로 수고했던 분으로서 우리가 그의 사역을 잘 알고 존경해야 할 텐데, 지금까지 그 분의 업적이 제대로 알려지지 못한 상태였다. 이러한 안타까운 현실을 극복하고자 유성실 목사님이 헐버트 선교사님에 대하여 연구하여 'H. B. 헐버트 선교사의 통전적 선교가 한국 근대교육과 사회문화 발전에 끼친 영향'이란 논문으로 결실을 맺었다.

이 책은 유성실 박사가 썼던 박사학위논문을 책으로 출판한 것이다. H. B. 헐버트는 1886년에 육영공원의 교사로 조선에 왔다가, 그 후에 감리교 선교사로 국내에 입국하여 우리나라의 교육과 문화의 발전을 위해 많은 활동을 하였다. 헐버트 선교사는 1907년 만국평화회의가 열리는 헤이그에 밀사로 파견되어 우리나라 독립을 위해 활동하다가 추방당하였다. 그는 미국으로 귀국한 이후 한국의 독립을 위해 활동하였으며, 대한민국이 건국된 후인 1949년에 우리나라에 왔다가 세상을 떠난 한국인보다 한국을 더 사랑한 미국선교사였다.

그는 우리나라에서 선교사로 활동하면서 다방면에 걸쳐서 우리나라의 발전에 기여하였다. 이러한 헐버트의 다양한 선교활동을 어떠한 개념으로 통합할 수 있는지가 쉽지 않은 작업이었는데 유성실 박사님은 그의 모든 선교활동을 통전적 선교 개념으로 통합하였다. 이 책의 가장 우수한 점은 여기에 있다고 판단된다. 헐버트 선교사가 우리나라에 와서 펼쳤던 다양한 선교사역을 그가 저술했던 일차사료를 바탕으로 통전적 선교의 관점에서 상세하게 연구하였다. 이 연구과정을 통하여 헐버트 선교사가 육영공원의 교사로 와서 한국의 근대교육 발전을 위해 기여한 사실들과 한국의 사회 문화의 다방면에서 발전을 위해 수고한 내용들이 깊이 있고 감동적으로 밝혀지고 있다. 독자들이 이 책을 일독하면 헐버트 선교사의 한국선교에 대한 헌신과 열정, 우리나라를 누구보다 사랑한 헐버트의 애국심 등을 감동적으로 알게 될 것을 기대하며 일독을 권한다.

추천의 글 V

이 선 교 목사
(현대사포럼 대표)

유성실 박사님의 박사학위논문이 책으로 출판된 것을 진심으로 축하드린다. 이 논문은 오늘날 한국 사회에서 절실한 문제라고 할 수 있는 기독인의 선교에 있어서 '복음 전파와 함께 사회참여'를 강조하고 있다는 점에서 그 의의가 크다. 헐버트는 구한말 한국을 개화시켰던 기독교의 초기 선교사로서 조선을 위해 많은 유익을 주는 선교활동을 하였다. 그는 동대문교회에서 목회를 하였고, 노량진교회 설립예배 인도와 다른 선교사들의 활동에 협력 사역을 하였다.

헐버트 선교사가 했던 사회참여 내용을 이 책에서는 다음과 같이 정리하였다.

1. 최초의 근대식 공교육기관인 육영공원 교사로서 근대식 교육의 기틀을 세웠다.
   1) 학교운영 방법 2) 학제의 편성
   3) 학사일정(연간, 월간, 주간, 일과) 수립
   4) 교육과목 5) 시험에 관한 규칙 6) 입학생 선발 기준 등
2. 한성사범학교 교육 수장으로서 근대교육을 담당할 교사양성에 힘을 기울였다.
3. 한글에 대한 연구와 보급에 전력했다.

4. 최초의 한글 교과서 ' 민필지'와 교과서 시리즈를 개발하였다.

5. '아리랑'을 세계 최초로 서양악보로 채보하였다.

6. 한국 역사를 연구하고 역사서를 저술하였다.

7. 헤이그 특사의 일원으로 한국 밀사들의 활동을 측면 지원하고 미국 귀국 후에도 한국의 독립을 위해 지속적으로 힘썼다.

8. 한국 YMCA 창립 회장으로 한국의 청년들을 계몽하였다.

복음주의의 통전적 선교는 1974년 스위스의 로잔언약에서 확정되었다. 즉 "선교는 복음전도와 사회 참여의 양면을 통하여 이루는 것"이라고 정의되었다. 헐버트의 사회참여 활동은 한국에서 복음전도의 한 방편이 되었으므로 헐버트의 선교는 통전적 선교였다고 유성실 박사는 이 책에서 주장하고 있다.

이 책의 결론 부분에서 헐버트가 주장하는 "선교사가 가르쳐야할 기독교 정신은 무엇인가?" "참 선교는 고통 받는 한국인들을 돕는 것이며 진실한 애국심은 참된 신앙과 떨어져 있지 않다." 즉 기독교인은 선교의 방편으로 사회참여를 외면할 수 없다고 결론을 내리고 있다. 목회자들이 어떻게 목회를 해야 하는지 자세하게 조명하여 주고 있는 이 책은 한국 기독교에 남을 귀한 자료이므로 목회자라면 꼭 한번 읽어 보시기를 권하는 논문이다.

목 차

I. 서론

1. 연구 동기와 목적

"너희는 세상의 소금이니 소금이 만일 그 맛을 잃으면 무엇으로 짜게 하리오. 후에는 아무 쓸 데 없어 다만 밖에 버려져 사람에게 밟힐 뿐이니라."(마 5 : 13)

현재 한국 기독교의 사회적 위상을 생각할 때, 위의 성경 말씀만큼 기독교인들의 마음을 비탄에 젖게 하는 말씀은 없을 것이다. 작금의 한국 기독교가 사회적 사명과 위상을 잃어감으로써 위기에 처해있다고 많은 사람들이 언급하고 있기 때문이다.

한국의 기독교가 위기에 처한 근본적 이유는 여러 가지 요인에 기인할 것이다. 예컨대, 기독교 신자의 비율은 하락해가고 언론매체에서는 기독교인들에 대한 의식적인 적대감을 드러내며 비하하는 행태가 도를 넘고 있다. 이와 더불어 사회 문화 방면에서 기독교의 영향력은 날로 축소되어 사회적 역할이 약화되 가고 있어, 구한말 이래 일제 강점기까지의 커다란 영향력과 해방 후 산업화 시기의 기독교의 부흥을 대비해보면 위기라 하지 않을 수 없다. 이러한 상황에 더하여 사회의 소위 '진보' 인사들은 민족과 자주 노선을 강화하려 한다는 표면적인 목적을 제시하며 기독교 전래의 본산인 서양, 특히 미국과의 거리두기를 부단히 추구하여 기독교의 영향력을 제거하려 할뿐 아니라, 음으로 양으로 기독교를 폄훼하려 도모하고 있는 현실에 직면해 있다. 우리 사회가 그동안의 기독교의 공적을 잊어버린 듯한 행태를 곳곳에서 보여주고 있는 것이다.

특히 오늘날 교육현장에서 사용되는 한국사 교과서에서의 기독교 관련 진술은 그러한 의도를 여실히 증명해준다. 검인정 한국사 교과서에는 구한말 기독교 선교사들의 업적과 활동을 묵살하여 한국의 근·현대사를 왜곡하는 문제가 있다. 서울신대 박명수 교수는 2010년에 출간한 검인정 교과서 중 금성출판사에서 출판한 『고등학교 한국 근·현대사』 교과서에서 기독교에 대해 왜곡 및 축소한 내용이 있음을 지적했다.[1] 그는 기독교가 구한말 계몽운동을 했던 부분에 대하여 "…일부 선교사들은 지나치게 복음주의를 강조하여 민족운동을 약화시키기도 하였다."[2]라며 기독교 선교사

1) 박명수, "한국 고등학교 국사 교과서에 나타난 개신교 서술의 문제점," 『역사교과서와 기독교, 공정하게 서술되었는가? 』 박명수·이은선·백종구·유요한·임희국 공저(서울: 쿰란출판사, 2010), 98.
2) 김한종 외 5명, 『고등학교 한국 근·현대사』(서울: 금성출판사, 2010), 135. 이 교과서에서 기독교를 설명하는 것이 오직 이 문단 하나였다. 아래는 그 전문이다.
"개항이후 서양의 종교가 빠르게 보급되었다. 조선사회에 이미 들어와 있던 천주교는 선교의 자유를 얻어 보육원과 양로원등을 운영하면서 포교활동에 박차를 가하였다. 새로이 조선 사회에 들어온 개신교는 학교를 세우고 고아원을 운영하는 등 육영사업을 하였으며, 서양의술을 전파하는데 이바지하였다. 그러나 서양종교의 이념은 전통적 가치관과 충돌하여 민중의 반발을 불러일으키기도 하였다. 특히 일부 선교사들은 지나치게 복음주의를 강조하여 민족운동을 약화시키기도 하였다." 이글은 그나마 이 책에서 기독교가 한국의 발전에 기여한 점을 드러낸 유일한 서술의 실상이다.
본서에서는 기독교인들이 가장 적극적으로 가담했던 3.1 운동을 설명하는 글을 수록한 면에 '무오 독립 선언서' 사진과 함께 사진을 소개하는 글을 다음과 같이 실었다. "독립선언서(음력 1918년 11월), 만주 길림(지린)에서 국외 망명 독립운동가 39인의 이름으로 발표된 독립 선언서이다. '무오 독립 선언서'라고도 부른다. 집필은 조소앙이 하였으며 대종교에 관여한 인물들이 많이 포함되어 있었다."(위의 책, 171.) 이와 같이 이 교과서에서 가장 많이 언급되는 인명과 종교는 사회주의자, 민족주의자, 그리고 대종교(동학, 천도교 포함)이다.

들이 전통적 가치관과 충돌하여 사회에 물의를 끼치고 부정적인 인식을 심어준 것처럼 서술되어있는 것에 대한 문제를 제기하였다. 2018년도 기준으로 고등학교에서 사용하는 교과서 5종을 살펴보면 기독교 관련 진술은 아주 미미할 뿐 아니라, 기독교라는 말 자체를 거의 사용하지 않고[3] 서양문화 내지는 문물을 다루면서 관련 인사들을 간략히 소개하고 있는 정도이다.[4]

이렇듯 기독교에 대해 비우호적이거나 또는 폄훼하는 사회 환경과 문화 풍조를 바른 위치로 되돌려야 할 사명을 기독교인이라면 반드시 가져야 함이 당연하다. 사실 기독교 선구자들의 큰 업적과 유산이 있는데도 이를 제대로 활용하거나 홍보하지 못한다면 이는 크나큰 손실이 아닐 수 없을 것이다. 다시 말해서 나라가 위기에 처했을 때 기독교의 선한 영향력을 사

---

3) 종교 항목을 다룬 곳에서만 '기독교'를 언급했다. 그러나 불교, 유교, 천도교, 대종교 등은 종교 항목이 아닌 곳에서도 자주 언급된다.

4) 검인정 5종 지학사, 교학사, 비상교육, 미래엔에듀, 금성출판사에서 발간한 교과서를 살펴보면, 이 교과서들은 교육과정에 입각해 한국사의 제4장 '국제질서의 변동과 근대국가 수립 운동' 항목을 두었다. 그리고 하부 항목은 조금씩 표현은 다르나, 대체로 ①제국주의 열강의 침략적 접근과 조선의 대응 ②문호개방과 근대적 개혁의 추진 ③구국운동과 근대국가 수립 운동의 전개 ④일제의 침략과 국권수호 운동의 전개 ⑤개항 이후의 경제와 사회 문화의 변화로 이뤄져 있다. 이들 교과서에서는 공통적으로 '천주교의 전래' 항목은 있으나 '기독교 전래'에 관한 기술은 전혀 없으며, ④항과 ⑤항을 다루면서 기독교 관련 인물을 아주 간략히 언급했다. 그나마 ④항을 기술하는 중에 본 논문에서 다루려는 인물인 헐버트에 관해 지학사와 교학사 교과서에서 간략히 서술했다. 예를 들면, 지학사 교과서에서는 고종의 강제 퇴위 언급 부분에서 "헐버트로 하여금 을사늑약이 무효임을 미국정부에 알리도록 했다(242~251쪽)." 그리고 교학사 교과서에서는 헤이그 특사파견 과정에서 "헐버트의 건의에 따라 1907년 헤이그에서 개최되는 제2차 만국 평화회의의 …(203쪽 전후)" 이상 2종의 교과서 외의 나머지 3종은 ④항에서 기독교 인사에 관한 언급이나 관련 진술이 없으며, 그 중에서 금성출판사 교과서가 기독교에 대해 가장 비우호적으로 기술돼 있는 것을 확인할 수 있다. 5종의 교과서에서는 관련 인사를 기술할 때에도 '기독교 선교사'라는 말은 전혀 쓰지 않고 인물 이름만 기록했기 때문에 관련 인물이 어떤 사람인지 전혀 알지 못하도록 했다. 기독교 관련 진술을 보면 한 마디로 극히 소략한데, 이러한 현상은 1980년대 민주화 운동을 전개한 사람이나 그 영향 하에 있던 사람들이 역사교육 현장에 진입한 이래 자신들의 소위 '진보사상' 노선을 추구하는 과정에서 미국의 영향력을 제한하려, 의도적이거나 무의식적으로 기독교 인사들과 관련 기술을 축소 또는 배제하려는 것이라 평가하는 바이다.

회 전반에 끼쳐야 하는 것이 한국 기독교인들의 사명인 것이다.

이러한 문제 인식에 근거해, 본인은 반드시 사회에 널리 알려야 하고 기독교계 내부에서도 활발히 논의되어야 할 인물로 H. B. 헐버트(Homer Bezaleel Hulbert)를 연구하였다.

헐버트(1863. 1. 26~1949. 8. 5)는 23세에 한국 최초의 근대식 공립(公立)학교인 육영공원(育英公院)의 초빙교사로 조선에 입국하여(1886. 7. 5) 근대교육을 시작하였고, 근대교육의 기초를 닦은 후, 조선에 온지 5년 반 만에 미국으로 돌아갔다. 약 2년 후인 1893년 10월 미국 감리교 선교사의 자격으로 조선에 재입국하였다. 그는 복음전파와 함께 교육, 문화, 언론, 출판, 집필과 연구 활동뿐만 아니라 조선의 독립을 위해 노력했다. 특히 1907년 고종의 밀사로 헤이그에 가서 일본의 만행을 규탄하고 추방 후 미국에 돌아가 저술, 잡지 발행, 강연 등으로 한국의 독립을 위해 헌신했다.

1948년 8월 15일 대한민국 정부가 수립된 건국일[5]에 이승만 대통령의 초대를 받았으나 헐버트는 부인의 병환이 위독하여 참석하지 못했다. 1949년 8월 15일 독립 1주년 기념식[6]에 다시 국빈으로 초대를 받고 40년 만에 내한하였으나, 86세의 고령으로 미국에서 대한민국까지 한 달 이상의 무리한 항해로 인하여 병원에 입원 중 일주일 만인 1949년 8월 5일에 서거하였다. 그가 평시에 소원했던 "나는 웨스트민스터 사원보다 한국 땅에 묻히기를 원한다."[7]라는 말대로 양화진(楊花津) 외국인 묘지에 묻혔다. 1950년 외국인 최초로 건국훈장 독립장이 추서[8]되었으며, 저서로는

---

5) 양동안, 『대한민국 '건국일'과 '광복절' 고찰』(파주: 백년동안, 2014), 24, 29.
6) 동아일보, 1949년 8월 15일 기사를 참조하라.
7) 김동진, 『파란눈의 한국혼 헐버트』(서울: 참좋은친구, 2010), 384.

『한국사 The History of Korea』(2권), 『대동기년(大東紀年)』(5권), 『대한제국 멸망사 The Passing of Korea』 등이 있다.

이와 같은 헐버트 선교사의 지대한 공헌에도 불구하고 한국에서의 그의 활동을 연구한 논문들 중에는 그를 선교사로 부르는데 인색하고 교육자나 정치가, 문화 활동가로만 보는 경향이 있어 왔다. 뿐만 아니라 교육계나 기독교계에서 조차 헐버트 선교사의 이름과 그 기여한 바를 정확히 아는 사람들이 많지 않은 것은 선교사로서의 그의 노력과 업적에 대한 연구가 미흡하고, 저평가되었음을 드러낸 것이다. 심지어 그의 입장을 비난하거나, 공(功)보다 과(過)를 강조하며 그를 폄훼하는 연구들도 있다.[9]

본 연구자가 헐버트를 연구하고자 하는 것은 그가 선교사이면서도 한국의 근대화 과정에서 이룩한 공적과 독립을 위한 헌신이 지대했기 때문이다. 곧 그는 선교사이자, 교육자였으며, 언론출판인이었고, 한국학 학자였으며, 한국문화 전사(傳士)였고, 독립 운동가였다. 이를 선교사적(宣敎史的) 입장에서 한마디로 요약하면, 선교를 위해 자신의 모든 역량을 최대한 발휘하여 그리스도인으로서 사회적 책무를 수행하려 했던, 이른바 '통전적(Holistic 統全的)'[10] 선교사였다는 것이다.

---

8) 국가보훈처, 헐버트박사 서거 60주기 추모식 보도자료, 2009년 2월.
9) 헐버트가 거의 주1회 부모님이나 가족에게 편지를 써 자신의 근황을 소상히 밝힌 것은 효성의 발로였음에도 불구하고, 강세영은 헐버트의 편지 내용을 분석하여 헐버트가 한국에서 했던 활동들의 이면에는 교육이나 선교 목적이 아닌 헐버트 자신의 부채 해결과 금전적 이익을 취하기 위한 사심이 있었다고 주장했다. 헐버트가 학교 근무 시에도 학교 일 외에 집필이나 기사 투고 등으로 금전적인 이득을 추구했을 뿐만 아니라 한국전문가로서의 명성을 추구하는 야심가였고, 최초의 한글교과서 『ᄉᆞ민필지』를 편찬한 것도 한국인들에게 업적 과시용이며 돈벌이의 수단이었다고 악평했다(강세영, 2013). 이밖에도 오상미의 "헐버트(H. B. Hulbert)의 조선 문명화론," 『학림』 제 32집(2011), 1-47을 참조하라.
10) '통전적'이라는 용어는, 구체적이고 포괄적이면서도 그 속에 개별적 특성을 담고 있는 바, 부분 그 자체를 인정하면서도 완전(complete)을 추구하는 전체적인 개념이다. 선교학적으로는 복음전도와 사회적 활동이나 책무가 분리되지 않는 통합적 개념으로, 복음전도의 목적을 달성하기 위해

따라서 본 논문이 지향하는 목적은 헐버트의 통전적 선교를 조명하고, 그의 어떤 활동이 헐버트를 복음전도와 사회적 책무를 다한 통전적 선교사라 지칭할 수 있는지 고찰할 것이다. 그리고 그의 통전적 선교가 한국의 근대교육과 사회문화 발전에 어떻게 공헌을 하였는지 규명할 것이다.

이 연구의 효과로는, 한국 기독교의 역할에 있어서 위상 강화를 확보하게 되어 근현대 한국사에서 기독교의 공로를 외면하지 못할 것이다. 또한 기독교에 대한 사회적인 긍정적 인식을 확보하게 될 것이다. 곧 기독교의 사회적 위상을 높임으로써 기독교를 재정립시키는 계기가 되어 한국 교회를 부흥 발전시킬 원동력을 제공하게 될 것이다. 뿐만 아니라 한국 기독교의 복음전도의 방향성을 보다 선명히 드러냄으로써, 이제는 복음전도가 단순히 그리스도의 말씀만을 전하는 단계를 넘어 그리스도인들이 삶의 현장에서 자신의 사회적 책무를 다하고 선한 영향력을 드러내도록 촉구하는 계기가 될 것이다. 이 외에도 본 논문을 접한 목회자들이 목회 현장이나 교회학교에서 헐버트를 보다 많이 논의하게 될 것이고, 그들의 신앙 가치관에 영향을 미치게 될 것으로 사료된다.

사용 가능한 모든 방법-예컨대 정치·사회·문화교육 등의 사회적 참여를 동원하여 선교에 활용하는 것을 일컫는 말로, 20세기 후반에야 비로소 쓰이게 된 용어이다.

2. 연구의 방향과 범위

본 연구는 헐버트 선교사의 한국 선교활동을 통전적 선교의 관점에서 고찰하는 문헌연구이다. 이를 위하여 헐버트가 한국에서 활동했던 선교사역, 공교육 분야, 언론, 출판, 저술, 연구, 문학작품, 음악과 사회운동, 독립운동 등을 포함한 모든 활동, 그리고 미국으로 귀국한 후 수행했던 독립지원 활동까지 살펴본다.

참고할 자료는 1차 자료로 헐버트의 저서 『한국사, 드라마가 되다 1, 2』, 『대한제국멸망사』, 『ᄉ민필지』, 『코리아 리뷰』, 『마법사 엄지』, 『안개속의 얼굴』 등이다. 헐버트의 연구논문 번역서인 김동진의 『헐버트, 조선의 혼을 깨우다』와 헐버트 전기인 『파란눈의 한국혼 헐버트』, 『대한민국 임시정부 자료집: 일본·미국 보도기사』, 『구한말 고문관 연구』, 『헤이그 만국평화회의 관련 일본정부 기밀문서 자료집』, 헐버트의 기고문, 편지, 연구논문 등의 번역본을 활용한다.

그리고 2차 자료인 백낙준의 『韓國改新教史(1832~1910)』, 김권정의 『한국인보다 한국을 더 사랑한 미국인 헐버트』, 『서양인의 조선살이, 1882~1910』, 『미국감리교회의 한국선교 역사』, 윤건차의 『다시 읽는 조선근대교육의 사상과 운동』, 이덕주의 『쉽게 쓴 한국교회 이야기』, 『미국 선교사와 한국 근대교육』, 한규원의 『개화기 한국기독교 민족교육의 연구』 그리고 육영공원, 한성사범학교, 관립중학교 관련 자료와 논문, 헐버트의 활동을 연구 분석한 선행 연구와 초기 선교사들의 활동을 담은 서적과 논문, 구한말의 통계자료와 문서들, 헐버트 선교사가 교육문화선교사로서 한국에서 활동한 내용 등이 포함된다.

본 논문은 다음과 같은 방향으로 논의가 전개된다.

2장에서는 헐버트의 입국 당시의 시대적 배경과 한국의 교육적 상황을 고찰하고, 개화기 이전의 천주교와 기독교 선교 상황에 대하여 다룬다. 이어서 초기 기독교 선교사들의 입국 및 선교활동에 대하여 확인한다.

3장에서는 헐버트 선교사의 통전적 선교활동을 구체적으로 다룬다. 이를 위해 먼저 통전적 선교가 의미하는 바와 그 역사, 그리고 통전적 선교의 적용 범위와 가능성을 살펴본다. 다음으로 헐버트 선교사의 신학 사상, 입국 배경, 한국에서의 선교와 목회활동, 공교육 기관을 통한 근대교육 도입과 교육체제의 정립, 교과서 개발 등에 대하여 알아본다. 이어서 헐버트가 사회문화적 영역에서 행한 연구, 저술과 출판 및 홍보, 한국을 위한 정치적인 활동과 독립운동의 활약상을 자세히 고찰해봄으로써, 본 논문에서 추구하고자 했던 헐버트의 복음전도를 위한 사회 각 방면에서의 활동을 서로 관련시켜, 복음전도와 사회활동은 서로 분리될 수 없는 하나의 통전적 성격을 지니고 있음을 예증한다.

4장에서는 헐버트 선교사가 한국에서 행한 통전적인 선교활동, 즉 기독교 전파와 근대교육 및 사회문화 방면에서의 활동이 한국의 교육과 사회문화 발전에 기여했던 성과 등을 평가하여 논의할 것이다.

결론에서는 한국인보다 한국을 더 사랑했던 헐버트 선교사의 헌신적인 한국 선교활동이 결국 한국 근현대사 발전에 크게 기여한 공로로 귀착됨으로써, 그가 한국 근현대사에서 중요하게 다뤄져야 할 인물임이 밝혀질 것이다. 뿐만 아니라 헐버트는 선교사로서 한국 근현대사의 기독교 항목에서 당연히 주요하게 소개되어야할 인물로 부각되어야 함을 논할 것이다.

그리하여 헐버트의 통전적 선교는 오늘날 선한 영향력을 행하는 데 있어서 점차 그 한계성을 드러내고 있는 기독교계에 복음전도의 방향성을 선명하게 제시하는 길잡이가 되어줄 것이다.

본 연구의 시간적 범위는 조선이 개항한 이래 본격적인 개혁의 흐름이 감지되는 조미수호통상조약을 개화기의 출발로 볼 것이며, 헐버트 선교사가 1886년 입국하여 한국 최초의 근대식 공교육 기관인 육영공원 교사로 5년간 재직하면서 했던 활동과 1891년 미국으로 귀국한 후, 2년 정도 있다가 다시 정식 감리교 선교사로 조선에 재입국한 1893년부터 헤이그 밀사로 1907년 한국에서 추방된 때까지의 활동을 고찰한다. 그리고 1907년부터 1945년 8월 15일 광복 시까지 한국의 독립을 위하여 미국에서 활동한 것들도 포함된다.

헐버트의 행적은 그 범위가 넓어 본 논문에서는 통전적 선교사라는 점에 초점을 두고 다루기 때문에 한 가지 주제를 깊이 있게 다루기보다는 전반적인 것을 종합적으로 고찰할 것이다. 한국에서 약 19년간 개인의 사적인 일에 해당하는 일을 제외한, 한국의 이익과 발전을 위해 힘썼던 모든 선교, 교육, 사회, 문화적 활동들은 통전적 선교의 관점에서 볼 때 선교활동으로 볼 수 있으므로 이것들을 고찰하여, 헐버트의 통전적 선교 활동으로 명명할 것이다. 그리고 미국에서 한국의 독립을 위해 헌신한 나머지의 삶도 결국은 헐버트의 한국 선교사로서의 사명감에 의한 한국 사랑의 발로이므로 통전적 선교활동에 포함시킬 것이다.

3. 기존의 연구 성과와 본 논문의 차별성

헐버트(Homer B. Hulbert : 한국어 이름은 헐벗 또는 흘법(訖法), 허흘법(許訖法), 할보(轄甫), 허할보(許轄甫)였다[11]. 1863~1949)가 한국에서 머문 기간은 약 19년 정도이지만 그가 한국을 위해서 한 일은 공교육 제도의 개혁과 정착뿐만 아니라, 한글연구와 보급, 문학, 역사, 시사, 사회계몽, 반일정신 고취, 언론출판, 예술, 기독교 전파 및 독립운동에 이르기까지 참으로 다양한 것들에 관심을 가지고 한국을 위해 노력하여 연구하며 발전시켰다. 가히 '한국인보다 한국을 사랑한 선교사'[12]라 할만하다. 그가 집필한 한국과 관련된 저서만도 18권[13]이며 논문, 기고문, 발표문 등은 188편[14]에 이른다.

이러한 헐버트의 다양한 활동에 대하여 각 분야별로 헐버트에 대한 선행 연구가 많이 진행되었다. 헐버트에 관련한 선행연구 논문들을 분야별로 구분하여 정리하면 아래의 <표1>과 같다.

---

11) 위키 백과, 호머 헐버트, https://ko.wikipedia.org/wiki/
12) 김동진, 『파란눈의 한국혼 헐버트』, 410.
   김동진은 대학시절 헐버트의 저서 『대한제국 멸망사(The passing of Korea)』를 읽고 헐버트의 한국 사랑과 열정에 매료되어 다년간 헐버트를 연구하였고, 미국에서 헐버트의 맏손자를 운명적으로 만났으며, 헐버트의 후손을 찾아내었다. 고서점가를 누비며 100년 전의 헐버트 기고문들이 실린 신문기사와 자료들을 모아 헐버트의 전기 『파란눈의 한국혼 헐버트』와 헐버트의 논문 번역집 『헐버트 조선의 혼을 깨우다』두 편을 저술하였고, 다수의 헐버트 관련 글을 기고하였다. 1999년 '(사)헐버트 박사 기념 사업회'를 발족하여 매년 추모식 거행과 다양한 기념사업을 벌이며 헐버트의 한국 사랑을 알리는 일에 힘쓰고 있다.
13) Homer B. Hulbert, 『The Selected Works of Homer B. Hulbert 헐버트 조선의 혼을 깨우다』김동진 옮김(서울: 참좋은친구, 2016), 552.
14) 손정숙, "구한말 헐버트의 대한인식과 그 활동," 『梨花史學硏究』 第22輯(1995), 128.

<표1> 헐버트의 한국에서의 활동과 관련된 선행 연구

분야 (편수)	논문제목	연구자 (연도)	분야 (편수)	논문제목	연구자 (연도)
교육 사상 과 활동 (5)	헐버트(H. B. Hulbert)의 활동과 교육사상 고찰	전민호 (2010)	공교육 (육영공원) (6)	육영공원의 설치와 그 변천	이광린 (1982)
	헐버트(H. B. Hulbert)의 교육개혁론 고찰	전민호 (2010)		육영공원 소고	류방란 (1992)
	유길준과 헐버트의 교육사상 비교 연구	전민호 (2011)		육영공원의 운영방식과 학원의 학습 실태	김경미 (1999)
	헐버트의 교육 관련 활동 연구 -그의 서신 중심으로-	강세영 (2013)		育英公院과 헐버트	김경민 (2009)
				育英公院의 설립과 운영실태 再考察	최보영 (2012)
	개신교 교육선교사들의 편지 (1885-1942):북미기록관 소장 현황	한미경 장윤금		育英公院 교사 헐버트의 독립운동과 '學員'의 사회진출	최보영 (2017)
정치 · 외교 · 반일 · 독립 운동 (9)	광무황제와 헤이그 특사-고종의 헤이그특사 파견 논리와 구상을 중심으로	이민원 (2007)	한국관 및 생애 (4)	헐버트의 한국관	이광린 (1998)
	헐버트-대한제국의 마지막 밀사-	김기석 (2004)		舊韓末 헐버트의 對韓認識과 그 活動	손정숙 (1995)
	헐버트의 반일외교활동에 나타난 선교이해	진영일 (2004)		성리학에 대한 호머 헐버트의 견해	이영관 (2016)
	『독립신문』의 참여 인물 연구	채백 (2006)		파란눈의 한국혼 헐버트 박사의 생애	김낙환 (2017)
	헐버트의 만국평화회의 활동과 한미관계	한철호 (2007)	역사 · 지리 (사민 필지) (5)	헐버트(H. B. Hulbert)의 한국연구와 역사인식	윤나영 (2012)
	고종의 밀사, 헐버트의 꿈(비디오 녹화자료)	KBS Media		헐버트(Homer Bezaleel Hulbert) 선교사의 한국사 연구-새로 발굴된 『동사강요(東史綱要)』를 중심으로-	소요한 (2016)
	헐버트(Homer B. Hulbert)의 在美 한국 독립 운동	홍선표 (2016)		헐버트, 최초의 한글 전용 교과서를 펴내다	김슬옹 (2017)
				『사민필지』의 국어학적 연구	오미나 (2000)
	헐버트의 한국에서 교육, 선교, 사회 및 막후 외교활동: 대한독립을 세계에 역설한 파란눈의 후원자, 1863.1.26-1949.8.5	윤경로 (2013)		헐버트의 『사민필지』와 미국 근대 지리교육의 굴절된 투영성	권정화 (2013)
				세계 속의 충무공 읽기: 호머 헐버트의 이순신관련 서술들을 중심으로	석영달 (2017)

	育英公院 교사 헐버트의 독립운동과 '學員'의 사회진출	최보영 (2017)	한국어 관련 활동 (6)	개화기 개신교의 번역사역과 한국 어문의 근대화	정정호 (2007)
	한국보호국화와 호머 헐버트의 국제담론 전략: 대미언론 대응을 중심으로	김지형 (2017)		근대초기 한국설화 영역자들의 번역태도 연구-Allen, Griffis, Hulbert, Carpenter를 중심으로-	오윤선 (2012)
문화 · 예술 (6)	헐버트(H.B. Hulbert)의 조선문명화론	오상미 (2011)		19세기 서양인의 국어 계통론	송기중 (2002)
	개화기의 한·미 문화 교류-알렌, 아펜젤러, 언더우드, 헐버트	김원모 (1983)		『사민필지』의 국어학적 연구	오미나 (2000)
				헐버트의 한국어 계통론 연구	김정우 (1999)
	호머 헐버트의 아리랑 논의에 대한 분석적 고찰	김승우 (2012)		국어 계통론의 국어과 교육 내용 및 방안에 대한 연구	조가영 (2014)
	1896년 헐버트 채보 아라룽 (A-ra-rüng)과 플레처 채록 아리랑(Ar-ra-rang)의 실상과 음악양상	유대안 (2015)		개화 초창기 한글문화 자강 활동에서 헐버트(1863~1949) 박사의 역할과 업적	김동진 (2011)
	한국근대저널리즘 개척자로서 H. 헐버트 연구	황우선 김성해 (2017)	선교활동 (3)	구한말 선교사 헐버트 (Homer B. Hulbert)의 활동 연구	신이레 (2007)
	한국문화의 우수성과 일제침략 만행을 세계에 알리다, 헐버트	김형목 (2014)		헐버트의 반일외교활동에 나타난 선교이해	진영일 (2004)
기타 (1)	대한제국기 외국인의 부동산 전당 및 매매와 민사 분쟁-헐버트의 가옥 분쟁 (1900~1902)을 중심으로	이승일 (2014)		헐버트의 선교신학에 대한 연구	이동일 (2018)

위의 표를 보면 헐버트가 우리나라 교육 분야에서 활동한 것에 관한 연구논문들[15])이 11편으로 가장 많고, 선교분야에 대해 연구한 논문은 3편으

---

15) 전민호, "헐버트(H. B. Hulbert)의 활동과 교육사상 고찰," 『한국교육학연구』 제16권 제1호 (2010), 5-23.
_____, "헐버트(H. B. Hulbert)의 교육개혁론 고찰: 『코리아리뷰(The Korea

로 가장 적다. 특히 최초의 근대식 공교육기관인 육영공원의 교사로 초빙
되어 한국에 들어온 헐버트가 근대교육의 기초를 세웠던 육영공원에 대해
연구한 논문들이 6편이나 된다. 특히 이광린(1982)은 육영공원의 설립 목
적과 변천 과정을, 김경미(1999)는 운영 방식과 학원(學員)의 학습 실태
에 대해서, 최보영(2012)은 운영실태 뿐만 아니라 학원의 졸업 후의 사회
진출과 활동 등에 관하여 자세히 연구하였다.

교육자로서의 헐버트에 대한 논문을 살펴보면 전민호(2010)는 "헐버트
의 활동과 교육사상 고찰"을 통하여 헐버트의 교육, 언론, 정치활동을 정
리하고 그의 교육사상을 고찰했다. 헐버트가 한국 근대 공교육의 기초가
되는 교과서 저술, 교사 연수, 교육체제 구축, 교육과정 형성에 기여했던
점, 언론활동을 통하여 조선의 역사와 문화를 세계에 소개했던 점, 저술과
강연활동을 통해 조선에 대한 일본의 침략성을 알리고 고종황제의 특사로
서 독립과 국권회복을 위해 헌신했던 점, 조선의 자존을 위해서는 교육의
중요성을 일관되게 주장했던 점과 아울러서 한글의 중요성을 강조하고 심
육, 지육, 체육의 필요성을 강조했던 점을 논하여 밝히고 있다.

헐버트가 한국에서 활동한 것을 종합적으로 연구한 이광린(1998)[16]은

Review)』를 중심으로,"『敎育問題硏究』제38집(2010. 11), 59-81.
_____, "유길준과 헐버트의 교육사상 비교 연구,"『한국학연구』39, 고려대학교 한국학연구소
      (2011), 385-413.
강세영, "헐버트의 교육 관련 활동 연구: 그의 서신 중심으로"(교육학석사학위논문, 한국교원대
      학교 대학원, 2013년)
이광린, "육영공원의 설치와 그 변천,"『한국개화사연구』(서울: 일조각, 1982), 103-133.
류방란, "육영공원 소고,"『교육사학연구』4(1992), 121-139.
김경미, "육영공원의 운영방식과 학원의 학습 실태,"『한국교육사학』21(1999), 571-593.
김경민, "育英公院과 헐버트,"『高凰論集』第45輯(경희대학교 대학원, 2009), 11-34.
최보영, "育英公院의 설립과 운영실태 再考察,"『한국독립운동사연구』제42집(2012), 287-319.

헐버트의 한국관을 살펴보았다. 손정숙(1995)은 헐버트의 저술 자료를 전반적으로 검토하여 분류하였으며, 구한말 헐버트의 조선에 대한 인식과 교육선교활동, 국권수호를 위한 반일외교활동을 파악하였고 특히 세계는 문명화되어야 하고 기독교화 되어야 한다는 헐버트의 사상을 밝혀냈다.

헐버트의 한국어 연구와 한국의 문화 및 어원에 대한 고찰들[17]도 있다. 김정우[18](1998)는 Homer B. Hulbert의 "A Comparative Grammar of the Korean Language and the Dravidian Languages of India"를 번역하여 한국어의 계통을 드라비다어와 연관시킨 Hulbert의 학설을 국내에 소개하였다. 조가영[19](2014)은 드라비다어를 국어와 관련지어 말한 외국인 학자로서 프랑스인 선교사 달레(Ch. Dalet)와 미국인 선교사 헐버트(H. B. Hurbert)를 소개하고 있다.[20]

오상미(2011)는 "헐버트의 조선문명화론"[21]을 통하여 당시의 헐버트를 포함한 재한선교사들이 조선의 낙후성을 문명국지도론을 통해 해결해야 한다고 보았으며 일본의 조선개화에 대한 역할 즉 식민지화를 묵인 또는 방조한 결과를 가져왔다는 다소 부정적인 비판을 내놓았다.

---

16) 李光麟, "헐버트의 한국관," 『한국근현대사연구』 제9집(1998), 5-21.
17) 김동진, "개화 초창기 한글문화 자강 활동에서 헐버트(1863-1949) 박사의 역할과 업적," 『한국어정보학』 13권 1호(2011), 1-15.
　　송기중, "19세기 서양인의 국어 계통론," 『알타이학보』 제12호(2002), 183-209.
　　정정호, "개화기 개신교의 번역사역과 한국 어문의 대화," 『번역학연구』 제8권 2호(2007), 133-162.
　　오윤선, "근대초기 한국설화 영역자들의 번역태도 연구: Allen, Griffis, Hulbert, Carpenter를 중심으로," 『동화와 번역』 제23집(2012), 205-231.
18) 김정우, "헐버트의 한국어 계통론 연구," 『人文論叢』 제12집(1999), 67-82.
19) 조가영, "국어 계통론의 국어과 교육 내용 및 방안에 대한 연구"(석사학위논문, 고려대학교 교육대학원, 2014), 5.
20) 위의 책, 27.
21) 오상미, "헐버트(H. B. Hulbert)의 조선문명화론," 『학림』 제32집(2011), 1-47.

최초의 한글교과서인 『스민필지』에 관한 연구와 역사분야 활동에 대한 연구들[22]도 있다. 권정화(2013)는 헐버트가 우리나라 최초의 한글교과서인 『스민필지』를 저술하여 교육한 결과를, 윤나영(2012)은 헐버트의 활동을 교육자, 선교사, 편집자, 역사가, 한국문화연구가, 저술가, 고문 및 밀사 등으로 한국의 발전과 독립을 위해 다방면으로 힘쓴 것을 인정하였다. 소요한(2016)은 헐버트가 조선의 독자적인 역사와 문화를 가진 나라라는 점을 들어 그의 공을 높이 평가했다.

한국의 독립을 위한 정치활동에 관한 연구들[23]은 여러 편이 있으며, 헐버트의 언론활동과 경제, 문화, 예술 등의 여러 분야에 관한 연구들[24]도

---

22) 박성래, "역사 속 과학인물: 개화기 교과서 『스민필지』의 저자 미국 호머 헐버트(1863-1949년)," 『과학과 기술』(2001. 9), 40-42.

　　윤나영, "헐버트(H. B. Hulbert)의 한국연구와 역사인식" (석사학위논문, 인하대학교 교육대학원, 2012).

　　권정화, "헐버트의 『사민필지』와 미국 근대 지리교육의 굴절된 투영성," 『社會科學敎育研究』 第15號(2013), 1-15.

　　소요한, "헐버트(Homer Bezaleel Hulbert) 선교사의 한국사 연구: 새로 발굴된 동사강요(東史綱要)를 중심으로," 『대학과 선교』 제30집(2016), 103-124.

23) 김을한, "高宗皇帝와 헐버트博士," 『民聲』 제5권, 제10호, 통권 39(1949), 58-61.

　　김기석, "헐버트: 대한제국의 마지막 밀사," 『한국사 시민강좌』 34(2004, 2), 81-92.

　　이민원, "광무황제와 헤이그 특사: 고종의 헤이그특사 파견 논리와 구상을 중심으로," 『한국 독립운동사 연구』 제29집(2007), 87-136.

　　한철호, "헐버트의 만국평화회의 활동과 한미관계," 『한국독립운동사연구』 제29집(2007), 175-228.

　　진영일, "헐버트의 반일외교활동에 나타난 선교이해" (석사학위논문, 한신대학교 신학전문대학원, 2004).

　　홍선표, "헐버트(Homer B. Hulbert)의 在美 한국독립운동," 『한국독립운동사연구』 제55집(2016), 54-91.

　　채백, "독립신문의 참여 인물 연구," 한국언론정보학보』 통권 제6호(2006), 135-161.

　　최보영, "育英公院 교사 헐버트의 독립운동과 '學員'의 사회진출," 『역사민속학』 제52호(2017), 165-196.

24) 황우선, 김성해, "한국근대저널리즘 개척자로서 H. 헐버트연구," 『커뮤니케이션학 연구: 일반』 제25권 1호(2017, 봄), 239-263.

　　이승일, "대한제국기 외국인의 부동산 전당 및 매매와 민사 분쟁: 헐버트의 가옥 분쟁(1900-1902)을 중심으로," 『法史學硏究』 第49號(2014), 85-118.

있다. 한철호(2007)는 "헐버트의 만국평화회의 활동과 한미관계"라는 논문에서 1907년 6월 고종은 헤이그밀사로 헐버트와 이준, 이상설, 이위종을 파견하였다고 하면서, 헐버트가 한국인 밀사들과 긴밀히 접촉하며 유기적인 공조체제를 유지하고 활동했음을 주장하였다. 진영일(2004)은 "헐버트의 반일외교활동에 나타난 선교이해"에서 헐버트는 한국에서 전문인 선교사로서 정치신학을 바탕으로 한 사회선교를 하였고, 한국 내 복음전파와 아울러 국권회복, 근대화교육, 반일외교활동, 정의사회구현 등을 동시에 추구한 통전적인 선교사로 평가했다. 홍선표(2014)는 헐버트의 귀국 후 미국에서의 활동을 고찰한 후, 헐버트가 한국의 역사와 문화의 우수성을 세계에 알리고, 미국 내에 반일정서를 촉진했으며 한국의 독립을 동정하고 지지하도록 여론을 조성했음을 정리하였다.

강세영(2013)은 헐버트의 한국에서의 활동 이면에는 교육이나 선교 목적이 아닌 헐버트 자신의 부채 해결과 금전적 이익을 취하기 위한 사심이 있었다고 주장했다. 뿐만 아니라 헐버트를 한국전문가로서의 명성을 추구하려했던 야심가로 초점을 맞춰 서술했다. 이는 근래 들어 역사를 왜곡하려는 민중사학25) 학자들의 연구 의도들과 일맥상통한 것이라 평가한다.

헐버트의 선교사로서의 활동과 생애에 대하여 연구한 논문26)은 3편으

金源模, "개화기의 한·미 문화교류-알렌, 아펜젤러, 언더우드, 헐버트," 『仁荷』 19(1983, 2), 202-211.

이영관, "성리학에 대한 호머 헐버트의 견해," 『韓國思想과 文化』 第81輯(2016), 113-141.

25) 이기동, "검인정교과서 실체는 민중사학의 비틀린 허위의식," 『新東亞』 58권 12호, 통권675호 (2015, 12), 118-123.

26) 김을한, "故 헐벌博士의 一生," 『신천지』 제4권 제8호(1949), 59-71.

신이레, "구한말 선교사 헐버트(Homer B. Hulbert)의 활동 연구" (석사학위논문, 협성대학교 일반대학원, 2007).

손정숙, "舊韓末 헐버트의 對韓認識과 그 活動," 『이화사학연구』 第22輯, 이화사학연구소 (1995), 127-147.

로 가장 적게 연구되었다. 신이레(2007)는 헐버트의 활동을 분야별로 일곱 가지로 분류하여 정리하면서, 헐버트는 한국의 독자성과 가능성을 중시하고 정치활동과 복음전파를 함께 추구한 사랑의 선교사로 정의하였다. 이동일(2018)은 헐버트의 선교신학을 연구하였다. 헐버트의 신학의 특징은 복음주의자로서의 경건과 말씀, 회심 등에 있어서는 당시의 다른 복음주의자들과 같이 독일 경건주의에 가까우나 정의의 실현과 기독교 윤리의 실천적인 면에서는 스코틀랜드 상식철학을 바탕으로 한 사회참여를 추구하는 신학으로 보았다.

그 밖에 사회참여 활동이 많았고 육영공원 교사로 더 알려진 헐버트를 제외하고 알렌, 아펜젤러, 언더우드, 스크랜턴 등, 초기 미국선교사들의 활동에 대하여 연구한 논문들도 있다. 한규원(1990)은 "개화기 한국 기독교가 민족교육에 미친 영향에 관한 연구 검토"[27]에서 선교사들의 선교활동을 근대교육 도입을 통한 민족교육 발전의 근간으로 평가하였고, 정영희(1991)는 박사학위 논문 "한국 개화기 종교계의 교육운동 연구"를 통해 초기 기독교 선교사들의 활동을 민중 계몽을 통한 교육방법으로 간략하게 소개하고 있다. 또한 류방란(2004)은 박사학위 논문 "한국 근대교육의 등장과 발달"에서 개화기의 선교사들의 역할이 한국의 근대교육 발달을 촉진하였을 뿐만 아니라, 한국 근대교육 체제를 확립하는데 크게 기여했음을 주장하고 있다.

이상의 선행 연구자들의 논문에서 드러난 바와 같이 헐버트의 한국에서

이동일, "버트의 선교신학에 대한 연구" (석사학위논문, 서울장신대학교 일반 대학원, 2018).
27) 한규원, "개화기 한국기독교가 민족교육에 미친 영향에 관한 연구 검토,"『한국기독교와 역사』31권(1990), 69.

의 활동에 대하여 긍정적인 평가로는 교육자로, 또는 역사가나 한글 연구가, 언론인, 독립운동가, 반일활동가, 통전적 선교사 등으로 고찰되었다는 점이다. 부정적인 평가 또한 없지 않아, 헐버트를 개인의 사욕과 명예심을 가진 자에 초점을 두어 논의했다.

이상의 기존 연구 성과가 본 논문을 작성하는 데에 적지 않은 관점 제시와 정보 제공을 했던 것이 사실이다. 그런데 대부분의 선행 연구들은 단편 논문들로서, 헐버트의 부분적인 분야의 성과를 제시하는 면에 있어서는 그 의의가 있으나, 헐버트의 사회활동을 선교와 연관시켜 종합적이고 체계적으로 제시하려 했는가 하는 점에 있어서는 아쉬운 점이 없지 않다. 박사학위 논문도 '종교계의 교육운동 연구'나 '한국 근대교육의 등장과 발달' 등으로 한정돼 있어, 기독교 선교에 있어서 복음전도와 사회적 책무를 동시에 수행하는, 곧 부분적이면서도 전체적인 특성을 동시에 수용하는 이른바 통전성(統全性)을 일관되게 체계화된 틀 속에서 밝혀내려 했는가에 대해서는 아쉬움이 있다. 바로 이런 점들의 개선이 본 논문을 작성하도록 방향성을 제시했던 것이고 또한 이런 점들의 보완이 기존의 연구 성과와 차별성을 가진 점이라 말할 수 있다.

미국 감리교에서 한국으로 파송된 헐버트 선교사의 선교 사역과 그의 한국에서의 사회활동, 예컨대 한국 근대 교육의 발전과 문화 창달 및 독립운동을 위한 활약 등은 통전적인 선교신학 관점에서 좋은 롤 모델이 될 수 있으므로 본 연구는 한국 기독교의 새로운 방향의 모색과 한국 기독교의 위상 강화에 일정 부분 기여하게 될 것이다.

4. 용어의 정의

1) 교육, 사회문화 선교

'교육', '문화', '선교'라는 용어가 본 연구에서는 '교육과 사회문화 선교'라는 용어로 사용될 것이다. 좀 더 구체적으로 '교육과 사회문화 선교'를 구분하면 '선교'는 목적이자 내용물이고 '교육과 사회문화'는 그 목적을 달성하는 방편이자 그릇에 해당한다.

'교육(education)'은 사람이 살아가는 데 필요한 모든 행위를 교수·학습하는 일과 그 과정을 총칭한다. 인간의 모든 심신(心身)의 가치를 높여, 문명사회에서 성숙한 구성원으로 살아갈 수 있도록 가르치고 지도하는 것이 교육이다.[28] 교육은 인간으로서 한 개인의 탄생과 함께 시작되며 삶의 과정 속에서 계속되어지는 것이다. 교육의 전반적인 활동이나 그 내용에는 세계관과 문화가 스며들 수밖에 없으므로[29] 교육에서 가장 먼저 고려되고 전제되어야 하는 것은 교육을 주관하는 교육자의 세계관이다. 도날드 맥가브란은 세계관을 세 종류로 분류했다.[30] 성서적인 세계관을 통하여 하나

---

[28] "교육" 항목, 『브리태니커 세계 대백과사전』 2권(1996).
[29] 침례교신학연구소, 『문화를 알면 교육이 보인다』(대전: 침례신학대학교 출판부, 2003), 29.
[30] 아더 글라서·도널드 맥가브란 공저, 『현대선교신학』 고환규 역(서울: 성광문화사, 1990), 43-47. 첫째 성서적인 세계관은 우주는 하나님의 창조에 의해 지어졌고, 인간들은 육체와 영혼을 함께 소유한 존재이다. 성서는 하나님의 계시로서 인간들에게 하나님의 궁극적인 정의와 불의의 표준을 제시한다. 교회는 좋은 것이며 그 안에 소속되기를 선호해야 한다. '선교는 하늘과 땅을 창조하신 하나님을 기쁘시게 해드리는 것이므로 선한 것이다'라는 관점이다. 둘째 세속적인 세계관이다. 하나님이 세상을 창조하신 것과 세상 안의 모든 것을 창조하셨다는 사실을 부정한다. 인간 종족은 창조된 것이 아니고 저급한 생의 형태로부터 진화된 것이다. 인간존재는 영혼을 갖고 있지 않으며, 죽으면 의식이 중단되고 천국과 지옥도 없다고 보는 것이다. 셋째 맑스주의자 세계관이다. 세상은 세속적일 뿐만 아니라 장래에는 계급이 없는 사회가 초래될 것을 목표로 한

님의 형상을 회복하는 것이 기독교교육의 궁극적인 목표이다.

'문화'란 돌보다, 기르다, 경작하다, 양육하다의 의미인 'colere'에서 온 말로서 인간의 바탕을 가꾸고, 잠재 가능성의 실현과 완성 등을 의미하는 말로 발전되었다.31) 문화는 한 민족이나 국가, 사회집단이 성취한 것 전체, 즉 풍속, 윤리, 언어, 문자, 의복, 거주, 교육, 경제, 군대, 정치, 법, 학문과 기술, 예술, 종교 등으로 다양하게 나타난다. 문화는 인간의 신체적, 정서적, 정신적, 영적 성장과 발달을 포괄하는 넓은 개념이며, 인간의 삶을 가치 있고, 윤택하게 하여 주는 바탕이자 전체인 것이다.32) 그러므로 본 논문에서는 문화의 영역 안에 헐버트가 했던 언론, 출판, 시사, 평론, 예술, 사회, 정치, 외교, 독립운동 등 전반을 포함시킬 것이다. 단 이 논문에서는 사회는 문화영역에 포함되지만 사회적 현상을 부각하기 위해 사회문화로 명명하였다. 기독교 선교와 관련된 활동은 선교로, 교육과 관련된 활동은 교육으로, 사회문화 전반에 걸친 활동들은 사회문화로 분류하여 연구의 가지를 세 갈래로 나누었다.

'선교(Mission)'의 어원은 라틴어 '보내다(missio)'라는 말에서 유래되었고, 선교사(Missionary)란 보냄을 받은 자를 일컫는 것이다. 현대 교회 성장학의 창시자 맥가브란(Donald A. McGavran)은 '선교'란 예수를 믿지 아니하는 사람들에게 전도하기 위해 복음을 들고 문화의 경계를 넘는 것이며, 또한 사람들을 권하여 예수를 주와 구주로 영접하게 하여 교회의 책임적인 일원이 되게 하고, 성령이 인도하심을 따라 전도와 사회정의를

다. 영생이 없고 단지 현세에서 빈부의 격차가 없이 각자의 능력에 따라 필요에 따라 이상적인 세상을 만들어가는 것을 선이라고 여긴다.

31) 침례교신학연구소, 『문화를 알면 교육이 보인다』, 165-166.

32) 위의 책, 166.

실현하며, 하나님의 뜻이 하늘에서 이루어진 것같이 땅에서도 이루지게 하는 것이라고 해석하였다.[33] 와그너도 그리스도의 '대위임령'(마 28:19-20)을 토대로 복음을 전하는 행위를 선교로 보았다.

'교육과 사회문화 선교'는 인간의 문화적인 영역인 사랑과 신뢰, 수용, 용서, 칭찬, 거부, 불용 등을 통한 종교적 가치를 내면화하여 기독교인의 인성을 키워갈 수 있게 하는 것[34]과 하나님이 원하시는 기준을 따르는 인간으로의 교육을 지향하는 것이다. '교육과 사회문화 선교'의 범주에는 내부적 능력을 향상시키는 지력의 향상과 외부적으로 드러나는 성숙한 모습, 행동, 판단 능력뿐만 아니라 영적인 성숙까지 포함된다. 구약성서 창세기 1장 26절은 "하나님이 가라사대 우리의 형상을 따라 우리의 모양대로 우리가 사람을 만들고"에서 알 수 있듯이 하나님은 인간을 하나님을 닮은 문화적인 존재로 창조하셨다. 또한 창세기 1장 28절에서 하나님은 인간에게 "생육하고 번성하여 땅에 충만하라. 땅을 정복하라. 바다의 고기와 공중의 새와 땅에 움직이는 모든 생물을 다스리라"고 말씀하시며 하나님을 대행하여 창조된 세계를 다스리도록 문화명령을 내리셨다.[35] 뿐만 아니라 인간은 원죄로 인하여 상실된 하나님의 형상을 그리스도의 복음을 받아들임으로 회복할 수 있다.

하나님의 형상을 회복하기 위해 모든 교육적 수단이 동원된다. 학문의 모든 영역이 동원되고 인간관계와 육체적 훈련까지 동원된다. 사회적 활동과 도덕·윤리·가치관, 종교심 그리고 환경까지 즉 문화의 모든 영역이 총

---

33) Autur F. Grasser and Donald A. McGavran, *Comtemporary Theologies of Mission*(Grand Rapids Baker Book House, 1983), 26.
34) 침례교신학연구소, 『문화를 알면 교육이 보인다』, 155.
35) 아서 글라서, 『성경에 나타난 하나님의 선교』임윤택 옮김(서울: 생명의말씀사, 2006), 55.

동원되어 전인교육 되었을 때 비로소 교육의 성과를 보며 눈으로 확인할 수 있게 된다.

2) 통전적 선교(Holistic Mission)

'통전적 선교'의 뜻은 구체적이며 포괄적이고, 개별적이면서 종합적인 선교를 의미한다. 부분적인 사역을 무시하지 않고 각 부분 그 자체를 인정하면서 완전(complete)을 추구하는 전체적인 것이다. 복음전도 대상인 인간이 전인적이며, 선교의 목적과 내용과 방법이 모두 통전적이므로 선교는 부분적이 아닌 총체적이다.36) 그러므로 인간의 전인적 구원과 총체적 복음(Whole Gospel)을 지향하는 것이 곧 통전적 선교이다. 인간의 영혼과 육신, 복음화와 인간화, 개인과 사회, 전도와 봉사를 구분해서 어느 한쪽으로도 치우치는 것이 아니라 모두 포괄적으로 수용하며 균형을 유지하는 것이다.37)

예수님도 치유38), 제자 양육, 설교, 긍휼사역(오병이어), 폐습 타파(성전 정결) 등을 통해 통전적 사역의 모범을 보여주셨다. 선교사가 파송된 한 나라에 가서 그 나라의 언어를 터득하고 그 나라의 문화와 관습을 익혀 그들과 같은 사고를 가지고 현지인들과 소통하며 자연스럽게 복음을 전하는 것이 통전적 선교이다. 선교지의 문제들을 현지인의 입장에서 바라보는 토착화 내지는 비판적 상황화의 입장을 넘어서 그 지역이 하나님 나

---

36) 손윤탁, "성경적 선교신학과 통전적 선교관,"『선교와 신학』7집(2001. 5), 16.
37) 정영식, "통전적 선교의 이론과 적용" (석사학위논문, 장로회신학교 대학원, 2002), 26.
38) 예수님은 육신적 질병의 치유, 혼적인 우울증과 정신 신경 관련 치유, 그리고 영적인 치유 즉 축사를 포함한 치유를 하셨다.

라로 변화되도록 문화명령과 복음전도의 명령을 동시에 수행함으로써 선교지의 개선과 향상을 도모하여 영육의 구원을 이루어내는 것이 통전적 선교의 방법인 것이다.[39]

그러므로 본 논문에서는 헐버트가 한국과 한국인을 위하여 행한 종교적 활동과 교육관련 활동, 연구와 저술, 출판, 정치적 활동, 독립운동, 한국의 예술과 한글 보급 등 헐버트가 했던 모든 활동을 통전적 선교의 범주에 넣을 것이다.

3) 조선, 한국, 대한민국

'조선'은 이성계가 고려를 멸망시키고 한반도에 건국한 나라로서 1392년부터 1897년 고종이 대한제국을 수립하기 전까지 한반도에서 통치하였다. 고종황제는 1897년 10월 12일부터 1910년 8월 29일까지의 조선의 국명을 대한제국으로 격상하였다. 본 논문에서는 대한제국을 출범시키기 전인 1897년 10월 11일까지를 '조선'이라고 할 것이다. 대한제국이 수립된 1897년 10월 12일부터 1948년 8월 14일 대한민국 건국 전일까지는 '구한말' 또는 '한국'이라고 명명할 것이다.

1948년 8월 15일 건국 이후는 '대한민국'이라고 할 것이다.

---

39) 정진웅, "사중복음의 21세기 통전적 성결선교신학적 해석" (박사학위논문, 성결대학교 일반대학원, 2011), 29.

4) 기독교

'기독교(基督教)'라는 용어를 본 논문에서는 프로테스탄트(개신교)에 한하여 사용할 것이다. 한국어 어원 연구가 김무림[40]은 "기독교(基督教)'의 의미는 '그리스도교'를 의미하지만, 한국에서는 '그리스도교'를 구교(舊教)와 신교(新教)를 중립적으로 아우르는 개념이다. 엄밀히 말하면 한국 사회에서 '그리스도교'는 신교적(新教的) 색채가 좀 더 풍긴다. … 국어에서 기독교는 구교보다는 거의 신교의 개념에 가까운 것이 한국 종교계의 현실"이라고 하면서 그는 "국어사전에서 '그리스도교'는 '예수 그리스도를 구세주로 믿는 종교'로 정의되며, '기독교(基督教)'는 '① 예수 그리스도를 구세주로 믿는 종교. ② 우리나라에서 개신교(改新教)를 이르는 말' 등으로 정의되고 있다."[41]라고 하였다. 국어사전에서도 기독교는 개신교를 지칭하는 일상용어로 사용되고 있음을 알 수 있다. 그는 또 "'그리스도교'와 '기독교'는 의미상 차이가 있다. 즉 '그리스도교'는 구교와 신교를 아우르는 말이나, '기독교'는 신교를 일컫는 말로 사용한다."고 분명히 말하고 있다.

한국에서 가톨릭은 '천주교(天主教)'라고 하며 18세기에 전래되었다. 반면 프로테스탄트인 '기독교'는 개신교(改新教)라고도 하는데 19세기에 전래되었다. '기독교'는 개화[42] 이후 입국한 프로테스탄트 선교사들과 그

---

40) 김무림, "'그리스도'와 '기독(基督)'의 어원,"『새국어생활』제20권, 제1호(국립국어원, 2010, 봄), 93-98.
41) 위의 책.
42) 개화의 시기에 대하여 학자들마다 약간씩 입장이 다르다. 본 연구에서는 조선과 미국의 수교가 이루어진 1882년을 개화의 시작 시기로 설정하였다.

들에 의해 전도된 한국인들을 총칭하여 사용하는 말이다. 선교사들의 노력으로 '기독교'가 급성장하면서 남녀노소 모든 국민들 사이에서는 자연스럽게 프로테스탄트(개신교)를 기독교로 지칭하였다. 그 예로써 해방 이후 기독교 교단들의 명칭에 "기독교대한감리회", "기독교대한성결교회", "기독교대한하나님의성회", "기독교한국침례회"등으로 '기독교'를 사용하고 있다. 이에 반하여 "로마가톨릭"은 "천주교"로 통용되고 있으며 기독교라는 용어를 혼용하는 경우가 거의 없다. 국립국어원에서는 "2009년 표준 수화 작업의 일환으로 『불교수화』, 『가톨릭수화』, 『기독교수화』, 『일상생활수화(3)』등을 표준화 하였다."[43]고 밝히고 있다. 그리고 『가톨릭수화』는 『천주교수화』로 출판되었다. 천주교는 한자에서 '하느님'을 상징하는 한자어 '천주(天主)'의 한글 음가를 그대로 사용한 용어이다.

그럼에도 한국사 관련 교과서에서 기독교를 '개신교'라고 씀으로써 학생들에게 일상화된 기독교를 이해하기 어렵게 만들었다.[44] 뿐만 아니라 구한말 이후 한국에서 가장 급성장한 종교로서 활발하게 나라의 개혁과 독립을 주도해왔고, 대한민국의 건국과 그 이후의 국가발전의 주도세력을 배출했던 '기독교'의 이미지를 희석시켰다. 기독교인들의 활동에 대하여 천주교인들과 통용어로 사용하려다 보니 기록을 자제하거나 누락시키는 결과를 초래하였다.

남녀노소 전 국민이 일상적으로 쓰는 생활용어인 '기독교'는 '개신교'

---

43) 국립국어원, 『천주교수화』, 한국표준수화규범 제정 추진 위원회편(서울: 애드피아, 2010), 5.
44) 1910년 기독교학교 학생 수 22,963명, 공립학교 학생 수 15,774명으로 기독교인 학생이 더 많았다. Charles D. Stokes, *History of Methodist Missions in Korea*, 1885-1930, 『미국감리교회의 한국선교 역사, 1885-1930』장지철·김흥수 옮김, (서울: 한국기독교역사연구소, 2010), 215. 2014년도 15-19세 종교를 가진 학생 약 160만 명 중 기독교 55만 명, 천주교 33만 명으로 55.12%가 기독교인과 천주교인이다. (줌 진격의 그라프, 검색어, "우리나라 인구의 종교 통계," http://ranky.tistory.com/424, 2018. 12. 5).

를 대체하는 용어로서 과거부터 현재까지 모든 공문서나 통계자료45)에서 종교 란에 불교, 천주교, 기독교, 유교, 무교 등으로 서술하고 있다. 그러므로 본 논문에서는 '그리스도교'는 천주교와 기독교를 포함하는 용어로, '기독교'는 한국의 프로테스탄트(개신교)를 지칭하는 용어로 사용할 것이다.

---

45) 2015년 현재 전체 인구 약 4900만 명 중 기독교인 수는 970만 명, 천주교인 수는 390만 명이다.(국가통계포털, 검색어, "종교별 인구," http://kosis.kr/statHt ml/statHtml.do? orgId＝101&tblId＝DT_1PM1502, 2018. 12. 5).

II. 조선 말기 국내 상황과 선교 동향

1. 조선 말기의 사회 · 정치적 상황

조선은 동북아시아 대륙의 반도국으로서 중국·러시아와 국경을 접하고 또한 해양국가인 일본을 대륙으로 연결하는 교량적 역할도 하고 있기에 평화 시에는 활발한 문화 교류의 통로가 되기도 하였지만, 전시에는 군사 상 병참기지의 역할을 하였고 접경국의 침략을 자주 받았다.

봉건전제군주제 사회였던 조선은 임진왜란(壬辰倭亂, 1592) 발발로 일본과의 7년 전쟁 이외에, 정묘호란(丁卯胡亂, 1627)과 병자호란(丙子胡亂, 1636-1637)을 거치면서 이루 말할 수 없는 경제적 어려움을 겪었으며, 사회구조 상의 갈등과 양반계급의 몰락으로 봉건제도가 해체될 위기에 처했다.

이에 천주교로 대표되는 서학의 전래와 사회적 가치관의 변화로 말미암아 실학사상[46]이 등장하였고, 이항로를 중심으로 한 위정척사(衛正斥邪)[47] 운동이 일어났다. 1784년 이승훈이 최초로 북경에서 세례를 받고

---

46) 실학사상은 청조의 고증학과 천주교를 매개로 한 서학의 영향 하에 형성되었는데, 대표적 실학자로는 초기 17세기의 이수광·유성원·이익을 들 수 있다. 18세기 이후에는 홍대용·박지원·박제가가 활동을 하였고, 19세기의 유명한 실학자로는 정약용·이규경·최한기 등이 있다. 실학의 핵심 사상은 이용후생(利用厚生)이다. 실학자들은 조선의 역사와 현실 사회를 분석하여 연구하였으며, 또한 광범위한 자연과학과 기술의 개발 및 도입에도 관심을 가졌다. 실학자들은 정치·경제·사회 등 광범위한 분야를 그 고찰 대상으로 하였으며, 조세제도·토지제도·신분제도·산업 장려 등의 각종 개혁안을 제시하여, 낙후되었던 조선 봉건체제를 개선하고자 했다.
47) 손윤탁, 『한국교회와 선비정신』(서울: 도서출판 케노시스, 2012), 86-87. 衛正斥邪의 개념은

귀국하여 서울의 이벽의 집에서 세례식을 거행하면서 한국 천주교회가 시작되었다.48) 그리고 1830년대 이후로 천주교가 급속도로 확장돼 조선인 신도들이 증가하자,49) 천주교의 확산에 위기감을 느낀 조정은 신도들을 박해하였다. 1839년에는 기해박해가 일어나 137명의 조선 천주교인들과 세 명의 프랑스 신부50)가 살해되었다.51) 1866년에는 대원군에 의한 병인박해로 9월에 프랑스 신부 9명과 천주교인 8천여 명이 처형당하는 등52) 많은 천주교인들이 순교했다.

여기에다 가난과 계급사회의 폐해가 더해져 농민반란의 동기가 조성되었으며, 서학의 전래로 사회의 급변현상이 가속화 되자 주자학의 가치이념을 흔들었다. 최제우53)는 서학으로 인식되었던 천주교에 대항하며 동학을 창시해 주자학적 봉건질서에 정면으로 도전하였다.54) 조선은 사회·정치·경제적 모순과 갈등이 첨예화되어 결국 절대왕정 봉건체제가 흔들리기 시작하였다. 각지의 농민 반란으로 사회구성원 간의 계층 간 대립이 첨예화되었으며, 전주의 농민반란은 전국으로 확산되어 동학사상으로 자리를 잡

邪를 물리치고 正을 지킨다는 의미이다. 19세기 이전에는 벽위론(闢爲論)에 근거한 사도(邪道) 즉 주자학이 아닌 불교, 도교, 양명학 등의 이단(異端)에 대한 비판정신으로 작용되었으나 조선 말기에는 천주교와 과학기술을 포함한 모든 서양문명이 그 대상이 되었다.

48) 방상근, "헌종~고종대 천주교 박해와 순교 기록,"『기록인(In)』제28호(행정자치부 국가기록원, 2014), 28-33.

49) 윤건차, 『다시 읽는 조선근대교육의 사상과 운동』이명실·심성보 옮김(서울: 살림터, 2016), 38.

50) 앵베르(범세형; 范世亨, 1797~1839), 샤스탕(정아각백; 鄭牙各伯, 1803~1839), 모방(나백다록; 羅伯多祿, 1803~1839) 신부이다.

51) 방상근, "헌종~고종대 천주교 박해와 순교 기록," 29. 순교자 기록에 누락된 사람들이 많았으므로 이 당시 조선인 순교자는 훨씬 많았을 것이라고 한다.

52) 위의 책, 31.

53) 최제우(崔濟愚, 1824-1864)는 1860년 경천(敬天) 사상을 바탕으로 유(儒)·불(佛)·선(仙) 및 도참사상후천개벽사상 등이 융합된 동학(東學)을 창시했다.

54) 윤건차, 앞의 책, 40.

았다.

이러한 조선 말기의 시대적 혼란과 맞물려 서세동점(西勢東漸)[55]의 사조에 따라 서구 자본주의 열강들은 무력을 앞세워 동아시아 지역으로 진출하였으며, 열악한 동아시아의 각국에게 통상 개방을 강요하였다. 그리하여 1840년 청나라는 영국과 아편전쟁을 치른 뒤, 1842년 영국과 통상조약을 체결하였고, 일본도 미국과 1854년 국내시장을 개방하는 통상조약을 체결하였다. 조선은 1860년대에 들어서면서 청나라와 일본이 겪었던 서양 열강의 개방 압력에 직면하게 되었다.[56]

그러나 조선왕실의 실권을 쥐고 있던 대원군은 서양 문명과 천주교를 한 몸이라고 인식하고, 양이정책[57]을 택하여 천주교를 탄압하였고, 그 결과 1866년 10월 프랑스의 함대가 강화도를 공격하면서 병인양요가 일어났다. 이후 대원군은 서양세력의 개방 압박에 대항하여 전국에 척화비를 세우며 쇄국의 의지를 더한층 굳혔다. 또한 1866년 8월 미국의 제너럴셔먼호가 대동강으로 침입하였고, 1871년 신미양요가 발생하였으나, 조선은 1870년대 중반까지 열강의 식민지에 편입되지 않았던 나라였다. 그러나 조선은 군사기술을 비롯한 서양문명의 도입과 인재양성을 등한히 했던 까닭으로 외압의 증가에 대처하는 지혜와 사회적 지지가 결여되었다.[58]

결국 10년간 집권했던 대원군이 물러나고 고종이 정치를 하면서 중국

---

55) 서유럽 기독교 국가들이 14-15세기 흑사병으로 인구격감의 시기를 겪고 산업혁명을 한 후에 일어난 근대문명으로, 19세기 이후 세계를 휩쓸게 된 현상을 말한다. 김기협, "서세동점 현상의 퇴조" "문명 전환 시대 한반도의 진로는?," 『역사학자 김기협과 함께하는 인문학 강의 자료집』 (프레시안, 2015. 4. 15), 20.
56) 최덕수, 『개항과 조일관계』(서울: 고려대학교 출판부, 2004), 3. 조선에 대한 서구의 통상 개방 요구는 1832년 영국의 동인도회사 소속 상선 로오드 앰허스트(Lord Amherst)호에 의해 처음으로 시도되었다.
57) 양이(洋夷)정책이란 서양은 오랑캐와 같기 때문에 멀리해야 한다는 정책이다.
58) 윤건차, 앞의 책, 39.

위주의 외교관계에서 점차 벗어나 마침내 조선은 1876년 일본과의 강화도 조약을 시작으로, 1882년 미국과의 조미수호통상조약(朝美修好通商條約)을 맺었다(1882. 5). 이것은 조선이 서양 열국과 맺은 최초의 조약이었다. 이어서 1883년에 영국과 독일, 1884년에는 러시아, 1886년에는 프랑스와 조약을 맺음으로써 서양에 대해 문호를 개방하였다.59)

주변국에 비해 조선의 문명이 뒤졌음을 알게 된 고종은 구태의연했던 태도를 버리고, 외국과의 원활한 소통을 추진하고 문물제도를 받아들여 근대화를 추진하기 위해 선진문화의 시찰단을 구성하였다. 일본에 수신사(修信使)60)라는 시찰단을 두 차례(1876년, 1880년)에 걸쳐 파견 하였다. 1881년에는 신사유람단(紳士遊覽團)61)을 일본에 파견하여 일본의 군사·교육·공장 등을 시찰하게 하였다.

---

59) 조선이 서구 열강에게 문호를 개방했던 시기는 문호개방에 대한 국내 반대세력들의 저항(임오군란)을 청국 군대의 힘으로 진압한 직후였다. 즉 정부는 임오군란의 진압 후 척화비의 철폐를 공식적으로 선언하고 서구 국가에 대한 개방이 대세임을 선언하였다.

60) 1차 수신사는 1876년 4월 김기수를 수신사로 하여 일본의 문물을 탐색하노록 하였다. 개화 이후의 첫 공식 사절단을 해외로 보냈던 것이다. 김기수는 귀국 후 '일동기유(日東記遊)'에 견문록을 남겼다. 이들은 일본의 군대와 출판사, 학교, 원로원의사당 등을 시찰하였으며, "소위 학교라 불리는 것으로 개성학교, 여자학교, 영어학교, 제국어학교(諸國語學校)를 포함하여 많은 학교가 있으며 사범(師範)이 존중되고 교사는 근면하여 일본 사회의 앞날이 교육에 있다"고 보고하였다. 『수신사기록』(국사편찬위원회, 1974), 131. 윤건차, 앞의 책, 43에서 재인용.
   2차는 1880년 7월 김홍집(金弘集, 1842~1896)이 일본에 가서 일본의 인천 개항 요구, 무관세 조항 개정 등에 대하여 정치교섭을 하였으며, 일본 실정도 시찰했다. 그는 입국 시 조선 외교정책에 대한 책인 『조선책략(朝鮮策略)』을 가져왔다. 그 내용은 중국과는 친밀, 일본과는 결속, 미국과는 연합, 러시아와는 대항할 것과 부국강병을 위한 과학기술 도입, 유학생 파견, 학교설립, 서양인 교사 초빙 등이 나와 있었고 정부는 그 책을 복사해 전국에 배포하였다. 위의 책, 43-44.

61) 박정양(1841~1945), 홍영식(1855~1884), 어윤중(1448~1896) 등 12명의 조사(朝士)와 이상재(1850~1929), 유길준(1856~1914), 유정수(1887~1938), 윤치호(1865~1945) 등 26명의 수행원, 통사(通事), 하인 등 총 62명이 갔으며 일본과 서양을 같이 취급하는 이른바 위정척사사상을 잠재우기 위한 '암행어사' 성격으로 일본의 여러 정부기관과 군사, 학교, 산업현장, 병원, 박물관 등을 팀을 나누어 4개월간 시찰하고 돌아왔다. 국내의 개화사상에 큰 공헌을 하였고 근대교육의 계기를 마련하였으며, 어윤중은 최초의 유학생들(유길준, 유정수, 윤치호)을 일본에 유학시키기도 했다. 위의 책, 45-46.

중국에는 청나라의 근대적인 문물제도를 시찰하도록 영선사(領選使)[62]를 파견하였다. 이들을 통하여 조금이나마 일본의 개화 상황과 서양문물, 또 신문물과 교육의 중요성을 알게 되었으나 국내에서 격렬한 사상적 투쟁이 전개되어 개화를 향한 진통[63]을 겪게 되었다.

고종의 개화정책과 노력에도 불구하고 구식 군인들이 차별대우를 이유로, 일본의 침략과 민씨 정권하의 관리들의 가렴주구(苛斂誅求)[64] 등에 반대하는 임오군란(1882. 7)을 일으켰다. 이로 인해 청나라 군대가 조선에 들어와 이를 진압하였다. 청은 조선과 조청상민수륙무역장정(朝淸商民水陸貿易章程)을 체결하며 조선의 속국화를 의도하여 내정간섭과 경제적 침탈을 감행하기 시작하였다. 이에 일본은 조선에 손해배상을 청구하였고 제물포 조약을 제정하여 조선에 군대를 주둔시키는 계기를 마련했다. 이러한 일본을 견제하기 위해서 청나라는 조선정부에 서구 열강과의 통상조약을 체결하도록 종용하였으며, 조선은 미국을 비롯한 서구 열강들과의 통상을 체결하여 문호를 개방하고, 본격적인 교류와 개화를 하게 되었던 것이다.[65]

---

62) 1881년 11월 김윤식(金允植, 1835-1922)의 인술 하에 38명의 유학생이 가서 1년을 유학하며 양무운동에 의해 건설된 공장에서 무기와 화약 제조법, 기술 및 외국어 습득을 하고자했으나 전원이 중도에 귀국하여 성과가 없었다. 위의 책, 45.

63) 개화파는 개화의 방법, 속도, 외교정책에 따라 두 파로 나뉜다. 급진 개화파는 문명개화론을 기반으로 조선이 야만에서 벗어나 개화해야한다고 주장하였다. 김옥균, 박영효, 서광범, 홍영식, 유길준, 서재필 등이 이에 해당된다. 온건 개화파는 조선도 이미 개화했으므로(유교에 의한 교화), 유교도덕은 유지하고 청의 양무운동(서양기술문명)만 받아들이자는 동도서기론을 주장하였다. 민비를 비롯한 김홍집, 어윤중, 김윤식 등이 온건 개화파이다. 김한종 외, 『고등학교 한국 근·현대사』(㈜ 금성출판사, 2012), 59.

64) 세금을 가혹하게 징수하여 백성들이 고통을 당하는 상황으로 합덕 농민항쟁의 원인이 된 이정규, 고부군수 조병갑 등이 그 예이다. 박걸순, "1894년 합덕 농민항쟁의 동인과 양상,"『한국 독립운동사 연구』제28집(2007, 6), 34-38.

65) 이기백, 『한국사 신론』(서울: 일조각, 1990), 8.

미국과는 조미수호통상조약에 의해 미국의 전권 공사로 임명된 루시어스 푸트(L. H. Foote)가 조선에 왔고(1883. 5), 조선은 1883년에 민영익을 전권대사로 임명하여 부관 홍영식, 서광범 등으로 구성된 보빙사66)를 보내어 6개월간 미국의 선진화된 문물을 시찰하게 하였다. 외국 문물과 제도를 시찰하고 돌아와 보고한 이들의 내용을 기초로 하여 조선 정부는 새로운 근대적 제도로의 개편을 시작하였다. 고종은 종래의 주자학과 다른 동도서기론(東道西器論)67)을 채택하여 자주자강(自主自强) 정책을 펼치며, 개화를 통하여 국가와 민생의 안전과 발전을 위해 힘썼다.

그 결과 조선사회는 급속하게 변화되었고, 양반과 관리들은 개화사상을 통하여 세계 각국에 대해 눈을 뜨게 되었다. 뿐만 아니라 향상된 사회를 추구하는 근대적인 사상을 받아들여, 근대교육의 필요성을 느끼게 되었고, 늘어나는 외교통상을 위해 통역관을 기르고 개화문물을 도입하는데 필요한 인력을 양성하는 것이 시급한 문제로 대두되었다.68)

66) 보빙사절단은 1883년 7월에 미국에 파송되었는데 정사(正使)에 민영익(閔泳翊), 부사(副使)에 홍영식(洪英植), 서기관은 서광범(徐光範), 수행원은 변수(邊樹)·유길준(兪吉濬) 등이었고 외국인으로는 퍼시벌 L. 로웰(Percival Lawrence Lowel)과 통역관으로 일본인 미야오카 츠네지로(宮岡恒次郎), 중국인 우리탕(吾禮堂) 등이 동행하였다. 사절단의 경로는 제물포, 일본 동경을 거쳐 태평양을 횡단, 샌프란시스코에 도착한 후, 미 대륙을 횡단한 다음 워싱턴을 거쳐 뉴욕에서 미국 대통령 체스터 A. 아서(C. A. Arthur)와 회동하고 국서를 전하였으며 양국 간의 수교에 관하여 논의하였다.

67) 고종이 1882년 7월 전국에 교서를 내려 국정에 대한 진언을 요구하였고 많은 유학자들이 상소하였다. 그 중 1883년 1월 윤선학의 상소에서 동양의 도덕과 서양의 기계를 받아들이자는 주장이 등장하였다. 여기에 서양 도서와 교육, 과학기술 도입, 은행과 화륜선 건조 및 군항 설치 등을 주장하였으나 기독교와 서양사상은 일체 배제되었다. 윤건차, 앞의 책, 47.

68) 윤치호, 『윤치호 국한문 일기』上, 송병기 역(서울: 탐구당, 1975), 230-231. 미국과 조약체결에 중국인 통역을 썼던 조선은 어학교육기관, 특별히 영어학교의 설립과 충실한 운영이 필요하였다. 당시에 외교고문으로 청국의 뜻을 대변하는 묄렌도르프를 고용하여 많은 외교적 불이익을 받았다. 자주외교를 주장한 개화파의 윤치호는 1884년 7월 김옥균에게 영어통역관 한 사람을 외무아문에 배치해줄 것을 요청하였다. 청국의 내정간섭이 날로 심해져 고종은 미국의 외교적 군사적 지원과 교육에의 조력을 원하여 1884년 9월 미국 공사 푸트에게 3명의 교사를 요청하였다. 그리하여 헐버트가 한국에 오게 된 것이다.

그러던 중 급진적인 개화를 바라는 김옥균 등이 일본의 도움을 받아 갑신정변을 일으켰다. 그러자 조선에서 자국의 주도권을 유지하려는 청나라가 조선으로 군대를 투입하여 일본군을 몰아내었다. 갑신정변의 실패로 개화파들은 대부분 죽임을 당하였고, 소수는 일본이나 청나라로 망명을 했다. 한편 조선에서 정치적 입지가 약해진 일본은 청나라와 협상을 통하여 청·일군대가 모두 조선에서 철수할 것과 조선에 군대 파병 시 서로 통고한다는 텐진조약을 1885년에 맺었다. 이 조약으로 동학농민운동이 일어난 1894년 청·일 군대가 조선에 진입하고 청·일전쟁이 일어나는 계기가 되었다. 조선 정부는 청을 견제하기 위해 러시아를 끌어들이려 하였고, 이를 눈치 챈 영국이 1885년 러시아를 견제하기 위해 거문도를 불법으로 점령하기도 하였다. 청나라도 조선에 대한 주도권을 놓지 않으려고 1894년 청일전쟁 전까지 정치·경제적인 침탈을 가속화하였다.[69] 일본과 청의 경제적 침탈로 조선의 경제는 더욱 어려워졌고 농민들의 삶은 더욱 피폐해져 갔다.

---

69) H. B. Hulbert, 『The Passing of Korea 대한제국멸망사』 신복룡 역주(서울: 집문당, 2013), 162.

2. 조선 말기의 교육·문화적 상황

조선은 봉건체제를 지탱해온 유교의 나라였다. 조선의 유교는 중국 유교의 복사판[70]으로, 유교의 기본윤리는 충효이다. 효는 자녀가 부모의 뜻에 따르는 것으로써 부모에 대한 복종은 당연한 인간적 행위이지만, 생존해 계신 부모에 대해서만이 아니라 선조(先祖)에 대해서도 요구되어져, 개인은 대대로 내려오는 가계의 한 사람으로만 존재가치를 가졌다는데 문제의 원인이 내포되어 있다.[71]

유교는 조선시대를 지탱해온 도덕, 정치, 종교를 겸한 교학(敎學)이었으며 국민의 사상을 지배해왔던 이념이었다.[72] 그렇지만 동시에 많은 병폐의 요인이 되기도 하였다. 사대주의의 근원인 모화사상(慕華思想)을 키웠으며 당쟁 격화의 요인이 되었고, 가족주의와 계급사상, 명문주의(名文主義), 무예경시(賤武)사상, 복고사상(復古思想), 과학기술과 산업의 경시 등 많은 폐해를 양산했다.[73] 권위와 명예를 중시했으나 현실적으로 실천하는 지식과 행동은 경시했다. 합리적인 지식의 창조보다 과거의 학문과 관습을 답습하는 데 중점을 두었다. 이러한 특징은 유교가 자연과학적 사고(思考)나 수학적 사유(思惟)의 결여에 연관되었고, 서구 열강의 압력에 직면했던 조선의 말기 근대역사의 흐름을 좌우하는 요소였다.[74]

근대 시기 조선의 교육을 '구교육(舊敎育)'이라 했고, 그것을 뒷받침해

---

70) Charles D. Stokes, 앞의 책, 34
71) 윤건차, 앞의 책, 19
72) 백낙준, 『韓國改新敎史: 1832~1910』(서울: 연세대학교 출판부, 2010), 18.
73) 위의 책. ; 현상윤, 『朝鮮儒學史』(서울: 민중서관, 1949), 486-487.
74) 윤건차, 앞의 책, 23.

준 학문은 '구학문(舊學)'으로, 개항 후에 도입되었던 새로운 교육이나 신학문과 구별된다. '구교육'이나 '구학문'에는 유교사상의 특징이 내포되었다.[75)

과거제도와 유교는 조선시대 봉건체제를 유지하는 두 기본 축이었다. 조선의 건국과 함께 불교를 대신하여 유교가 기본이념이 되었으며, 이전의 과거제도를 모방하여 1392년 태조 원년에 과거제도가 새롭게 제정되었다. 과거제도는 1894년에 폐지되기까지 조선 500년 동안 유지된 관리등용 제도였다. 과거의 응시 자격은 양반의 적자(嫡者)여야 하며, 양반이라도 오랫동안 관직에 채용되지 못한 자의 자손이나 서자는 응시할 수 없었다.[76)

조선시대 교육기관은 중앙과 지방으로 나누어지는데 중앙인 한양에는 성균관(成均館), 전국의 4방 동·서·남·중에는 사학(四學), 지방의 각 군에는 향교(鄕校)가 있고, 각 면과 동리에 서당(書堂)이 있었다. 태학(太學)이라고 불리는 성균관은 조선시대의 최고학부였고 사학, 향교와 함께 관학이었다. 서당은 민간이 설립하고 운용했던 사설교육기관으로, 규모는 몇 십 명 이내의 학생을 수용했을 정도로 작았다.[77) 이러한 구교육기관의 목적은 성인군자를 목표로 이상적인 도덕주의자와 관리 양성에 있었지만, 조선 후기에는 과거에 응시하기 위한 준비교육만을 목적으로 하였다.[78)

조선시대 양반 자제의 교육체계는 초기부터 '서당(8-9세)→향교·사학(15, 16세)→생원진사과 응시(20세 전후)→성균관→문과시'의 순서였으며, 경제력과 학력이 뒷받침되어야 상급 교육기관에 진학할 수 있었다.[79) 중

---

75) 위의 책, 23.
76) 위의 책, 24.
77) 위의 책, 26.
78) 조원래, "朝鮮後期 實學者의 教育思想 一考," 『歷史教育 = The Korean history education review』제26집, (서울: 역사교육연구회, 1979), 35-36.

기 이후로 접어들어 중등교육기관인 향교의 경우 지방관의 재원염출(財源捻出)의 수단으로 남용될 만큼 부패하여,[80] 가난한 사람은 중도에서 면학을 포기해야만 했다.[81] 근대에 와서는 중등기관이 퇴화되고 서당만이 교육기관으로 널리 활용되어, 과거 응시와는 무관하게 농민 자제들도 서당에서 공부를 할 수 있게 되었다.

조선시대 교육기관의 문과 교육 내용은 『천자문』, 『동몽선습』, 『통감』, 『소학』, 『사서』, 『삼경』, 『사기』, 『당송문』, 『당률』 등으로 과거 시험의 내용과 같았으나, 학과는 시대, 교사, 지역 등에 따라 약간의 차이가 있었고 학습의 순서도 부분적인 변경이 있기는 했지만,[82] 거의 일정하여 『소학』 → 『대학』·『근사록』→ 경서류(經書類)의 순서로 체계화되었다.[83] 서당의 경우 교과서[84]는 학습 기간 중 『천자문』부터 차례대로 학습하였고 학력 우수자는 다음 교재로 진급할 수 있었다.

학습방법은 경서를 암송하는 기억 만능 위주의 학습법이어서 학습자의 문제해결력이나 추리, 사고능력 계발과는 무관하였으며, 사고의 독창성이나 상상력의 발전을 기대하기 어려웠다.[85] "이 때 학력이란 단지 교재에 나온 한서(漢書)를 암송하고 거기에 나온 문자와 장구를 식별하며, 또한 능히 쓸 수 있고 그 자구를 모방할 수 있는 능력"[86]을 말하였으며 내용의

---

79) 윤건차, 앞의 책, 27.
80) 조원래, 앞의 책, 36.
81) 송찬식, "朝鮮後期 校院生 考,"『論文集』 11(國民大學, 1977), 65.
82) 윤건차, 앞의 책, 27.
83) 허재영, "조선시대 여자 교육서와 문자생활,"『한글』 272(서울: 한글학회, 2006), 200.
84) 서당의 교본은 千字文→童蒙先習(啓蒙篇, 擊蒙要訣)→小學·十八史略·通鑑 등이 있었고 12~13세까지 암송하며 수학하였다. 노규호, "조선후기 교육 저변의 확대와 가사문학의 대응: '팔역가'와 '오륜가'를 중심으로,"『새국어교육』 제79호(2008, 8), 617.
85) 조원래, 앞의 책, 62.
86) 岡倉由三郎, "朝鮮國民教育新案,"『東邦協會會報』 第2號 부록(1894), 3. 岡倉由三郎은 1891년 조선정부가 설립한 일어학교의 교사로 초빙되었다. 이 논문은 일본으로 돌아온 후 조선

이해 정도는 무시되었다. 대다수의 어린 아동들은 사실상 난해한 한문을 능숙하게 읽을 수도, 그 내용을 이해할 수도 없었다.

이와 같이 조선의 유교식 한문교육은 조선에 대해서는 아무 것도 가르치지 않았다는 모순이 있었다. 이러한 교육은 한문의 반복 학습과 지육(知育)에 편중되어 허약한 신체를 만들었으며, 결국은 사고의 위축을 초래하였다.[87] 그래서 실학자들이 그 폐단을 시정할 교육개혁을 주장하였다.

여성교육은 중류·상류 계층에서만 약간의 학습이 이루어졌으며, 일부 가정 내에서는 여성 교육서를 저술[88]하여 교육하기도 했으나, 절대다수의 여성들은 가사노동에 종사할 뿐이었으며, 국가 차원의 교육은 전혀 이루어지지 않았다.[89]

상민이나 천민을 위한 교육의 수단으로는 교화사업인 향약이 있었다. 향약은 촌락 집단이며, 자치조직이었고, 유교와 마찬가지로 중국에서 전래되었다.[90] 군을 단위로 조직되어 군·면·동리에 조직되었으며, 수령이나 면훈장제를 통하여 관할하였다. 면훈장직은 관직에서 물러난 자나 향촌에서 유학을 수업한 자로 유한유식(遊閑有識) 계층을 관교육 체계로 포섭하는 방편이 되었으며,[91] 유교적 통치를 강화하고 지방교화와 상호부조를 통한

교육의 개혁을 주장했던 연설문의 내용 중 일부이다. 윤건차, 앞의 책, 27. 각주 17에서 재인용.

87) 위의 책.

88) 허재영, "조선시대 여자 교육서와 문자생활," 202-205. 예를 들면 『내훈』(성종 6년, 1475년), 『여훈』(중종 27년, 1532), 『여범』(조선 영조대, 빈선희궁), 『규범』(1872, 또는 1932년 추정) 등의 수신서(修身書)이며 대체로 한문으로 쓰인 것을 언해하였다. 내용은 전통윤리, 언행, 효친, 혼례, 돈목, 염검 등의 내용이다. 조선 후기에 와서는 『여자소학』, 『여학별록』 등의 필사본이 나왔으며, 길쌈, 옷 짓기, 음식 만들기 등 실용적인 내용이 한글로 저술되었다.

89) 윤건차, 앞의 책, 27-28.

90) '주자증손여씨향약(朱子增損呂氏鄕約)'으로 조선의 향약은 그것을 수용·이식·적용한 것이었다. 그리고 조선의 향약은 중종 11년(1516) 김안국(金安國)이 여씨향약을 우리말로 반포한 것에서 시작해 1904년까지 지속되었다고 한다. 田花爲雄, 『朝鮮鄕約敎化史の硏究』 歷史編(서울: 鳴鳳社, 1972), 1-19. 위의 책, 28. 각주 19에서 재인용.

생활의 안정을 꾀하는 데 그 목적이 있었다. 유교 윤리는 봉건사회를 영속시키고자 하는 양반유생의 뜻을 반영한 것이므로 실제 생활에서 향약의 규칙 위반자에 대해 실력적 제재가 뒤따랐다. 남녀유별과 장유유서 등의 유교적 도덕규범은 이러한 일상의 교화를 통해서 생활 원리[92]로 고착화되었던 것이다.

조선 말기로 가면서 초기부터 구축되어왔던 '서당→ 향교·사학→ 성균관'이라는 수학 체계가 중기를 지나면서 향교와 사학이 쇠퇴하였고, 성균관도 조선 말기에 들어서 부패가 심해져 기능을 상실함에 따라, 조선 말기에는 사실상 서당만이 중요한 교육적 기능을 감당할 수 있었다.[93]

이러한 구교육의 결과는 중국의 것만을 귀히 여기는 사대주의를 주입시켰으며, 서당에도 갈 수 없었던 절대다수의 농민 자제들과 여성들은 문맹이 되었다. 그 증거로 세종대왕이 가장 과학적이고 배우기 쉬운 한글을 만들었음에도 지식층에서는 언문이라고 하여 천시여기며 사용하지 않았다.[94]

이러한 유교주의적 교육풍토 하에서는 오직 성현의 언행이 담긴 유가서(儒家書)와 성리서(性理書)만이 최상의 교재로 간주되었으므로 당연히 현실에서 유리된 비실용적, 비생산적인 교육으로 흐를 수밖에 없었다.[95] 조선의 교육은 성리학에 바탕을 둔 유교문화와 경사(經史) 중심의 내용을 가지고 있어서 모화사상을 뿌리내리게 하였으며, 실생활에 도움이 되지 못했다. 암송 위주의 교육방법은 사고의 유연성을 가로막았고, 교육의 기회

---

91) 김무진, "조선후기 교화체제의 정비와 면훈장제의 성격,"『歷史教育』58(서울: 역사교육연구회, 1995), 71-73.
92) 윤건차, 앞의 책, 28.
93) 위의 책.
94) 헐버트가 최초의 한글 사회지리 교과서인 『ᄉᆞ민필지』를 출간했을 때도 유생들을 위하여 『ᄉᆞ민필지(士民必知)』 한문용을 다시 제작했을 정도였으니 당시의 한글 경시풍조를 파악할 수 있다.
95) 조원래, 앞의 책, 35.

는 일부 특권층에게만 독점되었다.96) 그러한 교육의 결과는 19세기 후반 한반도로 밀려드는 열강의 문호개방 요구와 일본·중국 등의 침략 의도 등에 적절히 대처하지 못하게 만들었다.

그리하여 실학자들이 실사구시 학문과 무실교육론을 주장하며 변화에 부응해야한다는 주장으로 일어났다. 이들은 개방과 개혁이라는 과제를 안고서 그 방법과 방향을 둘러싸고 보수, 진보라는 갈등으로 야기되었고,97) 개화에 대한 입장은 세 부류의 사상으로 나뉘었다. 위정척사파(衛正斥邪派), 동도서기파(東道西器派), 급진개화파(急進開化派)이다. 이들은 밀려오는 서양문명과 기독교 수용 문제에 관하여 서로 극명하게 대립하였다.

위정척사파98)는 당시의 정학(正學)인 유학을 보위(保衛)하며, 유교 이외의 종교나 사상, 특별히 그리스도교는 대표적인 이단(異端), 또는 사학(邪學)으로 보고 맹렬하게 반대하였다. 이들의 주장이 18세기 이후에 조선에서 꾸준히 일어났던 천주교 탄압의 사상적 배경이었다. 이 사상은 19세기에 들어와 1866년의 병인양요99), 1871년 신미양요100) 등을 거치면서

---

96) 위의 책, 66-67.
97) 이덕주, 『서울 연회사 Ⅰ: 1884~1945』(서울: 기독교대한감리회 서울연회, 2007), 32.
98) 위정(衛正)은 우월한 조선의 전통문화와 유교사상의 가치를 보존하자는 것이며, 척사(斥邪)는 서양의 침략적인 야욕과 서양사상은 사악하므로 물리쳐야 하고, 기술과 상품까지도 배척(排斥)해야 우리 것을 보존할 수 있다는 사상이다. 그래서 기독교는 오랑캐의 종교이며, 고유문화 전통과 미풍양속을 해칠 위험한 종교이므로 기독교의 전래(傳來)를 막아야 한다고 주장하였다. 『조선책략』이 유포되고 미국과 통상조약을 맺으려 하자 영남 유생들은 '만인소'를 올려 김홍집의 사형을 주장하기도 하였다. 조흥찬, "조선조말 개화파의 정치사상 비교연구: 김옥균, 박영효, 유길준, 서재필을 중심으로,"(박사학위논문, 원광대학교 대학원, 2003), 17-20.
99) 병인양요, 1866년(고종 3년) 프랑스가 대원군의 천주교 탄압(병인박해)으로 프랑스 신부 9명과 8천여 명의 조선 천주교인들의 학살을 구실로 하여 프랑스 군함 7척에 600여 명의 수군을 싣고 와 조선의 문호를 개방시키고자 강화도를 침범하였으나 한성근이 문수산성을 방어하였고, 양헌수가 정족산성에서 승리를 거두자 프랑스 함대가 모두 퇴각하였다.
100) 신미양요에 대해 설명한 한국사 교과서의 내용이 출판사마다 차이가 있다. 2014년 교과서 채택으로 분쟁이 심했던 교학사와 지학사의 내용을 비교한다.
교학사: 1866년 7월 미국 상선 제너럴셔먼호가 조선 영해를 불법 침범하여 무력으로 통상을 요

대원군을 위시한 조선백성들로부터도 호응을 받게 되었다. 위정척사파의 대표적인 인물로는 이항로, 최익현, 기정진 등이 있다.

개화를 주장하는 파는 온건개혁파와 급진개화파로 나뉘었다. 온건개혁파는 동도서기파101)에 속하는 사람들로 민씨 정권을 위시한 김홍집, 김윤식, 어윤중 등이 해당된다. 이들은 나라의 문호를 개방하고 서양의 문물을 받아들이자고 주장하였다. 그러나 위정척사파와는 달리 언제까지나 나라의

구하자, 당시 평안도 관찰사 박규수는 공격 명령을 내렸다. 이에 평양의 관민들이 합세하여 배를 불태우는 사건이 발생하였다. 이를 구실로 미국은 1871년 아시아 함대 사령관 로저스를 지휘관으로 삼고 프랑스 신부 리델의 길 안내를 받아 강화도에 침입하였다(신미양요). 한편, 조선은 병인양요 이후 외세의 공격에 대비해 강화도의 수비를 철저히 하고 있었다. 그러나 미국 함대의 막강한 화력에 초지진이 함락되었고, 곧 광성보도 점령되었다. 당시 어재연이 이끄는 조선군은 결사적인 항전을 벌였지만 이 또한 화력의 열세로 패배하고 말았다. 미군은 조선 측이 빠른 시간 내에 협상을 재개하리라 생각하였다. 그러나 대원군이 민심을 결속하고 장기전으로 응수하자, 미군은 협상이 성사될 수 없다고 판단하여 철수하였다. 이때 미군이 스스로 철수하였으나, 대원군은 외세의 침략을 물리쳤다고 생각하였다. 따라서 대원군은 병인양요와 신미양요 이후 통상 수교 거부 정책을 더욱 강화하였고, 서양 세력의 침략을 경계하기 위하여 전국에 척화비를 세웠다. 권희영 외, 『고등학교 한국사』(서울: 교학사, 2018), 168. 지학사: 병인양요가 일어나기 직전에 미국의 상선 제너럴셔먼호는 대동강을 거슬러 올라오면서 통상을 요구하였다. 평안도 관찰사 박규수가 이를 거절하자, 그들은 관리를 포로로 잡고 대포와 총을 발사하는 등 난폭한 행동을 하여 주민들이 사망하였다. 이에 평양의 주민들이 관군과 합세하여 화공으로 제너럴셔먼호를 불태워 침몰시켰다. 미국은 이 사건을 빌미로 통상을 트기위해 1871년 로저스 제독을 파견하였다. 로저스 제독은 군함을 이끌고 강화해협으로 침략해 들어와 초지진과 덕진진을 점령하고, 광성보를 공격하였다. 이에 어재연 등이 이끄는 부대는 광성보에서 미군을 막아냈는데 이를 신미양요라 한다(1871). 대원군은 프랑스와 미국의 침략을 물리친 후 서양 세력에 대하여 자신감을 갖게 되고, 각지에 척화비를 세워 서양과의 수교를 거부한다는 의지를 보여주었다. 도움자료: "어재연의 장군기 반환"(사진), 문화재청 관계자들은 2007년 4월 25일 미국 해군 사관학교 박물관을 방문하여 신미양요 때 미군이 전리품으로 가져간 장수 깃발의 반환을 요청하였다.… 2007년 10월 22일 '어재연 장군기'가 136년 만에 돌아와 환영식이 열렸다.… 어재연 장군은 손돌목 지휘본부에 대형 수자기를 게양하고, 미국군의 공격에 용감히 싸우다 전사하였다. 미국군은 이때 전리품으로 수자기를 가져간 것이다(수자기 설명글). 정재정 외, 『고등학교 한국사』(서울: 지학사, 2014), 102. 위에서 볼 때 교학사는 역사적 사실을 정확히 서술하였다.

101) 동도서기파는 조선과 청의 전통적인 사대관계를 인정하고, 중체서용론(중국의 유교사상은 지키되 서양의 발달된 과학문물을 받아들이자는 양무운동의 사상)을 수용하여 점진적인 개화를 주장하였다. 조흥찬, "조선말 개화파의 정치사상 비교연구: 김옥균, 박영효, 유길준, 서재필을 중심으로", 27-32; 윤건차, 앞의 책, 47-48.

문을 닫아 걸 수는 없으니 개화는 하고, 개항도 하되 조선의 우수한 고유 전통문화와 사상 및 가치관은 고수하면서 서양의 우수한 기술문명만을 받아들이자는 점진적 개화의 입장이었다.

급진개화파[102]는 서양의 문물을 수용하고 나라를 개화하여 부국강병을 이룩하고 아울러 국제사회에도 진출하자는 적극성을 띤 개혁파로서 이들은 개화당을 조직하여 주도적으로 개화를 이루기 위해 정변을 일으켰다. 급진개화파로는 김옥균, 박영효, 홍영식, 서광범, 유길준 등이 있다. 박영효는 2차 수신사로 일본으로 가는 선상에서 태극기를 처음 사용했다.

이들은 서양의 제도와 기술, 문화뿐만 아니라 종교에 대해서도 개방 하자고 주장하였다. 즉 이 민족에게 좋은 결과를 가져올 수 있는 것이라면 다 받아들이자는 것이었다. 이들은 스스로 기독교에 접근하여 그 교리나 사상을 알아보았고, 또 그 결과 기독교의 효율성도 인정하고 있었다. 이들 대부분은 기독교를 신봉하지는 않았지만, 기독교가 지닌 잠재력과 역사적 효율성만은 인정하였다. 조선은 이 급진개화파에 의하여 기독교가 수용되었다.

급진개화파인 최병헌은 뿌리 없는 나무나 열매는 생각할 수 없듯이 기독교가 없는 서양의 기술과 문명은 생각할 수 없다[103]는 것을 지적하기도

---

102) 급진개화파는 일본의 발전상을 보고 개화의 필요성을 주장했다. 유길준은 조선 중립화론을 주장하기도 했으며 이들은 교육제도의 개혁을 주장하였다. 이들의 주장은 1895년 2차 갑오개혁 시 교육입국조서에 일부 반영되었다. 조흥찬, 위의 책, 27-32; 김한종 외 『한국 근·현대사』, 59; 윤건차, 위의 책, 51-54.

103) 최병헌은 한학자(漢學者)이자 목사이다. 그는 동도서기론의 논리적 모순을 다음과 같이 지적하였다. "저들은 말하기를 서양의 기계는 취하고 쓸 수밖에 없다고 하면서도 서양의 종교는 숭상할 수 없다고 하여서 그것을 이단으로 지적하여 버리니, 그것은 진리를 알지 못하기 때문이다. 대개 대도(大道)는 우리나라에 한정된 것이 아니고, 우리나라나 외국에 다 통할 수 있으니 서양의 하늘은 동양의 하늘이고 천하를 보기를 한 현상으로 보며 사해(四海)는 가히 형제라고 일컫는다." 최병헌, "삼인문답(2)," 『대한 그리스도인 회보』 제4권, 13호(1900. 3. 28).

했다. 최초의 유학파였던 유길준과 박영효 등은 부국강생(富國强生)을 위한 서양의 과학기술 도입, 교육개혁, 기독교 등의 종교의 자유, 신문화 도입, 근대학교 설립과 외국인 교사 채용 등 폭넓은 개혁안104)을 제시하게 되었다.

조선 정부는 서양 문물을 받아들이되 서양의 종교는 수용하지 않는다는 동도서기파의 정책을 택했다. 이 정책은 1880년 2차 수신사로 일본에 갔던 김홍집이 가져온 『조선책략(朝鮮策略)』105)을 반영하였다. 이 책에는 미국과의 교류를 권하고, 기독교는 천주교와 다르며 무해유익(無害有益)하다고 덧붙였다. 오랜 세월 동안 조선의 지배층이 갖고 있던 천주교와 기독교를 동일시 여겼던 관점을 바꾸는 계기가 되어준 중요한 책이었다.

조선은 이를 계기로 1882년 미국과 조미수호통상조약을 맺으면서 본격적인 개화를 시작하였다. 개화에 관심이 많았던 고종황제는 미국과 수교를 기점으로 선진과학기술을 통한 산업화를 적극적으로 추진하였다. 그리하여 최초로 영어 통역사를 양성하는 근대교육기관인 동문학106)이

104) 박영효는 '건백서'에서 (1)소·중학교를 설치하여 남녀 6세 이상을 취학시킬 것, (2)장년학교를 설치하여 한문이나 언문으로 정치, 재정, 법률, 역사, 지리, 산술, 외국서를 번역하여 가르치고 과거시험을 거쳐 인재 등용할 것, (3)민중에게 국사, 국어, 국문을 가르칠 것, (4)외국인 교사를 고용해 민중에게 법률, 재정, 정치, 의술, 궁리, 여러 가지 재예를 가르칠 것, (5)서적을 인쇄 출판 할 것, (6)박물관을 설치할 것, (7)집회와 연설 허가, (8)외국어를 배워 교제를 편리하게 할 것, (9)민간 신문의 발행을 허락할 것, (10)종교의 자유를 인정할 것 등을 주장하였다. 유길준도 『서유견문록』에서 이와 비슷한 주장을 하였다. 윤건차, 앞의 책, 67-72.
105) 동경 주재 중국(청) 공사관 참찬관이었던 황준헌(黃遵憲)이 지은 조선의 외교 전략에 대해 기록하였다. 서양의 제도와 기술을 받아들여서 부국강병을 이루고 친중국(親中國), 결일본(結日本), 연미국(聯美國)하여 러시아의 남하를 막아야 한다는 청나라의 주장이 담겨 있었다. 또 기독교와 천주교를 구분하고 기독교의 신앙은 무해유익(無害有益)하다고 덧붙였다. 조정은 이 책을 복사하여 전국에 배포하였다. 윤건차, 앞의 책, 44.
106) 동문학이 설립된 시기와 거의 같은 1883년 8월 28일에 원산에서는 민관이 함께 합의하여 신구(新舊)학문을 갖춘 지역 인재를 양성하기 위하여 원산학사를 세웠다. 원산학사는 당시에 서당에서 다루던 과목 외에 일본어와 산수, 지리, 국제법 등을 추가하여 개량서당의 성격을 띠었다. 진용하, "우리나라 最初의 近代學校 設立에 대하여," 『한국사연구』 10(韓國史研究會, 1974),

1883년 여름 청나라에서 파견한 묄렌도르프에 의해 세워졌고, 그해 10월 31일 최초의 신문 『한성순보』가 조정에 의해 발간되었다.[107] 또 그해에 기기창이 건립되어 근대식 무기를 제조하였고, 전환국을 설치하여 화폐를 주조하였다.

조선 정부는 1884년 조선 최초의 근대 공교육기관인 '육영공원' 설립을 위한 계획을 세우고 미국인 교사 3명을 미국 공사를 통해 초빙 의뢰하였다. 그리하여 미국인 교사로 헐버트와 벙커(D. A. Bunker, 房巨), 길모어(G. W. Gilmore) 3명이 천거되었다. 육영공원은 1885년 개원 예정이었으나 갑신정변으로 인해 1886년 9월 23일 개원하였다.[108]

고종은 본격적인 개화에 박차를 가하였고, 1885년 4월 알렌의 '광혜원'[109] 설립을 승인하여 최초의 서양식 병원을 태동시켰다. 그 해에 서울과 인천 사이에 전선이 가설되어 한성전보총국이 문을 열어 전신업무가 시작되었다. 1887년 건창궁에 전기가 들어왔고,[110] 1898년에 한성전기회사를 만들어 1899년에는 서대문에서 동대문까지 전차가 개통되었다. 1899년 제물포와 노량진 사이에 최초로 경인선 철도가 개설되어 열차가 운행되었다.[111] 1900년에는 한강에 놓인 최초의 다리인 한강철교[112]가 준공되어 제물포에서 용산까지 철도가 연장되었다.

192.

107) 한성판윤 자리에 있던 박영효는 박문국(博聞局)을 설치하여 외국 서적의 번역과 국내 소식을 전하는 신문의 발간 작업을 하였으며, 수구파와의 대립으로 박영효가 좌천되자 김윤식·김만식이 일본 기술자의 원조를 받아 신문을 발간하였다.

108) 이광린, "육영공원의 설치와 그 변천," 103-133.

109) 서울노회편찬위원회, 『서울노회의 역사』(서울: 한국장로교출판사, 2010), 36.

110) 권희영 외, 『고등학교 한국사』 교학사, 221.

111) 위의 책.

112) 용산구 이촌동(二村洞)과 동작구 노량진동(鷺梁津洞)을 연결하는 철도교로 한강에 놓인 최초의 다리이며 1897년 3월에 착공하여 1900년 7월에 준공되었다.

3. 조선 말기의 그리스도교 전래

1) 천주교의 전래와 핍박

한반도에 천주교가 최초로 뿌리내린 시기는 명확하지는 않다. 윤사무엘은 삼국시대에 신라의 승려가 당나라에 유학을 갔을 때 당나라(A. D. 635~935)의 경교(景敎, Nestorian)인 동방정교회의 유물을 가져왔다고 주장하였다. 그 증거로 "신라시대 선덕여왕 왕릉과 일부 사찰(불국사 포함)에서 돌십자가가 발견되고 석굴암의 12제자 그림(석가는 12제자가 없었음), 동방정교의 흔적인 촛불기도와 후광이 신라 불교에 들어온 것으로 보아 짐작된다."[113]고 하였다. 서윤동도 당 태종 때(635년)인 선덕여왕 2년 당시에 신라에서 많은 사절들[114]이 당에 왕래한 것, 문헌을 통한 경교 유입설,[115] 유적을 통한 경교 유입설[116]을 주장하고 있다. 김양선은 실제로 1956년 불국사 경내에서 돌십자가, 십자가무늬장식 2개, 마리아상을 발굴

---

113) 윤사무엘, 『한국교회와 신학』(서울: 쿰란출판사, 2016), 317-322.
114) 당에서 경교비가 건축된 태종 9년(635년)은 신라 선덕여왕 2년, 고구려 영류왕 18년, 백제 무왕 36년에 해당되며 이때를 전후하여 150년간 삼국에서는 해마다 당에 사절을 보냈고, 당 태종 14년(640년)에는 삼국이 모두 당에 사절을 보내 국학에서 유학하기를 청원했으며 많은 인재들이 당에서 유학했다고 하였다. 서윤동, 『경교와 아시아 선교』(서울: 올리브나무, 2017), 162-163.
115) 1839년 9월 22일 조선의 천주교인 정하상이 사교를 전파한다고 하여 심문받을 당시의 조서에 『상제상서(上帝相書)』를 인용하여 경교비(景敎碑)를 예로 든 것이 있으며, 『삼국유사』에서도 "상제(上帝)", "천사"라는 칭호가 등장하는데 이는 인격적인 신으로 기독교에서만 사용하는 용어이다. 또 상원사와 봉덕사 동종의 비천상은 천사들을 나타내고, 첨성대도 선덕여왕 때 세운 것으로 당나라의 점성학과 맥이 같다고 하였다. 위의 책, 164-172.
116) 신라의 황금관, 수목관, 금과 옥목걸이, 귀걸이, 유리그릇, 유리잔, 상감옥, 황금보검, 뿔잔은 로마문화가 신라에 흡수된 것으로 보았으며, 석굴암, 돌십자가, 천주기와, 성모 마리아상 등은 경교의 전파와 관련된다고 보았다. 위의 책, 172-183.

하여 서울 숭실대학교 내의 한국기독교박물관에 전시했다[117]고 하였다.

임진왜란(1592~1598) 당시 일본군 사령관 고니시 유기나가(小西行長, 천주교인)의 종군신부로 한국에 들어왔던 스페인 출신의 예수회 신부인 세스페데스(Gregorio de Céspedes)와 일본인 전도사 한 명이 일본군 그리스도교도들을 돌보기 위해 한국에 와서 두 달 동안 체류하였다.[118] 그러나 기간이 짧아 한국인 개종자를 얻었을 가능성은 거의 없었을 것으로 여겨진다.

그 후 60년 만인 1653년 헨드릭스 하멜(Hendricks Hamel)이 스펠웨르(Sperwer)호를 타고 가다가 제주도 근해에서 풍랑을 만나 7명의 동료들과 14년 동안 조선에 억류되어 있었다. 그러다가 동료들과 함께 탈출하여 일본을 거쳐 1668년 네델란드로 돌아갔으며, 조선에서의 삶을 『하멜표류기』[119]라는 책으로 출판하였다. 그 후 프랑스의 천주교 사학자 달레(C. Dallet)가 두 권으로 된 『韓國天主敎會史(The History of the Catholic Church in Korea)』[120] 를 출판하였다. 이 책은 천주교 초기부터 병인교난(丙寅敎難, 1866)까지의 천주교회사에 대해 기록한 독보적인 책이다. 그 외에 병자호란 후 청나라에 볼모로 잡혀갔던 소현세자가 1645년 청에서 귀국하면서 독일의 예수회 소속 선교사 아담 샬(湯若望, Adam Schall) 신부에게서 가톨릭의 서적들과 지구의 등을 선물 받아 귀국했

---

117) 윤사무엘, 앞의 책, 317-318.
118) 백낙준, 앞의 책, 25-26; 손윤탁, 앞의 책, 118. 당시에 고니시 유기나가의 부대에는 그리스도교 병사들이 18,000명이나 있었다고 한다. 세스페데스는 1953년 말에 입국하여 1954년 봄에 출국 했다.
119) 하멜, 『韓國 近海 上의 破船과 不運의 悲話(The Narrative of Unlucky Voyage and Shipwreck on the Coast of Korea)』를 출판하여 "기이한 한국의 회고록"으로 남겼다. 백낙준, 앞의 책, 26.
120) 달레는 한국의 기독교 선교사들인 헐버트(Hulbert), 롱포드(Longford), 게일(Gale), 그리피스(Griffis) 등이 쓴 한국사와 관련된 자료를 참고하였다. 위의 책, 27.

다[121].

이탈리아 야소회(耶蘇會) 선교사인 마테오 리치(Matthieu Ricci, 利瑪竇) 신부는 1601년 북경에서 선교를 시작하였다. 그는 서양과학과 수학, 천문학 등에 대한 지식이 많아 명나라 조정 관리와 유지들에게 인기를 독차지 하였다. 마침 해마다 중국에 사신으로 드나드는 조선의 사절단 중에 정두원이 마테오 리치를 만나 1631년 과학서적, 천리경, 서양화포 그리고 『천주실의』[122]를 가지고 귀국하였다. 당시의 정약용, 권일신 등의 실학자들[123]은 『천주실의』에 관심을 가져 연구하여 믿고 실천하였다. 이 당시는 정조가 치세하던 시기(1770-1800)였으며 정조는 정학(正學, 유교)이 번성하면 사학(邪學, 천주교)은 저절로 사라질 것이라고 여겨 천주교를 묵인하였고, 이 때 드디어 천주교가 종교로 받아들여졌다.

최초의 영세자 이승훈

특히 한국 천주교 신앙의 선구자라고 할 수 있는 이벽(李蘗)은 1783년(정조 8년) 이승훈(李承薰)에게 북경에 다녀오는 길에 십자가와 천주교 신앙의 상징물, 천주교 서적 등을 가져다 달라고 부탁하였다. 1784년 이승훈은 북경[124] 북천주당에서 그라몽(Jean de Grammont, 梁棟材) 신부에게

121) 손윤탁, 『한국교회와 선비정신』, 119.
122) 마테오 리치가 저술한 교리서인 『天主實義(The True Doctrine of the Lord of Heaven)』를 실학자들 사이에서 스스로 읽고 깨닫고 실천하는 신자가 생겼다.
123) 이들은 주로 기호학파에 속하는데, 권철신, 권일신, 정약용, 이승훈, 이수광, 이가환, 이벽 등이다. 이수광은 그의 저서 『지봉유설』에 『천주실의』를 소개하였다. 이익, 신후남, 안정복 등은 이 책에 관심을 가졌으나 일부 남인 실학자들은 주자학적 입장에서 천국과 지옥의 교리는 불교와 같이 세상을 미혹하는 사교라고 배척하였다. 손윤탁, 위의 책, 119.
124) 당시의 조선 로마 가톨릭 교회는 북경 교구에 속해 있었다.

서 세례를 받고 귀국길에 십자가상, 교리서, 묵주 등의 성물들과 천주교회 문서들을 가져왔다. 그는 1784년 봄에 귀국하여 친구 이덕조에게 먼저 세례를 베풀고 이어서 이벽, 정약전, 정약용 등에게도 대세례(代洗禮)125)를 하였고, 이들을 중심으로 초기 포교 활동이 이루어졌다. 함께 전도에 전력을 다한 결과 서울과 지방에 신자들이 늘어났다. 이들은 서학 교리서를 읽고 연구하여 주어사(走魚寺), 천진암 등에서 강학회를 열었다. 뿐만 아니라 교리를 따라 주일성수와 육식을 금하는 날을 정하여 금욕(禁慾)을 실천하기도 했다고 한다.126)

그러나 이들의 수가 늘어나면서 정부의 박해도 심해져서 일부는 배교도 했다.127) 그러나 조선의 천주교인들은 일본이나 중국과는 달리 서양인들이 선교한 것이 아니라 스스로 내부적 관심에 의해 탐구하고 믿었던 것이며 이는 선교 역사상 유래가 없는 일이었다.

평신도로서 이승훈 등이 주도한 집회는 성직자가 없었으므로 교우들 중에 주교와 신부를 뽑아 세우고 미사와 성례전을 집행하였다. 이렇게 2년이 지난 어느 날 교리 문답을 하던 중 자신들의 행위가 천주교회법에 합치하는지 의문이 생겼고, 윤유일(尹有一)을 북경의 구베아(Alexander de Gouvea) 주교에게 보내 유권해석을 요청하였다(1790년).128) 이에 구베아

---

125) 이승훈은 평신도로서 세례를 베풀 자격이 없었으나 조선에 담당 주교가 없었으므로 세례를 베풀게 되었다.
126) 한국천주교회편집위, 『한국천주교회사』(서울: 한국천주교회사연구소, 1986), 85.
127) 이들은 서울 명동의 역관 김범우의 집에서 예배와 교리강습회를 행했지만 성직자가 없었으므로 이벽(李蘗)을 신부로 세워 세례, 견진, 고해성사까지 수행하였다. 박해가 심해지자 이승훈은 평택 현감으로 있을 때인 1789년 동생 치훈의 설득으로 1791년 척사문(斥邪文)인 벽이문(闢異文)을 씀으로 배교했지만 1801년에 신유교난(辛酉敎難)으로 처형을 당했다. 정약용은 1797년 자명소(自明疏)를 지어 배교선언을 했고, 이벽은 부친 앞에서 배교를 약속했지만 번민하다가 페스트에 걸려 사망했다. 김인수, 『韓國 基督敎會의 歷史』(서울: 쿰란출판사, 2002), 45-49.

주교는 교회법을 어긴 일에 관해서는 책망하면서도, 그들의 신앙적 열심을 칭찬했고, 그들이 할 수 있는 것은 오직 영세뿐이라고 전했다.

그들은 다시 평신도로 돌아왔다. 그러나 예전 문제로 또 고민이 생겨 중국에 신도 한명을 보내 서양인 신부 한 명을 조선으로 파송해달라고 간청하였다. 그래서 1790년 조선에 천주교 신부를 보내 주기로 약속을 받았으며, 조선의 제사 제도는 천주교 교리 상 용납될 수 없다[129]는 것을 전달받았다. 제사 금지령에 의해 천주교인 윤지충과 권상연이 조상의 신주(神主)를 불살랐다. 이에 대해 조정에서는 천주교는 조선 전통의 유교적 가치관에 반(反)한 사학(邪學)이라 규정하고 조직적인 박해를 시작했다. 1791년 12월 18일 이들은 조상제사를 거부한다는 죄목으로 처형되었다.

북경에서 청나라 사람 오 신부를 파송했으나(1793년) 신해박해[130]의 여파로 조선 입국에 실패하여 병사했다. 구베아 주교는 또다시 조선 사람과 외모나 분위기가 닮은 주문모[131] 신부를 선교사로 파송했다(1794년). 주문모 신부는 세례, 미사 집전, 지방 전도 등 천주교회 선교사로의 소임을 충실히 실천하였으나 조선의 박해가 심한 것에 대한 보고서를 북경의 주교에게 라틴어로 써서 보냈고 이것이 계기가 되어 조선에서는 더욱더 박해가 심해졌다. 제사 문제로 서학과 유학은 더 심한 갈등관계로 진전 되

---

128) C. Dallet, *Histoire de l'eglise de Coree.* Vol. 1, 33. 백낙준, 앞의 책, 29에서 재인용.
129) 위의 책, 30.
130) 1791년의 신주 소각에 의한 박해사건으로 신해사옥, 진산사건이라고도 한다.
131) 周文謨(야고보 주), 그는 서울에서 6개월 정도 열심히 목회하였다. 그러나 조선의 풍습을 잘 몰라 찾아오는 사람들을 일일이 접견하였으며 조선 정부의 첩자가 있는 것을 간과했다. 사태가 위급해지자 어느 여자 교인의 집에 있는 광에서 3년을 숨어 지냈다. 1796년 북경의 주교에게 라틴어로 조선의 박해 상황을 써서 보냈고, 포르투갈 왕을 통해 조선 왕에게 종교의 자유를 요청해 달라는 내용이 전달이 되었다. 그러나 이를 통해 조선정부는 박해를 더 강화했고, 주 신부는 자책감으로 자수하여 1801년 5월 교수형을 받았다. 위의 책, 30-31.

었으며, 여진족인 청나라에게 향했던 척화론이 천주교를 배척하는 척사론으로 바뀌고, 나중에는 서양을 짐승으로 보는 금수 단계까지 이르게 되었다.[132]

1800년 8월 18일 천주교에 대하여 비교적 관대했던 정조가 서거하고 8월 23일 11세의 순조가 왕위에 오르면서 정순왕후가 수렴청정을 시작하였다. 조정은 정순왕후의 친 오라버니 김귀주(이미 사망함)가 주축이 되어 사학(邪學)에 대한 강경책을 주장해왔던 벽파가 정권을 장악하였다. 정순왕후는 1801년 2월 22일 천주교 엄금에 관해 하교를 내려 천주교 신자는 인륜을 무너뜨리는 사학(邪學)을 믿는 자들이고, 인륜을 위협하는 금수와도 같은 자들이니 개전하지 않으면 처벌하라고 하였다. 이 하교에 의해 1801년 3월부터 10월까지 주문모 신부와 이승훈, 정약종 등 많은 천주교 신자들이 처형되는 신유박해가 일어났다.[133] 정약종의 조카사위인 천주교 신도 황사영(黃嗣永)은 신유박해의 발생 실상과 이에 대한 대응책을 기록해 청나라 북경에 있던 구베아 주교에게 보냈는데 도중에 비밀편지가 발각되었다. 이 비밀편지를 작성한 황사영은 1801년 12월 10일에 처형되었다.[134]

주문모의 사망으로 조선 천주교회에는 신부가 없는 공백이 생겼으나 1805년에 들어서면서 중국 천주교회도 역시 박해를 받고 있어서 조선 천주교회에 선교사를 보낼 여유가 없었으므로 조선 천주교회의 공백은 장기화되었다.[135]

---

132) 손윤탁, 앞의 책, 121.
133) 백낙준, 앞의 책, 31.
134) 신유박해가 일어난 지 7개월 후인 1801년 10월 29일 직후에 일어난 일로, 황사영 백서 사건이라고 한다. 손윤탁, 앞의 책, 122.
135) 백낙준, 앞의 책, 33.

교황 레오 12세(재위 1823~1829년)는 조선의 선교를 프랑스의 파리 외방전교회에 맡기기로 하여, 파리 외방전교회의 바르데르미 브뤼기에르 (Barthelemy Brugiére) 신부가 조선 선교를 자원하고 나섰다. 교황 그레 고리오 16세(재위 1831~1846년)는 1831년 9월 9일 브뤼기에르를 조선 천주교회 초대 주교 즉 대목구장으로 임명했다. 하지만 브뤼기에르 주교는 중국 천주교회 유방제(劉方濟) 신부가 조선에서의 전교를 전담하고 싶은 욕심으로 방해를 하여, 입국의 기회를 얻지 못한 채 병으로 사망했다.136)

1836년 1월 12일 파리 외방전교회 선교사인 피에르 모방(Pierre Philibert Maubant) 신부가 정하상 등의 조선 천주교인들의 보호를 받으며 입국하였다.137) 이 당시 천주교인 수는 9천명에 달했다.138) 1년 후 J. H. 샤스탕(Jacques Honoré Chastan) 신부가 입국하였고, 브뤼기에 르 주교의 뒤를 이어 조선 대목구장으로서 파리 외방전교회의 로랑마리조제프 앵베르

정하상

(Laurent-Joseph-Marius Imbert, 범세형范世亨) 주교가 입국하였으며, 파리 외방전교회 출신의 선교사들은 토착 조선인의 성직자를 배양하기 위 해 김대건·최양업·최방제를 마카오 신학교에 보내어 공부하게 했다.139)

---

136) H. B. 헐버트, 『대한제국멸망사』, 143-144.
137) 백낙준, 앞의 책, 33.
138) H. B. 헐버트, 앞의 책, 144.
139) 1836년 12월 당시 모방 신부는 청소년 신자들의 세례를 집전하기 위해 미리내 마을을 방 문했는데, 김대건 집안은 순교자들이 나올 정도로 신앙이 깊고, 김대건 자신도 천주교 신부가 되고 싶어 했기 때문에 성직자로 키울 생각을 했다고 한다. 그래서 이들이 마카오까지 가서 유학을 하게 된 것이었다. 앵베르 주교는 마카오에서 공부하는 신학생들이 사제서품을 받을 때까지 시간이 십여 년이나 걸림을 생각하여, 평신도 신학자인 정하상(바오로) 등에게 신학 과 제2차 바티칸공의회에서 전례를 개혁하기 전까지의 가톨릭교회가 사용한 라틴말을 가르쳤

천주교는 평등사상에 공감한 민중들에게 널리 퍼져나갔다. 앵베르 주교 등 3인의 신부를 통해 천주교의 교세가 다시 회복되었고 신도도 증가되어 갔다.

1839년(헌종 5년)에 기해박해가 일어나, 조정은 헌종의 조모 순원왕후를 중심으로 안동김씨와 대립해, 헌종의 모후(母后)였던 신정왕후의 외척 풍양 조씨의 벽파가 새로 등장하면서, 무자비한 박해가 조정을 강타했다.[140] 기록상 190명의 천주교인이 체포되었고, 그중 로랑마리조제프 앵베르 주교 · 피에르 모방 신부 · 자크 샤스탕 신부, 정하상 등 137명이 처형되었다.[141]

김대건 신부

그로부터 5년 뒤, 한국 교회사에서 최초의 한국인 천주교 사제가 되었던 김대건 신부가 조선 대목구로부터 새로 임명된 장조제프 페레올 주교, 마리 니콜라앙투안 다블뤼 신부 등과 함께 라파엘호를 타고 천신만고 끝에 제주도를 거쳐 조선으로 입국하였다.[142] 김대건 신부는 서울과 용인에서 사목활동을 펼치다가, 선교사 입국항로를 새로 개척하라는 페레올 신부의 지시를 받고, 1846년 5월 14일 서울을 출발하여 백령도로 향했다. 그는 백령도 근처에서 고기잡이를 하는 백 척 가량의 중국 어선들이 음력 3월 초순에 이곳에 모였다가 5월 하순에 중국으로 돌아가는 것을 알게 되어 이들을 이용해 편지를 전달하고 선교사를 영입하려 하였

다.
140) 백낙준, 앞의 책, 34.
141) 방상근, "헌종~고종 대 천주교 박해와 순교 기록," 『기록인(IN)』 제28호, 29.
142) 서종태, "김대건 신부와 그의 기록," 위의 책, 22-27.

다. 그러나 6월 5일 그곳 관장과 시비가 벌어져 사공들과 함께 체포되었고, 1846년 9월 16일 군무효수형으로 새남터에서 순교하였으며 평신도 8명도 9월 20일 순교하여 이를 병오박해라 한다.

철종 재위기간(1849~1863년)에는 공식적인 박해가 없었으므로 교인수가 다시 많이 늘었다.[143] 교인 수의 증가는 흥선 대원군 시대에도 마찬가지여서, 그 즈음 천주교인 숫자는 조선인 23,000명 이외에 프랑스 파리 외방전교회 선교사 12명에 이르는 교세를 형성했다. 대원군은 자주 국경을 침범하던 러시아를 견제하기 위하여, 영불동맹(英佛同盟)을 체결하고자 프랑스 천주교회 선교사들을 이용코자 했었다.[144] 그러나 정치적인 이유로[145] 대원군의 천주교에 대한 정책이 강경책으로 바뀌었다. 1866년에 시작된 병인박해는 8년여에 걸친 심한 박해였다. 프랑스 천주교회 선교사 9명을 비롯한 많은 천주교도들이 절두산(切頭山)과 해미읍성 등에서 순교되었다.[146] 1871년 신미양요를 거치기까지 조선에서 떠도는 풍문에 따르면, 산속으로 도망해 추위, 굶주림, 곤궁으로 인해 죽은 자들을 포함한 신앙으로 희생된 사람의 수가 거의 2만 명에 이르렀다고 하니,[147] 천주교를 신봉함으로 인해 순교에 이른 자들이 거의 90%에 육박함을 알 수 있다.

대원군이 그토록 엄하게 천주교회를 박해했음에도 천주교회의 교세는

---

143) 방상근, 앞의 책, 28-33.
144) 대원군은 천주교 신자 남종삼과 홍봉주의 권유로 시메옹 프랑수아 베르뇌 주교를 만나려고 했다. 지방의 주교들이 급히 서울로 왔으나 대원군은 면담을 미루다가 그들을 체포하며 병인박해가 시작되었다. 방상근, 위의 책, 37.
145) 대원군은 천주교와의 접촉을 비판하는 안동김씨 대신들의 공격에 대해 자신의 정치적 입장을 강화하기 위해 천주교 박해로 돌아섰다. 방상근, 위의 책, 31; 손윤탁, 앞의 책, 123.
146) 천주교 조선 대목구장 베르뇌 주교와 희생된 신자들에 관해 1868년 9월 박해의 희생자가 2천 명이 넘었고, 그 중 500명이 한성에서 죽었다는 기록이 남아있다. 1866년 이후 8,000명에 달하는 천주교 신자가 희생되었다. 방상근, 위의 책, 31.
147) H. B. 헐버트,『대한제국멸망사』, 153.

결코 누그러지지 않았고 박해를 통해 천주교가 더욱 확산되는 계기를 맞게 되었다. 대원군의 정치권력은 10년을 넘지 못해, 고종이 직접 정치를 맡게 되자, 그는 정치 일선에서 물러나게 되었다. 그의 부인 여흥부대부인 민씨는 조선교구 주교인 뮈텔 주교로부터 1896년 10월에 '마리아'라는 이름으로 세례성사와 견진성사를 받아 신자가 되었다. 대원군도 만년에는 그의 만행(蠻行)을 뉘우치고 그의 부인의 입교를 감사히 여겼다고 한다.148)

1882년은 천주교의 신앙의 자유가 묵시적으로 용인된 때이다. 이 해에 천주교회는 인현서당(仁峴書堂, 韓漢學校)을 설립하여 신자가 아닌 일반인 학생들도 입학을 허가하고 있었다. 그 이후 천주교회는 서울과 경상도에 고아원을 세워 운영하기 시작했고, 1885년 10월 28일에는 강원도 원주 부엉골에 조선인 성직자 양성에 재착수했다.149) 이러한 일련의 일들은 신앙의 자유에 대한 조정의 묵인 없이는 거의 불가능한 일들이었다. 그리하여 교회가 세워진 후 100년 만에 한국 천주교회는 신앙의 자유를 승인받을 수 있었다.

천주교회의 끈질긴 신앙의 인내와 뿌리내림은 1882년 조미수호통상조약 이후 기독교 선교사들이 입국하는데 긍정적인 영향을 주었을 것이다.

---

148) 류홍렬, "우리나라에 있어서의 천주교전래의 사적의의," 『가톨릭靑年』 제12권 제9호(1958. 9), 16-21.
149) 천주교 최초의 신학교는 1855년 충북 제천 배론에 신학교를 재건하여 최초의 신학교인 성요셉 신학교가 세워졌다. 우용제, 『기독교 수용과 한국 근대교육』(파주시: 교육과학사, 2007), 15.

2) 기독교의 전래

한국에 그리스도교가 전래된 시기는 천주교가 기독교보다 100여년 앞섰다. 그러나 어느 시대나 어느 나라를 막론하고, 새로운 사상이나 종교가 나타나 전통적 사상이나 종교에 기반을 둔 그 사회에 이를 전파한다면, 당연히 배척과 억압을 당할 수밖에 없는 것이 정상이며, 동서고금을 통해 공통적인 역사적 현상이라고 할 수 있다. 따라서 천주교가 한국사회에 들어와서 동화되고 뿌리를 내리기 위해서는 많은 시련을 겪었던 것이 어쩌면 당연한 것이라 보아진다. 순조 원년의 '신유박해'(1801년)와 헌종 5년의 '기해박해'(1839년)를 비롯해, 수많은 천주교인들에 대한 박해가 잇따르는 역사가 지속되었다. 그러한 역경과 환난 속에서도 당시 조선사회의 지배층에서 서학(西學), 아니 사학(邪學)으로 멸시 받았던 천주교는 결국 조선의 전 지역에까지 전파되기에 이르렀다. 개화기에 기독교가 한국사회에서 비교적 쉽게 뿌리를 내려 확산될 수 있었던 것도, 그 이면에는 천주교가 이전에 오랫동안 박해를 받아오면서 사라지지 않고 끈질기게 뿌리내린 결과의 소산이었음을 부정할 수 없을 것이다.150)

천주교와 다르게 기독교는 애국적인 종교로서 애국충군하는 선비들151)의 호의적인 태도가 한몫을 했다. 초기 기독교 선교사들은 복음과 함께 위기에 처한 조선을 구하고자 희생적 노력을 쏟아 기독교가 크게 확장되었다.

---

150) 손윤탁, 『한국교회와 선비정신』, 127-128.
151) 이수정, 안종수, 손봉구, 김옥균과 같은 지식인들이다. 특히 손봉구는 한 때 승려로서 신사유람단에 참여하여 동경으로 갔다가 감화를 받고 기독교로 개종하였다. 동경한인교회 설립에 동참하였고, 귀국 후 제중원에서도 일을 하였다. 김호용, 『대한성서공회사』(서울: 대한성서공회, 1993), 159-160; 위의 책, 132.

(1) 귀츨라프(Karl F. Gutzlaff) 선교사

한국 최초의 기독교 선교사로 이 땅에 첫발을 내디딘 사람은 독일 경건주의 운동의 중심지인 할레에서 신학을 공부하고 목사안수를 받은 네델란드 선교회 소속 선교사였던 유태계 독일인 귀츨라프(Carl Friedrich Augustus Gutzlaff, 1803-1851)이다.[152] 그러나 엄밀히 말하면 그는 정식으로 조선 선교사로 임명받은 것은 아니다. 당시의 동인도회사 소속 1천 톤급 무역선 로드 암허스트(Lord Amherst)호는 극동아시아 국가에 대한 통상교섭과 시장 개척의 가능성을 조사하는 임무를 띠고 중국, 조선, 일본, 오끼나와 등을 순방 중이었고,[153] 귀츨라프는 이 배의 통역을 겸한 선의(船醫)로서 승선을 하였다. 그러나 선교사였기에 성경과 전도문서와 선물 등을 배에 함께 싣고 전도의 기회가 오기를 준비하였으며, 조선 선교에 관심을 가지고 있었다.[154]

1832년 7월 17일 오전 10시경 황해도 장산곶 근해의 백령도와 대청도 사이를 지나 대동만 한가운데에 배가 멈추었다. 이 무렵은 성어기(盛漁期)여서 인근 바다에 어선들이 즐비하였고 암허스트호는 대동만의 소래 앞바다에 이르렀다. 귀츨라프와 선장인 린제이(H. H. Lindsay) 일행은 보트로 옮겨 타고 어부들과 필담(筆談)을 나누었다.[155] 언어도 통하지 않고 경비도 삼엄해 암허스트호는 장산곶을 돌아 첫 번째 섬인 큰 섬(大島)에 정박했다.

---

152) 백낙준, 앞의 책, 40.
153) H. H. Linsay, *Report of Proceedings on a Voyage to the Northern Ports of China.* 2nd ed., 1. 위의 책, 41에서 재인용.
154) 김지현, 『선택받은 섬 백령도(1816~1902)』(서울: 디자인유니크, 2002), 56.
155) 위의 책, 59.

이 섬에서 상륙하여 이 일대의 방어를 책임지는 진군과 마주쳐 진군 중에 중국말을 몇 마디 이해하는 사람이 있어 해변 모래사장에 한문을 써가며 필담을 주고받았고 그러는 사이에 진군의 책임자에게 성경이 포함된 몇 권의 전도문서와 선물을 전달하였다. 날이 저물어 다시 암허스트호로 돌아왔다. 다음 날 다시 상륙을 시도했는데 또 다시 진군이 제지를 하였고, 진군 책임자에게 국왕에게 통상교섭 청원서를 보내달라고 요청했으나 거절되고 말았다. 할 수 없이 남쪽으로 내려오던 배는 장산곶 쪽의 깎아지른 듯이 기괴하고 화려한 선대암과 대감암들의 비경이 나타난 해금강을 지났다. 그때 갑자기 해무가 일대를 덮쳐 항해를 막았다. 바다에 몸을 맡겨버린 배는 어느 포구에 정박하였다. 안개가 걷힌 후에 보니 그곳은 백령도 최초의 교회가 세워진 중화동 포구였다. 이곳의 주민들은 오히려 배에 찾아와 귀츨라프 일행을 초청하여 해안 언덕의 집에서 식사대접을 하고 필담으로 대화를 나누었다. 귀츨라프는 그들에게 성경과 전도지를 주었다.[156]

신기한 체험을 하며 배는 남행을 계속하여 7월 23일 충남 보령시 고대도 앞에 정착을 하였다. 약 1개월간 체류하면서 한문성서와 전도문서, 의약품 등을 전달하였고,[157] 감자를 심었다.[158] 그 배의 선장인 린제이는 조선 왕에게 예물과 한문성경 두 권을 전달하였으나 훗날 되돌아오고 말았다고 한다.[159] 이때 귀츨라프는 주기도문을 한글로 번역하여 성경의 일

156) 위의 책, 66.
157) 곽안전, 『한국교회사』(서울: 대한기독교서회, 1973), 13-14.
158) 백낙준, 앞의 책, 41.
159) C. D. Stokes, 앞의 책, 41-42; 위의 책, 42.

부분이나마 한글번역의 첫 번째 사건으로 기록된다. 린제이는 그의 7월 27일자 일기에 이렇게 쓰고 있다.

"우리들이 자꾸 권유한 끝에 양이(한국인 가명)로 하여금 한글 자모를 써 받는데 성공하였으며 귀츨라프는 한자로 주기도문을 써주고 읽으면서 그것을 한글로 베끼게 하였다. 그러나 양이가 이렇게 베낀 후에는 자꾸 목을 베는 시늉을 하였다. 만약 관원에게 발각되면 자기의 목이 달아난다는 표시였다. 그는 두려워하는 표정이었다."160)

린제이는 그 당시 조선에 천주교 신자들이 있었으며 프랑스나 포르투칼에서 신부들이 찾아와주기를 기다렸다는 듯이 어느 나라에서 왔느냐고 자꾸 물었다고 하였다.161) 어쨌건 한 달의 짧은 기간이지만 귀츨라프의 선교의 성과가 당시에는 없었을지라도 귀츨라프는 다음과 같이 기원하였다.

"이 방문은 하나님의 역사였다. 이 땅에 뿌려진 하나님의 진리의 씨가 소멸되리라고 나는 믿지 않는다. 하나님의 영원한 섭리로써 그들에게 하나님의 자비가 미칠 날이 오고야 말 것이다. 우리는 이 날을 기다리고 있다. 한편 이 날을 오게 하기 위하여 십자가의 도를 애써 전파하지 않으면 아니 될 것이다. … 하나님께서 이 미약한 첫 방문 사업도 축복할 수 있다고 성경은 가르치고 있다. 우리는 한국 땅에 광명의 아침이 찾아오기를 기다려야 한다."162)

---

160) H. H. Linsay, 239. 백낙준, 앞의 책, 43에서 재인용.
161) 위의 책.
162) C. Gutzlaff, *Journal of Three Voyages along the Coast of China* 339, 340, 355. 위의 책, 44에서 재인용.

이러한 귀츨라프 선교사의 간절한 기도의 열매가 70년 후 평양 대부흥의 열매로 이루어졌음을 알 수 있다.

(2) 토마스(Robert J. Thomas) 선교사

1863년 6월 4일 웨일즈 애버가베니의 하노버교회에서 안수를 받은 스

토마스 선교사

코틀랜드 출신이며 중국 선교사인 토마스(Robert Jermain Thomas, 崔蘭軒) 목사는 런던선교회에서 중국의 선교사로 파송을 받았다. 7월에 아내와 함께 영국을 출발하여 중국의 상해에 도착하였다. 그러나 그곳의 기후가 그의 아내에게 맞지 않아 토마스 목사는 한구(漢口)에 가서, 자기 처의 건강에 그 곳의 여름기후가 맞는지 알아보고 오는 사이, 그의 부인이 세상을 떠나버렸다.163)

그가 고통스러운 마음으로 선교지를 찾던 중 1865년 9월(고종 2년) 지부(之罘)에 가서 해상세관의 통역관으로 일하며, 조선의 정보를 접하게 되었다. 마침 조선에서 온 목선(木船)에는 천주교인 핍박(고종 3년 병인박해)을 피해 조선 천주교인 두 명이 숨어들어왔다.164) 당시의 스코틀랜드 성서공회의 지부 주재원이던 알렉산더 윌리엄슨(Alexander Williamson,

---

163) 백낙준, 『韓國改新敎史(1832~1910)』, 45.
164) 위의 책, 45-46

韋廉臣)이 김자평(金子平)과 최선일(崔善一) 두 사람을 토마스에게 소개하였다. 토마스 선교사는 이들로부터 한국의 천주교 탄압 소식을 듣게 되었다. 그는 더욱 조선에 오기 위하여 스코틀랜드 성서공회에 조선의 선교사로 파송해주기를 요청하여 약간의 지원비와 파송을 받게 되었다.[165]

우문태(宇文泰)의 범선에 조선의 지역에 밝은 김자평을 안내인으로 하여, 윌리엄슨이 지원해 준 상당량의 한문성경과 전도문서 등을 싣고, 1865년 9월 4일 지부를 떠나 13일에 한반도 해안에 도착하였다. 백령도 두무진 포구에 정박하고 김자평이 국내의 소식을 수집하는 동안 토마스는 조선인들에게 서툰 조선말로 성경책과 전도문서를 건넸다.[166] 다음날은 김자평의 고향인 육도에 들러, 토마스는 주민들과 대화를 나누고 복음전도에 정성을 쏟았다.[167] 근포에 도착해서는 토마스를 보고 달려온 수군절도사 윤석구와 마주쳤다. 수사 윤석구는 타고 온 선박이 작은 범선이고 청나라 배여서 순순히 돌려보내주었다.[168]

토마스가 탄 배는 작은 범선인데 9명이 승선하였고, 식수와 식량 등을 보충하러 부락을 헤매고, 관의 검문도 피해야 하는 악조건이었다. 그러나 토마스는 주민들과 접촉할 때마다 서투른 조선말로 복음전파에 전력하고 성경책을 건넸다.[169] 서해안 선교가 무리 없이 두 달 반가량 진행되자[170] 토마스는 자신감이 생겨 서울까지 가고 싶은 욕심이 생겼다. 그래서 우문태의 배를 돌려보내고 남쪽으로 가는 다른 조선인의 배로 옮겨 탔다. 그러

---

165) 김지현, 앞의 책, 82-83.
166) 위의 책, 83-85.
167) 위의 책, 86.
168) 위의 책, 88.
169) 위의 책, 88-89.
170) 백낙준, 앞의 책, 46-47.

나 그 배는 최악의 강풍을 만났고, 배가 표착한 곳은 엉뚱하게 요동반도 해안이었다.171) 토마스는 만주지역의 비자와로 항과 개주시, 영구시를 거쳐 우장과 산해관을 경유하여 다음해 1월초에 북경으로 돌아갔다.172)

그는 북경에서 윤돈(런던)선교회(倫敦宣敎會)가 운영하는 북경대학에서 일을 하던 중, 북경에 조선의 동지사 일행이 왔다는 소식을 듣고 조선사절단을 찾아가 서투른 조선말로 교제를 하였다.173) 그들에게서 자신이 서해안에 뿌렸던 성경책이 평양까지 흘러들어갔다는 것과, 때마침 수행원 박(朴)이라는 사람이 서해안에 뿌린 성경책과 같은 책을 구해달라는 요구를 은밀히 해오는 것을 듣고, 토마스는 조선을 향한 선교열정이 다시 타올랐다.174)

한편으로는 당시 한국에서 박해를 피해 중국으로 간 프랑스 신부 3명 중 한 명인 리델(Ridel) 신부가 프랑스 해군 로즈(Roze) 제독에게 한국의 박해 상황을 보고하였고, 로즈제독은 한국정벌 준비에 착수하며 한국 해안선과 한국어에 지식이 있는 토마스 목사에게 동행을 요청했다. 토마스 목사는 한국인들의 친절과 환영을 받았고, 희망적인 민족임을 알았기에 로즈의 청을 수락하고 지부로 갔다. 그러나 로즈의 함대가 베트남의 반란을 진압하게 되어 조선 출정이 연기되었다.175)

다행히 그곳에서 미국 상선 제너럴셔먼호가 조선에 갈 준비를 하고 있는 것을 알게 되어 통역자로서 이 배에 승선하였다. 이 상선에는 조선이 필요로 할 물건들(면포, 유리그릇, 철판, 자명종 등)이 많이 실려 있었

---

171) 나동광, 『토마스 목사의 생애』(서울: 생명의말씀사, 1990), 73.
172) 김지현, 앞의 책, 89.
173) 백낙준, 앞의 책, 47.
174) 김지현, 앞의 책, 92.
175) 위의 책, 93-94; 백낙준, 앞의 책, 47.

다.176) 이 배는 1866년 8월 9일 토마스를 포함한 5명의 백인, 19명의 말레이시아인 및 중국인을 싣고 지부를 떠나 이틀 후 백령도와 대청도 어간에 정박했다. 남면 진군에서 거도선이 띄워졌고, 셔먼호에서도 작은 보트가 내려져 토마스를 포함한 몇 사람이 귀즐라프가 환영을 받았던 중화동 포구에 상륙하였다. 그리고 그토록 써먹고 싶었던 한국말로 주민들에게 인사를 건네고 성경책을 전했다.177)

8월 그믐께에 배는 평양으로 가기 위해 대동강 입구에 들어섰다. 평안도 감사는 문정관(問情官)을 보내어 이 배가 온 까닭을 물었다. 그 대답은 조선과의 통상을 개시하고 싶다는 것이었다. 감사는 깜짝 놀라 이를 거절하였다. 그러나 이 배는 깊숙이 평양시까지 거슬러 올라갔다. 때마침 대동강 유역에 내린 폭우로 홍수가 났고, 바닷물이 만조가 되어 강으로 들어와 이 배는 사주(沙洲)들을 넘어 들어올 수 있었다. 그러나 간조 때 바닷물이 빠지자 배는 모래사장에 빠지고 말았다. 배가 관군의 공격을 받아 불에 타 버렸고, 선원들은 살해되었다.178)

제너럴 셔먼호 사건

토마스는 손에 남은 두 권의 성경을 가지고 배에서 빠져나왔으며 그 성경을 자기를 살해할 병사에게 건네주었다. 이렇게 1866년 9월 2일 경 27세의 토마

---

176) 백낙준, 위의 책, 48.
177) 김지현, 앞의 책, 95-96.
178) 백낙준, 앞의 책, 48.

스 목사는 제너럴셔먼호 사건 때 조선의 첫 선교사로서 순교를 당하였던 것이다. 후에 평양지역의 기독교인 중에 토마스 선교사가 건넨 성경과 쪽복음을 받은 사람이나 친척들이 적지 않게 포함되어 있었다.[179]

평양시 선교사로 온 사뮤엘 A. 모펫(Samuel A. Moffett) 목사는 1893년 11월 학습교인 반을 조직할 때 토마스 선교사가 건넨 중국어 신약성서를 받았던 한사람을 발견하였다.[180] 토마스가 한문성경을 백령도와 대동강에서 전달하면서부터 평양에 기독교가 발전할 수 있는 초석을 굳게 다져 놓았던 것이다. 그의 한국인을 위한 사랑이 열매로 나타난 것을 알 수 있다.

(3) 윌리암슨(Alexander Williamson) 선교사

윌리암슨(Alexander Williamson) 목사는 토마스와 같은 스코틀랜드인 중국선교사이다. 그는 토마스 선교사의 생사를 확인하기 위해 1867년 만주로 와서 4월경에 한국인들과 두 차례 접촉을 하고 성경과 전도 문서를 나눠주었다.[181] 그리고 한국에 대한 정보와 자료를 수집하여 『북중국, 만주, 동몽고 여행기 및 한국사정』이라는 책을 저술하였다.[182] 그가 한국에 오지는 않았으나 한국과 한국 문화에 관하여 서구에 알렸다는데 큰 의의가 있다.

---

179) C. D. Stokes, 『미국 감리교회의 한국선교 역사(1885~1930)』, 42-43.
180) S. A. Moffett, "Early Days in Pyong Yang," *The Korea Mission Field*, Vol. 21. No. 3 (March, 1925), 54. 백낙준, 앞의 책, 48.
181) 백낙준, 앞의 책, 49.
182) 위의 책.

(4) 로스(John Ross)와 매킨타이어(John MacIntyre) 선교사

로스(John Ross) 목사와 매킨타이어(John MacIntyre) 목사는 모두 만주에 파송된 스코틀랜드 장로교 선교사이다. 로스 목사는 중국인 선교를 위하여 중국어와 사서삼경(四書三經)을 공부하였으며,[183] 조선어를 배워 조선의 토착어인 한글로 신약성경을 번역하기 위한 목적으로 만주에 온 조선인들과 접촉하였다.[184]

이때 로스 목사를 만나 조선어 선생이 된 이응찬은 『누가복음』 번역을 도왔으며,[185] 1876년 매킨타이어 목사에게 세례를 받고 최초의 한국인 기독교 세례교인이 되었다. 이응찬 외에도 이성하, 백홍준, 김진기, 이익세 등이 세례를 받았다.[186] 백홍준은 로스 목사의 권서(勸書)로서 귀국하여 전도활동을 하였고 이성하도 권서로서 국내에 여러 차례 성경을 가져와 반포하였다. 후에는 의주교회와 교회학교에서 봉사를 하였다.[187] 서상륜(徐相崙, 본명 相佑)·서경조(徐景祚) 형제는 홍삼 상인으로 만주에 들어갔다가 서상륜이 장티푸스에 걸려 고통 중 로스 목사와 매킨타이어 목사를 만나 완쾌되어 신자(信者)가 되었다. 서상륜은 1879년 로스 목사에게 세례를 받고 로스 목사를 도와 성경번역과 출판 사업을 하였다. 서상륜은 로스 목사의 권서인이 되어 만주와 고향에서 전도를 하였고 황해도 장연군 송천(松川: 솔내)에 이주하여 전도한 끝에 최초의 장로교회인 솔내교

---

183) 김호용 편, 『大韓聖書公會史』, 33.
184) C. D. Stokes, 앞의 책, 43.
185) J. Ross. "The Christian Dawn in Korea," *The Missionary Review of the World.* N. S. Vol. 3, No. 4 (April, 1890), 242-243. 백낙준, 앞의 책, 50에서 재인용.
186) 위의 책.
187) 위의 책.

회를 설립하였다.[188] 서경조는 귀국 후 1887년 언더우드 목사에게 세례를 받았으며, 한국 최초의 장로교 목사 7인 중에 한 사람이 되었다.[189]

로스 목사는 1877년부터 1879년까지 한문 성경을 한글로 번역을 시도하였는데 이응찬, 서상륜, 백홍준 등의 도움으로 신약성경을 번역하였다. 그리스어 성경으로 수정을 거쳐 『예수셩교젼서』를 출판하기에 이르렀던 것이다.[190] 1879년에 출판하기로 예정되었던 작업이 늦어져 로스 목사의 번역 성경은 1882년에 『누가복음』과 『요한복음』이 인쇄되었고, 2년 후에 『사도행전』, 『마가복음』, 『마태복음』이 출판되었다. 그리고 1887년까지 신약성경이 완결되었다.[191]

스코틀랜드 성서공회와 대영 성서공회가 한국의 권서인들을 지원하여 번역된 성경을 전파하며 전도에 박차를 가하였다. 최초로 권서활동을 착안시켜 지도한 사람은 로스목사였다. 권서인들을 통한 선교방법은 나중에 한국 전역으로 확산되었으며 기독교 부흥에 큰 기여를 하였다. 천주교는 조선에 들어온 지 100년이 지나도록 한글번역 성경을 만들지 않았고 성경지식이 없이 교제(教制) 수립에만 몰두하여 많은 어려움에 봉착했으나[192] 로스와 매킨타이어 선교사는 비록 조선 선교사는 아니었지만 한글번역 성경을 만들어 한국의 선교역사를 바꾸는 중요한 계기를 마련하였다. 후에 언더우드가 장로교 선교사로서 전도를 할 때 장로교가 감리교보다 월등히 부흥했던 것은 이들의 영향력 때문[193]이라고 평하기도 한다.

---

188) 위의 책, 51.
189) 위의 책.
190) 김호용 편, 『大韓聖書公會史』, 49-57.
191) C. D. Stokes, 앞의 책, 44.
192) 백낙준, 앞의 책, 39-40.
193) C. D. Stokes, 앞의 책, 84.

(5) 이수정 선교사(1842~1886)

이수정은 한국의 온건개화파 학자[194]로서 신사유람단(1882. 9~1886. 5)의 일원으로 일본에 가서 최초로 한국인 기독교인이 되었고 한문성경을 한글로 번역하였다. 뿐만 아니라 한국인 유학생들을 상대로 기독교 공동체를 설립하여 신앙의 모범을 보

이수정과 주기도문

이며 한국선교에 큰 공헌을 하였다.[195]

1881년 1차 신사유람단원으로 일본에 다녀온 안종수(安宗洙)는 일본에서 쯔다센(津田仙, 1837~1908)[196] 박사를 만나 농업에 대한 기술과 성경에 대한 이야기를 들었음을 전해주었다. 안종수는 쯔다센의 탁월한

---

194) 민영익의 둘도 없는 친구이자 김홍집, 어윤중과 함께 온건개화파였던 이수정은 임오군란 때 피란을 떠난 민비의 환궁을 도와 충주에서 한양까지 안전하게 구출하였다. 그 공로로 고종은 벼슬을 하사하려 했으나 개화사상이 남달라 일본의 외국문물 견학에 동참할 수 있기를 청원하여 제2차 신사유람단에 동행하게 되었다. 이수환, 『이수정 선교사 이야기』(용인: 목양, 2012), 31-33.

195) 위의 책, 27.

196) 쯔다센은 일본이 명치유신 후 유럽으로 보내 서구 문물을 배우고 오게 한 300여명의 청년 유학생 중 한사람이다. 18세에 화란어와 영어를 배우고 막부 정권의 관리로 미국에 가 6개월간 문물을 익혔다. 함께 간 딸이 침례를 받자 자신도 기독교에 깊은 관심을 갖게 되었다. 긴 머리를 자르고 양복을 입고 입국한 그의 모습 때문에 일본에서 큰 곤욕을 치르기도 하였다. 일본어로 번역된 성경을 보고 감동을 받아 성경공부를 하여 개종을 하였고, 1876년 1월 26일 율리우스 소퍼(Julius Soper) 선교사에게서 세례를 받았다. 1875년 자신의 집에 학농사를 세우고 해외농업의 일본 도입과 기독교정신으로 교육하는 것을 목표하였다. 금주운동도 일으켰고, 일본의 농업 근대화를 이끌었다. 로버트 맥클레이 선교사와 아오야마학원대학((靑山學院大學)을 설립하였으며, 일본 감리교단 지도자(평신도 목회자)였다. 위의 책, 33의 각주에서 재인용.

선진 농법에 감명을 받고, 우리나라 최초의 근대농업기술 서적인 『농정신편(農政新編)』을 저술하여 우리나라 최초의 근대농업기술을 일깨웠던[197] 인물로 이수정에게 쯔다센을 만나 기독교를 배우라고 권하였다.[198]

이수정은 동경에 체류하며 신문과 잡지에 기고를 할 만큼 상당한 예술적 재능과 문필력이 있었고, 민영익과 함께 무역과 상업을 통한 부국의 길을 찾고자 고심했던 전력도 있었다.[199] 그리하여 이수정은 일본의 대표적인 기독교 지도자이자 농학박사였던 쯔다센을 만나 근대 농업을 배우고 기독교에 대한 이야기를 듣게 되었다. 꿈속에서 "조선의 모든 책들보다 가장 중요한 책은 성경책이다"라는 음성을 듣고 한문성경을 탐독하여 진리의 빛에 의해 회심하게 되었다. 쯔다센에게 성경공부 훈련을 받아 신앙이 급성장하였다.[200]

1882년 12월 25일 오전 10시 동경 축지교회 성탄축하예배에 참석하여 감동을 받고 쯔다센에게 세례를 받고 싶다는 의사를 밝혔다.[201] 1883년 4월 29일 동경 노월정교회(露月町敎會)에서 조지 녹스(George W. Knox) 선교사에게 세례를 받고 일본 최초의 한국인 세례교인이 되었다.[202]

그 후 1883년 5월 8일부터 13일까지 '제3회 전국기독교도대친목회(全國基督敎徒大親睦會)'에 참석하여 5월 11일 조선어 공중기도를 대표로 올려 드렸다. 이수정의 기도에 그 자리에 참석했던 우찌무라 간조(內村鑑三)를 비롯한 모든 사람들이 이수정의 동족을 향한 선교적 구령의 열정에

---

197) 오윤태, 『한국 기독교사 Ⅳ』(서울: 혜선출판사, 1983), 49.
198) 이수환, 앞의 책, 33.
199) 오윤태, 앞의 책, 29.
200) 박용규, 『한국 기독교 교회사(1784~1910)』, 311.
201) 김수진, 『한국 기독교 선구자 이수정』(서울: 도서출판진흥, 2006), 69-70.
202) 이수환, 앞의 책, 39-40.

큰 감동을 받았다.203) 그는 5월 12일 구원받은 기쁨과 환대받은 즐거움으로 '신인상감지리(神人相感之理)204)의 원리(요 14장)를 빌어 신앙고백서를 작성하였다.205)

이수정은 성경을 읽으며 감동을 받았으며, 그의 가장 큰 소망은 자신의 민족에게 복음을 전할 수 있는 성경을 주는 것이었다. 그는 미국 성서공회(American Bible Society)가 다른 나라를 위해 성경을 보내어 복음 전하는 일을 힘쓰고, 특히 조선을 위한 성경 반포사업을 준비하고 있다는 소식을 듣고 기쁨을 감추지 못하였다.206)

헨리 루미스(Henry Loomis) 선교사를 만나 한문 성경을 한글 성경으로 번역할 것을 제안 받아, 1883년 5월 중순부터 성경 번역에 착수하였다. 조선인에게 철도와 전신, 기선보다 더 중요한 것이 성경임을 확신하여 최초로 한문성경을 한글성경으로 번역하는 선교사가 되었다.207)

그가 세례를 받고 두 달 만에 번역된 한문성경에 한글로 토를 달아 번역한 최초의 한글성경이 『현토한한신약성서(懸吐漢韓新約聖書)』이다. 이 성경은 미국성서공회의 지원을 받아 1884년 일본 요코하마에서 출판되었다.208) 이 책은 마가복음 번역문체인 국한문혼용체이며 모든 한자에 토를 달아 직역한 것이다. 이수정은 1883년 6월부터 1884년 4월까지 『신약성서마가전(新約聖書路加傳)』을 시작으로 사 복음서와 『사도행전』까지 번역

---

203) 박용규, 앞의 책, 314.
204) 神人相感之理란 하나님과 내가 서로 감응하는 이치를 말하는 것으로 이수정은 '주가 내 안에 내가 주안에'를 이렇게 묘사하였다. 이수정은 요한복음 14장에 끌려 회심하게 되었다. 위의 책, 43-45.
205) 오윤태, 『일한 그리스도교 교류사』(동경: 신교출판사, 1968), 80.
206) 옥성득·이만열 편역, 『대한성서공회사 1』(서울: 대한성서공회, 2004), 304.
207) 이수환, 앞의 책, 50-52.
208) 위의 책.

하여 최초의 한글성경 『현토한한신약성서(懸吐漢韓新約聖書)』를 완성했다.209) 이 성경은 한문에 익숙한 지식 계층과 일반 평민을 함께 염두에 둔 이수정의 성서 대중화에 대한 전략이 깃들어 있었다. 한자에 한글 토를 단 성경은 이것이 처음이자 마지막 책이었으며, 이 후의 한국의 국한문혼용체에 큰 영향을 미쳤다.210)

이 책은 로스의 번역본보다 조판면모가 세련되고 순 한글로 되어211) 널리 보급되었다. 언더우드와 아펜젤러도 1885년 입국 당시 일본에 들러 이수정의 성경을 가져와 한국에서 선교활동을 시작하였다.212) 이수정 선교사는 한글성경번역을 통하여 한국의 초기 기독교 선교가 급속하게 확산될 수 있는 바탕을 마련해주었다.

---

209) 위의 책, 53-54.
210) 위의 책, 55.
211) 위의 책, 64.
212) 위의 책, 65.

4. 초기 미국 기독교 선교사들의 선교 동향

구한말 조선의 교육은 유교적 사고와 지식이 전부였기에 서구인들의 눈에는 미신과 질병의 나라로 비쳤다. 이사벨라 버드 비숍은 1897년 조선을 여행하고 『조선과 그 이웃 나라들』이라는 책에서 조선은 귀신을 위해 매년 250만 달러를 허비한다고 기록하였다.213) 1896년 당시 조선의 수출액이 473만 달러, 수입이 654만 달러일 때에 이러한 거액이 무당과 거리에 버려졌다는 것은 조선의 위기를 짐작할 수 있게 한다.214)

이러한 시기에 젊은 지식층의 개화파들은 근대적 이념에 입각한 교육과 제도 개선 등의 필요성을 절실히 느꼈고, 조정에 건의하였다.215) 당시에 독실한 불교도였던 김옥균과 평생 기독교에 입신하지 않았던 박영효, 그리고 기독교인이 되었던 유길준 등 모두가 덕육에서 기독교의 유효성을 설파하며 미국선교사들의 조선 포교를 중개하였고, 기독교 도입을 통하여 민중교화로서 봉건적 유교윤리를 대신하고자 하였다. 이러한 개화파의 교육사상은 덕성의 함양을 강조하는 교화사상이었으며 문명개화를 위한 근대교육을 주장하였다. 그리하여 교육의 근대화를 위한 준비에 몰두했다.216)

그러나 정부 관료들의 구시대적 사고와 재정적 한계 때문에 가시적으로 추진하기엔 어려움이 많았고 특히 교육시설이 부족하여 사람들에게 근본적인 교육 기회가 적었던 것이 사실이었다. 그리고 급격한 사회의 변화에 적

---

213) I. B. 비숍, 『조선과 그 이웃나라들』 신복룡 역(서울: 집문당, 2000), 379-388.
214) 김용삼, 『대한민국 건국의 기획자들』(파주: 백년동안, 2016), 31.
215) 박영효의 『건백서』, 유길준의 『서유견문』에서 근대 합리주의 사상에 입각하여 봉건적 신분차별을 없애고, 인간평등을 주장하였다. 그들은 교육을 사회변혁의 중심에 두고 교육만이 개화의 가장 유일한 수단이 될 수 있다고 주장하였다. 윤건차, 앞의 책, 71-72.
216) 위의 책.

절히 대응할 능력이나 여건이 따라주지 못하였다. 그러한 때 초기 외국선교사들을 중심으로 하여 지역의 유지나 선진적인 지식인들이 정부를 대신해 중추적인 역할을 맡아 교육을 근대화시킬 기회를 창출했고 이를 확산하는데 큰 역할을 했다.217)

1882년 미국과의 조미수호통상조약을 맺은 이후 1884년 알렌의 입국을 시작으로 본격적으로 들어오기 시작한 기독교는 어둠이 가득한 조선 땅에 자유와 구원의 빛으로 서서히 비쳐오기 시작한 것이다.218) 미국의 명문대학을 통해 다양한 학문을 수학하여 박학다식하고 신앙심으로 헌신된 초기의 미국선교사들219)은 서구적인 문물을 교육시켜 후진적인 사회를 발전시키려는 실사구시적인 목적과 조선을 식민지로 강점하려는 외국세력에 대항해 국력을 강화시키고자 하는 민족주의적인 목적도 함께 갖고 있었다.

기독교 선교사들이 특히 도입하고 실천했던 것은 근대 과학기술과 교육 및 의료 분야였는데, 이러한 실천적 활동은 모두 선교적 차원에서 이루어진 것이었다. 그리고 그들의 노력과 활동을 통해 조선 사람들은 자유, 민주, 평등, 박애를 깨닫는 계기가 되었다. 조선의 개국과 더불어 마약처럼 번진 사대주의로 인해 자주정신이 거의 사라진 조선에 자주성을 교육하여 1897년에 '자주'의 상징인 독립문도 세워졌다.220)

조선에서 선교가 시작된 지 10년만인 1895년 북감리교와 북장로교인 수가 12,213명에 달하였고221) 1909년에는 '백만구령운동'을 벌일 만

---

217) 1907년 기독교학교 학생 수는 14,189명, 공립학교 학생 수는 6,294명이었다. Alfred W. Wasson, *Church Growth in Korea* xii(New York: International Missionary Council, 1934), 175.

218) 김재동, 『한국 근현대사 바로 알기』 개정증보판(서울: 복의근원, 2018), 27.

219) 알렌, 언더우드, 아펜젤러, 스크랜턴, 헐버트 등 모두 미국의 아이비리그 대학을 졸업하고 의학이나 신학을 하여 박사급 수준의 선교사로 조선에 입국하였다.

220) 김용삼, 앞의 책, 28.

큼222) 기독교세가 확장되어 갔다. 급격한 교인의 수를 소수의 선교사가 감당하기에는 무리가 따랐으나 사역을 위해 그들은 교단을 떠나 서로 연합했으며, 자신들의 건강까지 해쳐가며 극심한 긴장 가운데 사역을 하였다. 이에 대하여 당시의 북감리교회의 감독은 "선교사들은 낙관적이고, 노고와 희생에 있어서 사도와 같았다. 그리고 그들은 백성들과 하나였다."223)라고 극찬했다.

초기의 선교사들이 이룩한 업적을 정리하면, 조선인들에게 현대 교육을 도입하여 지적으로 새로운 세계로 인도하였다. 조선의 여자들에게 사회생활을 할 수 있도록 길을 열어 주었다. 특히 무지와 미신으로 가득 찼던 조선인들의 가슴속에 그리스도의 복음의 빛을 비춰주어 죄와 공포심의 속박으로부터 벗어나게 해주었다.224) 더구나 청·러·일본의 침략으로부터 조선인들이 벗어날 수 있는 저력과 희망을 갖추도록 계몽과 지적, 경제적, 기술적 지원을 아끼지 않았다. 기독교는 한국인들에게 올바른 인간관과 우주관, 민권과 평등사상 그리고 사물에 대한 과학적인 인식과 서구적인 합리적 이론을 소개해 주었다.(이상규, 2012) 특히 한글 보급에 큰 영향을 끼쳤고, 합리적인 비판정신과 민족의식을 고취시켰다. 그렇게 기독교는 한국 근대화에 큰 공헌을 했다는 점은 분명하다. 그러므로 한국 근현대사에서 초기 기독교선교사들의 활동을 돌아보는 것은 필수적이라 할 수 있다.

---

221) Charles D. Stokes, 앞의 책, 163.
222) 위의 책, 177.
223) M. C. Harris, "Korea Conference," *World-Wide Missions*, XVIII (Jan. 1906), 2. 위의 책, 158에서 재인용.
224) Charles D. Stokes, 위의 책, 165-167.

1) 미국 선교사들의 선교정책

19세기 말 미국 대학교에서 학생자원운동(SVM)이 일어나 많은 젊은이들이 열악한 아시아와 남미를 향해 선교사로 헌신했다. 조선에도 최초의 선교사 알렌을 필두로 언더우드와 아펜젤러, 스크랜턴, 메리 스크랜턴, 헐버트, 벙커, 길모어, 헤론 등의 선교사들이 입국하였다. 당시에 조선에는 선교는 금지되어 있었고,[225] 외국인과 서양인에 대하여 백성들은 두려움을 가지고 있었다. 그 예로써 1888년 6월 서울에서 '영아소동(Baby Riots)'[226] 사건이 일어나 조선아이들을 서양인에게 팔았다고 오해를 받은 일곱 명의 조선인들이 서울거리에서 폭도들에게 죽임을 당했다.[227] 이러한 상황에서 조선에 입국한 초기 선교사들의 선교전략은 지혜로웠다.

먼저 전문인 선교사로서의 방법적 접근을 선택하였다. 의사, 교육자, 외교관, 기업인 등 조선에서 필요로 하는 신분의 사람들이 먼저 입국하였다.

---

225) C. D. Stokes, 앞의 책, 54.

226) 외국인들이 들어오기 시작한 초기에 서양인들에 대한 의심과 불안은 영아소동으로 불거졌는데, 그 계기는 '사진'이라는 신식 물건이었다. 조선인 최초의 사진 경험은 1863년 북경에 간 연행사절단이 찍은 사진이었지만 1883년 서양인들에 의해 처음으로 서울에 사진관이 문을 열었다. 미공사관 서기인 샤이에-롱이 서울 거리에서 아이들 사진을 촬영하였는데 일부 사진 음화를 도둑맞았다. 그 후 사진에 찍힌 아이 두 명이 처참하게 시신으로 발견되자 선교사들이 갓난아이를 납치해 죽여서 눈을 빼서 갈아 말려서 사진이나 약을 만든다는 소문이었다. 또 당시에 서울에 젖소가 없는데 선교사들이 매일 우유를 마시는 것에 대하여 선교사들이 여자 아이를 납치해 가슴을 절단하여 우유를 만든다는 소문도 돌았기에 서울 거리 주민들이 폭도로 변하여 외국인들을 공격하려 하였고, 외국 공사들이 조정에 항의하여 프랑스와 러시아 해병이 서울에 도착하여 진정되었다. 정성화·로버트 네프 공저, 『서양인의 조선살이(1882~1910』(서울: 푸른역사, 2010), 47-53.

227) Robert T. Pollard, "American Relations with Korea, 1882-1895," *The Chinese Social and Political Science Review.* ⅩⅥ(Oct. 1932), 456; L. H. Underwood, *Fifteen Years among the Top-Knots.* (New York: American Tract Society, c1904), 15-16. 위의 책, 55에서 재인용.

다행히 선교사들의 조선을 향한 열정과 국내의 위급한 상황들이 고종의 마음을 열게 하였고, 조선은 교육과 의료가 시급한 상황이어서 정부의 지원과 협조가 뒤따랐다.228)

초기선교사들은 복음전파보다는 조선 사람들에게 급히 필요한 의료와 교육 사업에 집중하였다. 그 결과 정부와 국민들의 신뢰를 얻게 되었고, 점차 선교가 활성화 되어갔다. 1892년 언더우드가 "한국과 일본에서의 의료선교"란 제목으로 『세계선교평론』에 발표한 글을 보면, "의료선교의 가장 탁월한 점은 다른 방법으로 복음이 들어갈 수 없는 적대적인 지역과 나라에서 의사의 의료지식을 통해 가정 안으로 들어가고 사람들의 우정과 신뢰를 얻는다. … 의사가 아니었으면 여전히 닫혀있을 곳들을 하나님께서 놀랍게 열어주셨다. … 여러 해 동안 닫혀있었던 마을들이 의사의 단 한 번의 방문으로 열렸고, 기독교를 쌍수를 들고 환영한다."229)라고 하였다.

러일전쟁의 승리로 일본의 조선 침탈이 본색을 드러내자, 반일 애국활동을 강력하게 하는 기독교회와 학교의 일부 선교사들은 일본과의 마찰을 피하기 위해 미국 선교부에서 정한 정교분리 원칙에 따라 선교사들이 정치와 사회 문제에서 중립을 지키라는 방침을 정하였다. 나라를 되찾기 위한 정치적 운동에 관여하는 행위는 정교분리 원칙에 어긋나는 것으로, 기독교 복음만을 전하는 것을 미국 장로교 선교부에서 원칙으로 제시하였던 것이다.230) 그럼에도 일본의 침략 속에 있었던 구한말의 상황 속에서 복

---

228) 김동진, 『파란눈의 한국혼 헐버트』, 41.
229) Horace Grant Underwood, "*Horace Grant Underwood and Lillias Horton Underwood Paper I,*" 『언더우드 자료집 I』이만열·옥성득 편역(서울: 연세대학교출판부, 2010), 312.
230) 이성전, 『미국선교사와 한국근대교육』 서정민·가미야마 미나코 옮김(서울: 한국기독교역사연구소, 2007), 100-101.

음만을 전한다는 것은 선교사들에게 쉬운 일이 아니었다. 특히 헐버트는 "참 선교는 고통 받는 조선인들을 돕는 것이며 진실한 애국심과 참된 신앙은 떨어져 있지 않다."231)라고 하며 이에 반대하였다.

초기 미국 선교사들은 네비우스 선교 정책을 조선 선교의 방향으로 선택하였다. 네비우스는 1890년 조선에 와서 2주 동안 자신이 개발한(1885년) 선교 방법론에 대한 특강을 하였으며, 조선의 선교사들은 네비우스의 방침대로 삼자원리 즉, 자립(Self-Support), 자전(Self-Propagation), 자치(Self-Government)에 의한 토착화 선교정신으로 선교를 추진하였다.232) 자립교회란 경제적 행정적인 면에서 스스로 일어서는 교회이며, 자전은 무보수의 사역자들(자비량)이 시골에 있는 지교회들의 전도를 담당하는 것이다. 자치란 토착교회가 스스로 교회 통치권을 가지고 유지될 수 있도록 그 고장에 거주하는 지도자가 교회의 지도적 위치에 임명되어야 함을 말한다.233) 네비우스 선교는 교회들의 자립적인 운영과 교육의 주도권을 교회에 두고자 하는 의도가 남겨 있다. 이것은 교회가 교육을 담당함으로써 세속적 영향을 받지 않고 복음을 전할 수 있는 가장 좋은 방법이었다.

이 제도는 전국적으로 확산되었으며, 교회의 설립과 증축, 기관의 조직 및 복음전도 사역과 제반 사역 등에 있어서 네비우스 원리를 따랐고, 그 결과 구체적이고 놀라운 효과를 거두었다.234) 한국 교회는 자립교회가 세워지면 산하에 학교를 설립하여 청년교육에 전력하였다. 그 결과 1909년

---

231) Carole C. Shaw, *The Foreign Destruction of Korean Independence.*   (Seoul: Seoul National University Press, 2007), 9. 김동진, 앞의 책, 195-197에서 재인용.

232) 박상진 외 4인 공저, 『기독교학교 역사에 길을 묻다』(서울: 예영커뮤니케이션, 2013), 13-15; 변창욱, 『한국교회 선교 운동사』(서울: 장로회신학대학교 출판부, 2018), 76, 210.

233) 손석원, 『한국교회와 선교사 대전1』(파주: 한국학술정보, 2011), 136-138.

234) 위의 책, 139.

에는 장로교단만 교인 수 119,273명, 소학교 778교, 고등학교 25교, 대학교 1교가 세워졌으며, 학생 수는 17,026명이 되었다.[235]

이렇게 초기 선교사들의 정책은 한국인들에게 개혁과 발전의 두 가지 일을 동시에 성취하게 하였다. 기독교의 유익을 일찍이 깨달은 선각자들로 인해 기독교에 대한 적극적이고 자발적인 수용과 확산이 일어났고, 그들은 기독교 정신에 입각한 애국활동들을 감당하였다. 선교사들 또한 조정과의 친밀한 관계 설정으로[236] 반외국인 감정을 희석시켜 선교에 유리한 상황이 전개되는 긍정적인 결과[237]를 가져왔던 것이다.

235) 박상진 외, 앞의 책, 226.
236) 문찬연, "미(美)북장로교 서울선교부 설립배경과 초기선교활동(1884-1910)에 관한 연구" (박사학위논문, 평택대학교 피어선신학전문대학원, 2001), 38; 김동진, 『파란눈의 한국혼 헐버트』, 197-201.
237) 이덕주, 『한국교회 이야기』(서울: 신앙과지성, 2017), 53, 67, 71. 선교사들의 왕실과의 우호적인 관계는 선교의 길이 열리는 첩경이 되었다. 알렌이 민영익을 치료한 것이 계기가 되어 고종은 홍영식의 집을 하사하여 최초의 서양식 병원 광혜원(廣惠院) 설립을 하게 하였으며, 아펜젤러의 배재학당(培材學堂) 현판을 하사하였고, 명성황후는 메리 스크랜턴의 이화학당(梨花學堂) 현판을 하사하여 이들 기관이 나라에 유익을 주는 기관이 되기를 기원하였다.

2) 선교 초기의 미국 선교사들

조미수호통상조약(朝美修好通商條約)이 체결된 이후 1883년 4월 10일 초대 주한미국공사로 푸트(Lucius H. Foot)가 서울에 오게 되었다. 그러나 조선은 국력이 약하고 영어를 잘하는 관리도 없었으므로 미국에 공사관을 설치할 상황이 되지 못하여, 그 답례로238) 보빙사절단(報聘使節團)239)을 미국에 파견하여 고종의 친서를 전달하고 미국의 발전상을 시찰하게 되었다. 민영익을 대표로 한 보빙사가 미국에 파견되었을 때, 이들은 시카고에서 워싱턴으로 가던 기차 안에서 우연히 미국 감리교회 목사이며 발티모어(Baltimore) 여자대학 총장인 가우처(J. F. Goucher) 박사를 만났다. 그들은 가우처 박사에게 한국 선교의 당위성을 인식시켜주었다.240)

가우처 박사는 그들을 통해 조선의 상황을 알게 되었고, 조선에 생명의 복음을 전해야겠다는 사명감을 갖게 되었다. 그래서 뉴욕의 감리교 선교본부에 2,000달러의 거액을 기증하여 조선선교를 시행할 것을 요청하였다. 이어서 조선 선교 후원금을 더 모금하여 슬로콤이라는 신도가 1,000달러, 캘리포니아의 어린 소녀가 9달러, 자신도 2,000달러를 추가로 헌금하였으

---

238) 김낙환, 『아펜젤러 행전(1885~1902』(서울: 청미디어, 2014), 89-90.
239) 전권대사는 민영익, 부사는 홍영식, 부원은 서광범, 유길준 등 개화당의 청년들이 선정되었다. 이들은 1883년 7월 미국 푸트공사가 타고 온 군함 모노카시(Monocacy)호를 타고 7월 16일 출발하여 나가사키와 요코하마를 거쳐 9월 2일에 샌프란시스코에 도착하였다. 기차로 시카고, 워싱턴을 거쳐 뉴욕으로 갔다. 그들은 한복과 갓을 쓰고, 미국 주요도시를 돌며 철도회사, 군사시설, 우체국, 대학교 등을 시찰하였다. 귀국할 때는 미국에서 얻은 새로운 문물의 샘플을 200여개의 궤짝에 싣고, 조선도 개화하여 미국처럼 부강한 나라로 만들겠다는 포부와 함께 돌아왔다. 홍영식은 눈이 부시는 광명 속을 갔다 온 것 같아 어리둥절하다는 소감을 밝혔다. 위의 책, 90-92.
240) 손인수, 『한국개화교육연구』(서울: 일지사, 1981), 85.

며, 선교가 진행되면 3,000달러를 더 후원하겠다고 약속하였다.241)

선교본부는 일본 선교사 맥클레이(Robert S. Maclay) 박사에게 조선을 시찰하고 선교를 할 수 있도록 알선하라고 명하였다.242) 한국에 파견된 일본 주재 미국 북감리교 선교사 맥클레이 목사가 조선에 와, 약 2개월 간 서울에 체류하면서 김옥균의 도움으로 고종을 알현하고 조선에서 의료사업과 학교사업의 개설을 허락해달라는 청원서를 올렸다.243) 1884년 7월 3일 김옥균을 통해 교육과 의료 방면에서 활동할 수 있다는 고종의 윤허를 받고 돌아갔다.244) 뿐만 아니라 이수정도 일본에서 미국 북장로교 선교부에 조선으로의 선교사 파견을 건의하였다.245)

한편 맥클레이 목사의 보고로 한국 선교의 필요성을 자각하게 된 미국 북감리교 선교부는 1884년 11월 아펜젤러(Henry G. Appenzeller)와 의사 스크랜턴(M. F. Scranton)을 초대 한국 선교사로 선정하였다. 부인선교회의 요청에 의해 스크랜턴 박사의 어머니 메리 스크랜턴(M. F. Scranton)이 임명되었다.246) 미국 북장로교 선교회는 알렌과 언더우드(Horace G. Underwood)를 조선 선교사로 지명하여 파견하게247) 되었던 것이다.

---

241) 김낙환, 앞의 책, 95-96.
242) C. D. Stokes, 앞의 책, 57.
243) 백낙준, 앞의 책, 82-83.
244) C. D. Stokes, 앞의 책, 57; 이덕주, 『한국교회이야기』, 46-49.
245) Harry A. Rhodes, "Rijutei to the Christian of American, Greeting," in Children of Christmas, *The Missionary Review of the World*(Dec. 13, 1883). 『미국 북장로교 한국선교사』 최재건 옮김(서울: 연세대학교출판부, 2009), 83.
246) C. D. Stokes, 위의 책, 57-59.
247) 이덕주, 앞의 책, 46-49.

(1) 알렌((Horace N. Allen, 1858~1932)

호레이스 N. 알렌 선교사

알렌은 오하이오 웨슬리언 대학과 마이애미 의과대학을 마치고 미국 북장로회 선교사로 자원하였다. 1883년 중국 상해에 도착하여 1년간 의료사업을 하였다. 1884년 5월 귀국하는 보빙사절단의 민영익 일행을 실은 트렌튼호가 상해에 정박했을 때 알렌은 미국 공사 푸트에게 주한 외국인들을 치료할 의사가 필요한지 타진하였다. 그리고 미국 선교본부에도 한국으로 선교지를 바꾸어달라고 청원하였다.[248] 그리하여 1884년 9월 14일 부산에 도착하였고,[249] 일주일 후인 20일 제물포에 도착하였으며,[250] 22일에 서울에 입성하였다.[251] 그는 조미수호통상조약에 의해 선교사 신분으로는 입국이 불가하였기에, 미국공사관 무급 관의(官醫)로 조선에 입국하였다.[252]

알렌이 조선에 오기 전 미국 장로교 선교회에서는 이수정의 간곡한 호소를 받은 이후 조선 선교 계획을 세우고 있었으나, 아직 조선 선교는 시기상조라는 입장과 당장 자리 잡고 들어앉아야 한다는 입장으로 팽팽히 맞서 있었다. 특히 찬성을 했던 F. F. 엘린우드(Ellinwood)는 데이비드 W.

---

248) 위의 책, 51.
249) H. N. Allen, 『알렌의 일기(The Allen Dairy)』 김원모 역(서울: 단국대학교출판부, 1991), 22-23.
250) 백낙준, 『韓國改新教史(1832~1910)』, 86
251) 위의 책.
252) Horace N. Allen, *Things Korean: A Collection of Sketches and Anecdotes Missionary and Diplomatic*, 윤후남 역, 『알렌의 조선 체류기』(서울: 예영커뮤니케이션, 1996), 184; 변창욱, 『한국교회 선교 운동사』, 47, 71.

맥월리암스(David W. McWilliams)에게 조선 선교의 즉시 가능성을 설명해 주었고, 맥월리암스는 조선 선교를 위해 5,000달러를 기탁하였다. 이어서 다른 기부자들이 기탁하여 금액이 늘었다. 최초의 의료 선교사로서 의술이 훌륭하고 헌신적인 정신을 가진 젊은 의사 존 W. 헤론(John W. Heron)이 자원하여 최초의 장로교 선교사로 임명을 받았다. 그러나 선교부는 조선에서의 선교는 시기상조라고 여겨 헤론에게 우선 일본으로 가서 조선말을 배우라고 지시하였다. 그래서 헤론은 일본으로 갔다가 알렌이 제중원을 세운 후인 1885년 6월에 입국하였다.[253]

공식적으로 알렌의 조선 체류가 보장된 것은 1884년 12월 4일 밤 갑신정변으로 중상을 당한 민비의 조카 민영익(24세)을 치료해 준 후부터였다. 민영익은 자객의 칼에 맞아 심한 부상으로 생명이 위독하였으나 알렌은 27바늘을 꿰매는 응급 수술을 하였다. 이로 인해 왕과 민비의 신임을 얻은 알렌은 궁중시의가 되었다.[254] 1885년 4월 10일, 왕의 하사와 배려로 최초의 서양식 국립병원 광혜원(廣惠院, Widespread Relief House)이 설립되었고, 곧이어 4월 26일 '많은 사람을 구제하는 집'이라는 의미의 제중원(濟衆院, Universal Helpfulness House)으로 바뀌어 본격적인 의료선교가 시작되었다.[255]

극적으로 두 달 만에 걸쳐 민영익을 회생(回生)시킨 알렌은 1885년 3월 27일 처음으로 창덕궁에 들어가 고종과 민비의 유사천연두를 진찰하기

---

253) 백낙준, 앞의 책, 84-85.
254) 이선교, 『현대 역사신학』(서울: 도서출판 현대사포럼, 2017), 40.
255) 서울노회편찬위원회, 『서울노회의 역사』, 36; 제중원은 1904년 9월 23일 세브란스가 15,000 달러를 기부하여 새로이 건물을 짓고 세브란스 병원으로 개명하였다. 이선교, 위의 책.

도 하였다.256) 알렌은 제중원의 과중한 업무를 감당치 못하여 사임하고 1887년 8월 주미 한국 공사관 참찬관으로 적을 옮겨 미국으로 돌아갔다. 미국에서 주미 전권공사 박정양이 클리브랜드(G. Cleveland) 대통령을 접견하고 신임장을 받도록 도와주었다.257) 1889년 다시 서기관 직을 사직하고 1890년 북장로교 선교사로 내한하였다.

그 후 주한 미국 공사관 서기로 임명을 받아 외교관으로 활동하였으며, 1897년에는 주한 미국 공사 겸 총영사로 승진하였다. 1901년에는 특명전권공사로 임명되어 선교사들을 도와 많은 일을 하고 한국 조정의 신임을 받으며 한국의 발전을 위해 힘썼다. 1905년까지 한국에서 주재하는 동안 고종으로부터 세 번이나 공로훈장을 받았다.258) 그러나 일본의 침략야욕을 본국에 보고하는 등 조선의 입장을 대변하자, 일본의 방해에 의해 1905년 본국으로 소환되었고, 루즈벨트 대통령은 비밀리에 일본과 테프트-가쓰라 조약을 맺었다.259) 알렌은 전문인 선교와 사회참여 선교를 수행했던 통전적인 신교사였다.

256) 이덕주, 앞의 책, 53.
257) 박용규, 『한국기독교회사 Ⅰ (1784~1910)』, 541-542.
258) 백낙준, 앞의 책, 87.
259) 대한예수교장로회총회역사위원회 편, 『총회창립 90주년기념 대한예수교장로교회사 (상)』(서울: 한국장로교출판사, 2003), 92.

(2) 언더우드(Horace Grant Underwood, 1859~1916)

호레이스 G. 언더우드

1885년 4월 5일 장로교 목사인 언더우드 (원두우, 元杜尤)가 공식적인 선교사 자격으로 제물포에 입국하였다. 1885년 3월 31일, 아펜젤러 부부와 함께 일본 나가사끼 항에서 출발하여 4월 2일 부산에 도착하였고,[260] 4월 5일 부활절 오후에 제물포에 도착하였다.[261] 그는 영국 런던에서 등사용 잉크, 타자기, 잉크리본 등을 발명한 아버지 존(John) 언더우드와 엘리자베스 그랜트 메리(Elizabeth Grant Mary) 사이에서 6남매 중 네 번째로 태어났다. 그가 여섯 살 때 어머니, 동생, 할머니가 같은 해에 사망하고 아버지는 동업자에게 속아 사업에 실패하였다.[262]

13세 때 그의 가족은 미국으로 이민을 가서 뉴저지 주의 뉴더햄에 정착하였다. 아버지는 미국에서 잉크공장을 시작하였고, 그의 가족은 1874년 그로브 개혁교회에 등록을 하였다. 언더우드의 아버지는 형편이 어려웠지만 언더우드의 교육을 위해 저어지 시의 해스브록 소년학원(Hasbrook Seminary for boys)에 입학시켰다. 여기서 그로브교회 담임목사인 메이븐 (Mabon)의 도움으로 개인지도와 6개월 과정의 희랍어를 마쳤다.[263]

1877년 뉴욕대학에 입학하였다. 그는 매일 12Km를 걸어서 통학하고

260) 유영식 외 3인 공저, 『부산의 첫 선교사들』(서울: 한국장로교출판사, 2007), 28-29.
261) 김낙환, 『아펜젤라행전(1885~1902)』, 118.
262) 위의 책, 114.
263) 이광린, 『초대 언더우드 선교사의 생애』(서울: 연세대학교출판부, 1991), 4-5.

새벽 5시에 일어나 밤 12시까지 공부하며 실력을 닦았다.264) 뉴욕대학에서 그리스어, 웅변, 수학, 논리학, 식물학, 국제법, 천문학, 화학 등에 좋은 성적을 받았다. 1881년 뉴욕대학을 졸업하며 문학사(B. A.) 학위를 받고, 이어서 뉴 브런스위크(New Brunswick)시에 있는 네델란드 개혁신학교 (The Dutch Reformed Theological Seminary)에 입학하여 목사와 선교사로서 훈련을 받았다.265) 신학생이었던 그는 1883년 여름부터 1년 반 동안 뉴저지 주의 폼턴(Pomton)에 있는 교회에서 목회를 하였다. 교회에서 사례를 배로 올려준다는 제의도 사양하고 선교사의 비전을 이루기 위해 목회를 그만 두고, 인도 선교사로 가기 위해 1년간 의학을 공부하였다.266)

뉴 브런스위크 신학교를 1884년 여름에 졸업한 후 7월 28일 25세에 최초의 한국 장로교 목회선교사(Clerical Missionary)로 임명을 받고, 11월에는 목사 안수를 받았다.267) 뉴 브런스위크 신학교에 재학 중이던 1882년 말에서 1883년 초의 겨울에 선교사 지원 학생모임에 참석하여, 알트만스(Altmans)의 조선에 대한 연구 논문 발표를 듣게 되었다.268) 조선은 1882년 5월 22일 체결된 조미수호통상조약으로 문호가 개방되었으나 1,300만 조선인이 복음을 듣고 있지 못하다는 것을 알았다.

언더우드는 14살 때에 인도사람의 강연을 듣고 인도선교사의 꿈을 품었으며, 이를 위해 준비하고 있었는데 1년이 지난 후에도 조선 선교가 진행되지 못하는 상황을 알고 개혁교단에 2차에 걸쳐 조선 선교 청원서를 제

---

264) L. H. 언더우드, 『언더우드: 한국에 온 첫 선교사』 이만열 역(서울: 기독교문사, 1993), 34.
265) 이광린, 앞의 책, 6-8.
266) 위의 책, 12-14.
267) 위의 책, 16; 장로회신학대학교 100년사 편찬위원회 편, 『장로회신학대학교 100년사』(서울: 장로회신학대학교, 2002), 100-101.
268) 백낙준, 앞의 책, 114.

출했다.269) 그에게 자금도 없고 조선선교는 시기상조라는 이유로 두 번이나 거절을 당해 포기하였다. 뉴욕의 개혁교회로부터 담임목사 청빙이 와서 수락편지를 우체통에 넣으려는 찰나 하나님의 음성을 들었다. "조선에 갈 사람이 없느냐? 조선은 어찌할 것인가?"라는 음성에 다시 조선 선교사로 가기로 결심하였다.270) 마침 선교본부에 갔더니 브루클린의 라핏교회 평신도 맥윌리암스(McWilliams)가 5,000달러를 조선 선교기금으로 헌금하였으므로 언더우드는 1884년 봄 학기로 신학을 졸업하고, 조선 선교사로 정식 임명을 받았던 것이다.271)

조선 선교를 위하여 12월 16일 샌프란시스코에서 일본으로 출발하였다. 이듬해 1월에 일본 요코하마에 도착하여 J. C. 헵번(Hepburn) 선교사를 만나 3개월을 그의 집에 머물며 선교에 대한 교육을 받았고 미국 선원들을 위한 전도 집회도 열었다.272) 헨리 루미스에게 조선의 소식을 듣고 이수정을 만나 조선말도 배웠다.273) 감리교 선교사인 아펜젤러 부부와도 만나 함께 조선으로 출발하였다. 제물포에서 부인을 동반한 아펜젤러는 갑신정변이 일어난 지 얼마 되지 않은 위험한 상황이라 입국이 거절되고, 언더우드는 서울로 들어왔다.274)

언더우드는 제중원에서 의학생들에게 화학과 물리를 가르치는 교사로 근무하며 조선어를 배웠다.275) 1886년 7월 11일 조선에 온지 처음으로 노도사(盧道士, 노춘경)에게 세례를 베풀었다.276) 1887년 가을에는 소래

---

269) 위의 책, 116.
270) 위의 책, 114-115를 참조하라.
271) L. H. 언더우드, 앞의 책, 50; 김낙환, 앞의 책, 115-116.
272) 백낙준, 앞의 책, 116.
273) 위의 책.
274) 위의 책, 118-119; 손석원, 『한국교회와 선교사 대전1』, 261.
275) 백낙준, 위의 책, 135, 114의 각주 참고.

에 가서 7인에게 세례를 베풀고 성찬식을 집전했다.[277) 그는 고아들을 모아 '언더우드 학당'[278)을 운영하였는데, 나중에 경신(敬神)중·고등학교로 발전하였다. 언더우드는 성경번역과 찬송가 편찬, 조선교회의 신학과 신앙의 기틀을 세웠다. 1889년에는 '기독교서회(基督敎書會)'를 창설하였으며, '성서번역위원회'를 조직, 그 회장 등을 역임하며 성서의 번역 사업을 주관하였다.[279) 1890년에 『한영사전』, 『영한사전』을 출판하고,[280) 1897년에는 주간지 『그리스도 신문』을 창간하였다.[281) 1897년 9월 27일 자택에서 예배를 드리며 서울 '새문안교회'를 설립하였다.[282) 1915년 경신학교에 대학부 '연희전문학교(현 연세대학교)'를 세웠다.

언더우드 선교사는 말씀, 전도, 기도를 강조하였고, 다양한 사회활동과 많은 구호사업을 하며 선한 사마리아인의 모본을 보여주었다. 그는 31년간 조선 선교에 힘쓰다가 1916년 발진티푸스에 걸려 치료차 미국으로 귀국한 후 소천 하였다. 그가 세운 연세대학 안에 언더우드 기념관이 세워졌으며, 그의 후손들은 4대째 한국에서 선교활동을 하고 있다.

---

276) 위의 책, 104; 김동진, 『파란눈의 한국혼 헐버트』, 97. 노도사로 불리는 노춘경은 알렌의 두 번째 어학선생으로 갑신정변이 있던 날 오후에 알렌에게 중국어 성경을 빌려가서 숨겨가며 읽고 신자가 되었다. 알렌은 그에게 이 책을 읽다가 들키면 목이 달아날테니 조심해야 된다고 말했고 그는 잘 안다면서 책을 빌려갔다. 노춘경의 세례식에 헐버트가 함께 참여하였다. 언더우드의 편지 Horace Grant Underwood, *The Foreign Missionary*, Vol. 45, No. 5(October, 1886), 223-224; C. D. Stokes, 『미국감리교회의 한국선교 역사, 1885-1930』 장지철 · 김흥수 옮김, 144-145.
277) 백낙준, 앞의 책, 147; 손석원, 앞의 책, 263.
278) '예수교 학당' 또는 '구세학당'이라고도 불렸다. 정동에 위치했고, 안창호, 김규식 등이 이 학교 출신이다.
279) 백낙준, 앞의 책, 154-157, 160.
280) 위의 책, 154-155. 헐버트는 언더우드의 영한사전 집필과 성서 및 종교서적 번역 사업에 함께 참여하였다. 김동진, 『파란눈의 한국혼 헐버트』, 97-98.
281) 백낙준, 앞의 책, 116.
282) 손석원, 앞의 책, 272-273.

(3) 아펜젤러(Henry Gerhart Appenzeller, 1858~1902)[283]

아펜젤러는 1858년 2월 6일 미국 펜실베니아 주의 농촌 베들레헴 턴파이크(Turnpike)라는 곳에서 아버지 기드온(Gideon Gerhart Appenzeller)과 어머니 메리 게하르트(Maria Gerhart) 사이에 삼형제 중 둘째 아들로 태어났다.[284] 그의 집안은 스위스의 츠빙글리의 종교 개혁 전통의 개혁 신앙을 이어받은 가문으로 1735년 이주한 초기 미국 개척자였던 제이콥 아펜젤러가 증조할아버지이다.[285]

헨리 G. 아펜젤러

18세 때인 1876년 펜실베니아 웨스트체스터((Wast Chester) 주립사범학교에 재학 중에 그 지역 장로교회의 부흥회에 참석하였다. 부흥사 풀턴(Fulton)으로부터 설교를 듣던 중 깊은 감명과 거듭남을 체험하였다. 그는 평생 그날을 자신의 영적생일로 평생 기념하였다.[286] 아펜젤러는 1877년 사범학교를 졸업하고 한 학기 동안 교사생활을 하였다. 1978년 펜실베니아주 랭커스터에 있는 프랭클린 마셜 대학(Franklin and Marshall College)에 입학하였다. 그리고 랭커스터 제일 감리교회 스미스(H. C.

---

283) Henry Gerhart Appenzeller의 Middle Name이 Gerhard 또는 Gerhart로 달리 표기하고 있어 본 연구자가 배재고등학교 행정실로 전화 문의하여 당시의 아펜젤러가 사용했던 스펠은 Gerhart 였음을 확인 받았다(2018. 12. 28).

284) 김석영, 『처음선교사 아펜젤러』(서울: KMC, 2011), 6.

285) 위의 책, 7.

286) William Elliot Griffis, *A Modern Pioneer in Korea: The Life Story of Henry G. Appenzeller* (New York: Fleming H. Revell Co., c1912). 『아펜젤러』 이만열 역(서울: 연세대학교출판부, 1985), 58.

Smith) 목사를 만나 교적을 장로교에서 감리교로 옮겨 웨슬레의 삶을 따르게 되었다.287) 그는 그때의 감정을 이렇게 표현했다. "나는 너무나 기뻐서 할렐루야를 외치고 싶었습니다. 하지만 아시다시피 장로교회에서는 그렇게 외칠 수가 없었습니다. 그래서 나는 마음껏 소리칠 수 있는 감리교로 옮겼습니다."288)

1882년 프랭클린 마셜 대학을 졸업하고 뉴저지 매디슨의 드류 신학대학(Drew Theological Seminary)에 입학하였다. 그는 이곳에서 자신의 사명을 찾았다. 두 대학을 통해 다양한 분야의 학문을 익히고 훌륭한 스승들을 만나 선교사로서 학문, 인격, 영성을 겸비한 실력자로서의 자질을 연마하며 조선 선교를 위한 탁월한 바탕을 준비하였다.289) 1884년(고종 21년) 겨울 엘라 닷지(Ella Dodge)와 결혼을 하고, 미국 감리교 선교회에서 조선 선교사로 임명받았다. 1885년 2월 샌프란시스코의 파울러 감독의 집례로 목사 안수를 받은 후, 다음날 스크랜턴 박사 가족과 함께 일본행 배를 탔다.290)

1885년 2월 27일 요꼬하마에 도착하여 맥클레이 박사를 만났다. 조선의 상황을 듣고, 스크랜턴 가족은 일본에 남아 조선어를 배우기로 하였다. 아펜젤러의 가족은 1885년 3월 23일 요꼬하마를 출발하여 고베를 거쳐 28일에 나가사키에 도착하여 배를 갈아탔다. 그 배에서 언더우드와 합류하였으며, 3월 31일 출항하여 4월 2일 아침에 부산항에 도착하였다. 다음날

287) 김낙환, 『아펜젤라행전: 1885~1902』, 141.
288) 이만열 역, 『아펜젤러』, 63-64.
289) 손석원, 『한국교회와 선교사 대전1』, 197-198.
290) Henry G. Appenzeller, *The Korea Mission of the Methodist Episcopal Church*(New York: Open Door Emergency Commission, 2nd ed. n.d.), 18. C. D. Stokes, 앞의 책, 63. 그 배에는 스크랜턴 부부와 어린 딸, 스크랜턴 대부인 등 모두 6명이 타고 왔다.

아침 부산항을 출발하여 4월 5일 부활절 아침에 제물포항에 도착하였다.[291] 갑신정변 직후라 국내사정이 불안하다며, 미국 대리공사 폴크(G. C. Foulk)[292]는 독신인 언더우드의 입국만을 허용하였다.[293]

아펜젤러의 부인 엘라 닷지의 회고내용[294]에 당시의 상황이 드러나 있다. 아펜젤러는 도착 직후 쓴 글에서 다음과 같이 기도했다.

> "우리는 부활절 날 여기 왔습니다. 그날 사망의 빗장을 산산조각 내신 주님께서 이 백성을 묶고 있는 끈을 끊으시고 그들을 인도하여 하나님 자녀의 빛과 자유에로 인도해 주옵소서."[295]

아펜젤러의 간절한 기도는 그 후 한국 땅에서 이루어졌다.[296] 그들은

---

291) 김낙환, 앞의 책, 132-133.

292) 당시에 미국전권공사 푸트가 사임하여 대리공사 폴크가 임무를 맡고 있었다. 맥글렌시 함장은 당시의 자국민 보호 임무를 띠고 제물포항에 정박하고 있던 미군함 오시피호(Ossipee)의 선장이었으므로 대리공사보다 직급이 높아 맥글렌시 함장의 의사가 중요했다. 이덕주, 『서울연회사 I : 1884~1945』, 48.

293) 손석원, 앞의 책, 198.

294) "우리는 경황이 없는 중에 상판에서 해안가로 발을 내디뎠습니다. 그 순간 수많은 조선의 잡역부들이 우리를 둘러싸고, 우리 짐을 빼앗듯이 가로채서, 우리는 그들을 따라 낡은 대불호텔로 끌려갔습니다. 우리 옆방에는 언더우드씨, 스커더, 테일러씨가 묵었습니다. 소나무 판자로 만든 침대는 덮개 외에 헝겊 두 장이 깔려 있었고, 베개도 시트도 없었습니다. 세면대는 홀 안에 하나, 이곳의 모든 투숙객이 함께 사용해야 했습니다. 한 주일 동안 있으면서 나온 음식을 먹어보려 애썼으나 도저히 음식이라고 할 수 없는 것이어서 먹을 수 없었습니다. 나는 내가 짐이 되고 있음을 즉각 깨달았습니다. 나만 없었다면 아펜젤러는 서울로 들어갔을 것입니다. 맥글렌시 함장은 다른 여인이었어도 수도에 입성을 막았을 것입니다. 지금 생각해도 아주 단호한 결정이었으며, 자기 부하들의 생명을 희생시켜서라도 가련한 내 목숨을 구하려는 열정을 지닌 인물이었습니다. 맥글렌시 함장이 모든 결정을 내렸고 우리는 두 달 동안 이 나라를 떠나있어야 했습니다." E. D. Appenzeller, *First Arrivals in Korea: Mrs. Appenzeller*, 189. 이덕주, 『서울연회사 I : 1884~1945』, 49에서 재인용.

295) Methodist Episcopal Church, Missionary Society, *Annual Report*(1885), 237. C. D. Stokes, 앞의 책, 63; 백낙준, 앞의 책, 119..

296) 1885년 부활주일에 제물포항에 입국했으며, 1886년 부활주일에는 조선에 와 있던 스크랜턴 박사의 딸, 아펜젤러선교사의 어린 딸, 일본공사관의 영어 통역관이 조선 땅에서 최초 세례의식의 거행으로 세례를 받았다. 1887년 7월 11일에는 조선인 최초로 혼자 성경을 읽고 감동을 받

일본으로 돌아가 2개월여 후에 다시 제물포로 들어왔으나 여전히 서울로의 입경(入京)은 어려웠다. 그리하여 제물포의 강화지역에 월세 초가집을 구하여 7월 29일 서울로 들어가기까지 지냈다.[297] 그런데 그 곳에서 중요한 두 가지 역사가 시작된다. 그들이 지냈던 곳에서 1890년 인천 내리교회가 조선 최초의 자비량 예배당으로 여섯 칸 교회를 헌당하여 인천 강화지역 선교의 전초기지 역할을 담당하였다. 또 아펜젤러 부인의 오르간이 배로 이곳에 도착하여 아펜젤러가 조선 최초의 찬송가 오르간 연주[298]를 하였다.

아펜젤러가 7월 19일 서울에 입성함으로 조선에서 감리교 한국선교회가 시작된다. 1885년 7월 29일 스크랜턴이 구입한 집의 두 칸 벽을 헐어 교실을 만들고 8월 3일 제중원 의학도 이겸라, 고영필의 요청으로 두 학생과 첫 영어 수업을 시작하였다.[299] 1886년 6월 8일 6명의 입학인원으로 배재학당의 첫 학기를 시작했으나, 여러 사정으로 3명은 떠났다. 다음 가을 학기는 1명으로 시작하였시만 그 학년이 마치기 전에 63명으로 늘어 있었고 평균 출석률은 40명이었다.[300] 이러한 발전에 대하여 고종은 "유능한 인재를 양육하는 집"라는 뜻의 '배재학당(培材學堂)'이란 이름을 하사했다.[301] '배재학당'의 교명을 하사받자 이를 자신의 사업에 대한 조선

은 노도사가 자원하여 언더우드 목사에게 세례를 받은 것이다. 물론 선교사들이 함께 예식을 진행했다. 백낙준, 앞의 책, 142-146. 1886년 7월 29일자 서울에서 보낸 언더우드의 편지, "The Foreign Missionary, Vol. 45. No. 5 (October, 1886), 223-224. 백낙준, 위의 책, 144-145에서 재인용.

297) 김흥규, 『제물포웨슬리예배당 복원과 아펜젤러비전센터와 목자관 신축의 역사적 의의와 그 전망』(인천: 기독교대한감리교 내리교회, 2012), 7.
298) 엘라 닷지에 의하면 이때 연주한 곡은 "만복의 근원 하나님"이었다. 위의 책.
299) 이덕주, 앞의 책, 66.
300) H. G. Appenzeller, "Methodist Episcopal Mission in Korea," *Gospel in All Lands*(Sept. 1886), 409. C. D. Stokes, 앞의 책, 70..

정부의 공식적인 승인으로 간주하고 조선인들을 위한 복음전도 활동에 힘을 기울였다.

그의 제자였던 박중상(1887년 7월 24일)과 한용경(1887년 10월 2일)에게 세례를 베풀었는데, 박중상에게 베푼 세례는 한국인으로서 '최초의 감리교 신자'에게 세례를 베풀었던 것이다.302) 1887년 10월 9일에는 감리교 최초의 조선인 예배당 '벧엘(Bethel, 정동제일교회 전신)'를 세우고, 공식적인 대중 예배를 드렸다.303) 아펜젤러는 배재학당의 가난한 학생들이 스스로 학비를 벌 수 있도록 1888년 '삼문출판사'를 교내에 만들어 학생들의 일자리를 만들어 주었다. 삼문출판사는 최초의 한글교과서인 헐버트의 『ᄉᆞ민필지』를 비롯하여, 최초의 순 한글신문 『독립신문』과 『성경』, 『찬송가』, '주보' 등 수많은 기독교 문서와 일반 문서들을 출판하여304) 백성들의 의식 개화와 신앙 성숙에 일조하였다.

언더우드와 아펜젤러가 입국했을 때 다행히 로스와 매킨타이어, 이수정이 번역한 쪽 성경과 교리문서, 소책자들이 있었다. 그러나 번역이 미흡한 부분들이 있어서 새로운 번역이 필요하였다.305) 1887년 조선성경번역부가 생기자 H. G. 언더우드, J. S. 게일 등과 함께 성경을 조선어로 번역하는 일에 참여하였다. 『마태복음』, 『마가복음』, 『고린도전·후서』의 번역을 했다.306) 그는 1895년 월간잡지 『한국휘보The Korean Repository』를 복간

---

301) Methodist Episcopal Church, Missionary Society, *Annual Report*(1887), 313. 위의 책. 1887년 2월 21일이었다.
302) 이덕주, 『한국교회 이야기』, 68. 박중상은 일본 유학 중 기독교를 접하였고, 그 후 배재학당에 입학하여 기독교인이 되기로 결심을 굳혔다. 한용경은 당시에 전도가 금지되어 있어 아펜젤러가 의도적으로 바닥에 떨어뜨린 성경을 주워 읽은 후 감동을 받아 자원하여 세례를 받게 된 것이다.
303) C. D. Stokes, 앞의 책, 77.
304) 위의 책, 81-82, 111-113, 154-156.
305) 위의 책, 81.
306) 위의 책, 241-242.

하여 편집을 맡아보았으며, 『독립신문』 편집 및 발간, '협성회'의 조직과 '만민공동회' 운동에 관여하여 배재학생들의 독립운동을 돕는 등 배재학생들을 기독교 정신에 입각한 애국자들로 교육하였다.

아펜젤러는 1886년 '배재학당'을 세우고 당훈(堂訓)을 '욕위대자 당위인역(慾爲大者 當爲人役)'으로 지었다.307) 이는 "크고자 하는 자는 마땅히 섬겨야 한다"는 성경말씀(마 20:26-28)을 의미하는 글이다. 큰 자란 지성이 높고 의지가 강하며 실천력이 있는 사람으로서 가정과 사회와 국가가 필요로 하는 사람이며, 인역(人役)은 남에게 쓰임 받으려는 정신, 즉 섬김의 정신으로 무장된 사람이다.308) 이러한 숭고한 정신으로 세워진 최초의 근대식 학교임에도 불구하고 20세기 후반에야 한국의 공교육기관에서 도입하였던 지력, 체력, 심성을 연마할 수 있는 시설들을 100년 전부터 갖추고 전인교육에 힘썼다. 특히 영적인 교육까지 겸한 완벽한 전인교육의 산실인 배재학당에서 많은 애국지사들이 나온 것은 당연한 결과였다.

아펜젤러의 교육 활동은 조선의 청년들에게 기독교와 함께 민주주의 정치와 근대식 문화 그리고 자유주의 사상을 자연스럽게 가르치게 되었다. 배재학당은 1895년 폐교된 육영공원 학생들을 병합하며309) 학생 수가 많이 불어났다. 갑신정변의 실패로 미국으로 망명한 서재필과 중국으로 피신해 중서서원에서 교육을 받고 다시 미국으로 가서 유학을 하고 온 윤치호가 배재학당 교사로 합류하여 학당의 교육은 더욱 민족주의적 성격을 띠게 되었다.310)

---

307) 윤성렬, 『도포입고 ABC, 갓쓰고 맨손체조』(서울: 학민사, 2004), 22; 김낙환, 앞의 책, 189.
308) 김낙환, 위의 책, 187.
309) 위의 책, 219.
310) 위의 책.

배재학당 학생들이 중심이 된 '협성회'가 1896년 11월 30일에 조직 되었다.311) 협성회는 매주 토요일 다양한 국가적, 사회적인 문제를 주제312)로 토론회를 개최하여 많은 청년학생들에게 토론을 통한 민주주의 교육을 경험하게 하였고, 국민 계몽과 애국심을 고취하는 계기가 되었다. 그리고 협성회가 발전하여 1896년 7월 '독립협회'가 조직이 되었다.313)

독립협회 운동은 조선 최초의 근대적이며 민주주의적 민중 정치운동이 자 자주적 민족 독립운동이라고 할 수 있다. 서재필은 미국식 민주주의와 시민정신을 경험하고 귀국하여 윤치호, 이상재, 이승만 등과 독립협회 운동을 시작하였다.314) 뒤이어 최병헌, 양흥묵, 전덕기 등 기독교 지도자들과 배재학당 교수들, 배재 · 이화학당 학생들이 대거 독립협회에 참여하였다. 이들은 특히 국가의 자주독립과 내정개혁을 통한 부국강병을 강조하였으므로 당시의 수구 보수 세력들이 보부상들과 합세하여 기독교와 배재 · 이화학당에 협박장을 보내기도 하였다.315)

독립협회는 1896년 8월 15일 최초의 순 한글신문인 『독립신문』을 발간

---

311) 협성회(協成會) 회보(會報), 제 1호, 1898. 01. 01, 논설.
312) 토론 주제 예시: 제1회, 국문과 한문을 섞어 씀이 가함. 제3회, 아내와 자매와 딸들을 각종의 학문으로 교육함이 가함. 제4회, 학원들은 매일 운동함이 가함. 제7회, 우리나라 종교를 예수교로 함이 가함. 제8회, 노비를 속량함이 가함. 제11회, 회원들은 20세 안으로 혼인을 하지 않음이 가함. 제12회, 우리나라에서 쓰는 자와 말과 저울을 똑같이 함이 가함. 제13회, 국민이 이십 세 된 자는 일제히 병정으로 택함이 가함. 제14회, 서울과 인천 사이에 철도 놓는데 학도를 보내어 장정과 놓는 규칙을 배움이 가함. 제16회, 목욕간을 집집마다 두어 몸을 청결히 함이 가함. 제17회, 사농공상 학교를 세워 인민을 교육함이 가함. 제19회, 병인들은 외국의 약으로 치료함이 가함. 제22회, 각항의 문자를 왼편에서 시작하여 씀이 가함. 제24회, 우리나라에서 상하의원을 설립함이 급선무로 결정함.〔1~18회까지 토론 제목은 협성회보 제1호(1898년 1월 1일자)에, 19~33회까지 토론 제목은 협성회보 2호(1898년 1월 8일자)에 수록되어 있다)〕. 김낙환, 앞의 책, 226-227에 서 재인용.
313) 위의 책, 220.
314) 위의 책.
315) 위의 책, 237.

하였다.316) 이어서 독립협회는 1898년 3월 10일 종로에서 약 1만 명의 서울시민이 참여하는 '만민공동회'를 개최하였다.317) 이 운동은 러시아와 일본의 조선 침략시도와 이권침탈을 사전 분쇄하고 자주자강을 위한 내정개혁을 이끌어내는 성과를 거둔 민중운동이었다. 그러나 보수 집권세력이 외세와 결탁하여 독립협회 간부들을 체포하고 1898년 12월 25일 독립협회를 강제로 해산하였다. 그 결과 내정개혁을 통한 완전 자주독립과 부국강병의 기회를 상실하게 되었지만,318) 이 운동은 일제 강점기의 활발한 독립운동과 민주주의 국가 건설을 가능케 해준 시민교육의 일환으로 평가할 수 있다.

아펜젤러의 조선을 위한 충성된 선교로 인하여 배재학당을 통해 이승만, 서재필, 윤치호, 오긍선, 주시경, 신봉조, 나도향, 김소월, 신흥우, 김진호, 지청천 등319)의 걸출한 민족의 선구자들이 배출되었다.320) 아쉽게도 아펜젤러는 1902년(광무 6년) 목포(木浦)에서 열리는 성경번역지회의에 참석차 배를 타고 가다가 군산 앞바다에서 충돌사고가 나서, 44세의 나이에 순교하여321) 서울 마포구 양화진 외인묘지에 묻혔다.

---

316) 위의 책, 238.
317) 위의 책, 241.
318) 위의 책.
319) http://paichai1885.com/? MID=cHTML&IDX=33546&TOP=MQ==, 배재고등학교 홈페이지, 2018. 12. 31.
320) 김낙환, 앞의 책, 165, 219-225.
321) 손석원, 『한국교회와 선교사 대전1』, 199-200.

(4) 윌리엄 스크랜턴(William B. Scranton, 1856~1922)과
메리 스크랜턴(Mary F. Scranton, 1832~1909)

윌리엄 스크랜턴

윌리엄 스크랜턴(시란돈, 施蘭敦)은 미국의 코네티컷 주의 뉴 헤이븐(New Haven)에서 1856년 5월 29일 아버지(William T. Scranton)와 어머니 메리 스크랜턴의 아들로 태어났다. 제조업자로 바쁜 아버지보다 저명한 감리교 목사의 딸이었던 어머니 메리 스크랜턴에게서 신앙적·사상적 영향을 받으며[322] 자랐다. 그는 1878년에 예일대학교(Yale University)를 졸업했고, 의사가 되기 위해 지금의 컬럼비아대학(Columbia University)의 전신인 뉴욕 외과 의과대학(The New York College of Physicians and Surgeons)에 진학하여 1882년에 졸업했다.[323] 스크랜턴은 뉴욕시에서 외과의사를 하다가 오하이오 클리브랜드에 병원을 개업하였다. 그는 학구적이고 정의감이 강한 신사였으며, 능력 있는 지도자요 행정가로서 빈틈이 없었다. 그는 복음전도와 감리교의 교리와 장정에 강한 신념을 가진 사람이었다.[324]

그의 어머니 메리 스크랜턴은 감리교 목사의 딸이자, 누이이고 어머니였다. 그녀는 해외여성선교회의 중요한 사역자이며, 뉴 헤이븐 원조단체의 창립회원이었다. 뛰어난 직무 수행능력과 견고한 목표의식, 진지하고 흔들

---

322) 김낙환, 앞의 책, 107.
323) 위의 책.
324) Charles D. Stokes, 『미국감리교회의 한국선교역사』, 59.

림 없는 신앙심은 조선인들의 마음을 사로잡았
다.325) 아들의 병원 보조자이기도 했던 그녀는
나이 40세에 남편을 잃고 선교사가 되기를 기
도했었는데, 그녀가 53세, 아들이 29세 때 아
들이 먼저 조선의 선교사로 지원했다.326) 그의
어머니도 함께 떠나기로 하여 모자(母子) 선교
사가 조선으로 오게 된 것이다.327) 그들 모자
는 조선 사람들에게 의료봉사 외에 영어와 성
경을 가르쳤는데, 이것이 훗날 주일학교 및 이

메리 스크랜턴

화학당(梨花學堂)으로 이어지는 역사를 낳았다. 윌리엄 스크랜턴 선교사
가 한국선교에 발자취를 남긴 '상동교회'를 세운 반면, 그의 어머니인 매
리 스크랜턴 여사는 이화여대의 전신인 '이화학당'을 세워 한국의 교육·의
료·선교를 위해 힘을 쏟는 헌신을 했다.

1884년 여름, 일본에 있던 감리교 선교사 맥클레이(R. Maclay)를 통해
조선 정부가 병원과 학교 설립을 허락했다는 소식이 미국에 알려지자, 미
국 감리교회에서는 조선 선교를 적극적으로 검토하게 되었고 선교사 물색
에 나섰다.328) 이에 클리블랜드에서 병원을 개업 중이던 스크랜턴과 아펜
젤러가 결정이 되었다. 한편 선교회를 적극 지원하던 해외여성선교회에서
여성 선교사도 선정해달라는 요구에 따라 메리 스크랜턴이 임명받게 되었
다.329)

---

325) 위의 책. 61.
326) Methodist Episcopal Church, Missionary Society, *Annual Report*(1884), 28. 위의 책, 59.
327) 위의 책, 61; 김낙환. 앞의 책, 107.
328) ME *Report*, 1884, 205. Charles D. Stokes, 위의 책, 59.
329) 위의 책.

월리엄 스크랜턴은 홀로 1885년 5월 3일 제물포를 통하여 서울에 왔고, 일손이 절실히 필요했던 알렌의 제중원에서 함께 일했다. 한 달 후인 6월 20일에는 일본에서 대기하던 그의 가족들과 아펜젤러 부부가 입국하였다. 6월에 장로교 의사 선교사인 헤론이 제중원으로 왔으므로 스크랜턴은 독자적으로 병원을 차리기 원하여 자기 집에서 환자를 돌보았다. 특히 당시에 조선 사람들은 길에 죽어가는 중환자를 버리는 일이 종종 있어,[330] 스크랜턴이 이러한 환자들을 극진히 돌봐주었다.

그는 첫해 1년 동안 5백 명이 넘는 환자를 돌보았다. 알렌의 적극적인 도움으로 1886년 6월 15일 대기실, 접수실, 조제실, 수술실, 입원 병동 5개가 딸린, 정부병원보다 좋은 병원을 설립하였다. 9월 10일 개원을 하였으며, 1887년 고종황제에게서 '시병원(施病院, 만민을 구하는 병원)'이라는 하사명(下射名)을 받았다.[331] 아들이 병원에서 환자들을 돌보면 스크랜턴 여사는 환자들이 데리고 온 자녀들을 돌보았다. 나중에는 여성 환자들을 진료하였다.

스크랜턴은 1888년에는 버려지는 사람들을 위해 도성 밖에도 병원을 세웠다. 내외법(內外法)이 강조되던 당시의 조선 여성들은 남자의사에게 몸을 보이지 않아 진료가 불가능하였기에 스크랜턴은 미국 선교본부에 여성 의사를 지원해주도록 강력히 요청하였다.[332] 1887년 가을 여의사 메타 하워드(Meta Howard)가 부임하여 시병원에서 여자환자들을 치료하다가, 근처의 한옥을 개조하여 최초의 '여성전용병원'을 개원하여 환자를 치료하였다. 하워드는 처음 두 해 동안 여성 환자를 8,000명이나 치료하였으나,

---

330) ME *Report*, 1887, 341.; 위의 책, 67.
331) Appenzeller, "The Korea Mission," *Gospel in All Lands*(March 1888), 143. 위의 책.
332) 이덕주, 『한국교회 이야기』, 73.

과로로 건강을 해쳐, 1889년 미국으로 귀국한 후 돌아오지 못하였다.333)

1890년 10월 로제타 셔우드(Rosetta Sherwood)가 입국하여 이 병원에서 10개월간 2,359회를 진료하였다.334) 셔우드는 한국인 여성의사가 필요함을 느껴 이화학당 학생 몇 명에게 간호학을 가르치기 시작하였고, 그중에 셔우드의 통역자였던 김점동(에스더)을 미국에 유학시켰다. 그녀는 1900년 한국인 최초의 '의사'가 되어 돌아왔다.335) 1890년대 후반 정부에서는 여성전용병원을 위해 '보구여관(保救女館, 모든 여성을 구원하는 병원)'이란 이름을 내렸다.336) 환자들은 약값 외에는 무료진료였으나 가난한 사람들은 모두 무료였던 당시, 그에 대하여 셔우드는 "한국인들은 은혜를 입었으면 고마운 마음을 표하려고 뭔가를 선물하려 하는데, 그래서 받은 선물이 과일과 한국 음식 말고도, 달걀만 1,000개가 넘습니다."라고 1891년에 선교보고를 하였다.337)

한편 조선 선교의 어머니 스크랜턴 대부인은 1886년 6월 가난한 어머니가 병이 들어 버려진 소녀와 가난으로 양육이 어려웠던 소녀, 이 둘을 데리고 가르치기 시작하여 11월에 4명, 1887년 1월에 7명의 학생으로 늘었다. 그러나 병원과 학교를 겸한 과중한 업무에 스크랜턴 대부인은 과로로 몹시 앓았다. 그해 가을 미스 로드 와일러와 메타 하워드 박사가 합류하여 함께 학교를 시작했고, 고종황제로부터 '이화학당(梨花學堂, 배꽃)'이라는 이름을 하사 받았다.338)

---

333) 위의 책, 73-74.
334) 위의 책.
335) Charles D. Stokes, 앞의 책, 92; 위의 책, 74-75.
336) 이덕주, 위의 책, 75.
337) 위의 책.

이화학당은 초기부터 모든 학생들에게 기숙사에서 무료로 숙식과 의복과 학습도구 일체를 제공하며 교육을 하였다.339) 조선에서는 여성들을 교육시키지 않는 관습이 있어 배재학당보다 발전이 늦었지만 이화학당에서는 영어와 한문, 언문, 읽기, 쓰기, 작문, 수학, 지리, 생리학, 요리, 옷 짓기, 집안 청소 등을 가르쳤다.340) 특히 여성교육에서 가장 역점을 둔 것은 스스로 판단하고 생각하는 사고력이었다.341) 조선의 여학생들은 이런 훈련이 전혀 안되어 있어서 사고력 훈련이 가장 힘든 교육이었다. 이화학당은 학생들의 능력을 고려하여 나중에는 한문과목은 제외했고, 영어는 우수학생에게만 가르쳤으며 성경을 모든 학생에게 중점적으로 가르쳤다.342) 공식적으로 한글, 한문, 영어를 읽고 쓸 수 있도록 가르쳤고, 비공식적으로 예의범절과 청결한 습관, 단정함 등 실제적인 것들을 가르쳤다.343) 그리하여 많은 여성들이 진지한 그리스도인이 되었고, 가정교육을 잘 담당하는 지어미들이 되도록 지도하였다.

이화학당에 최초의 '주일학교'가 시작된 것은 1888년 1월이었다. 조선인 남자 성도가 강력히 요청한 후에 시작된 것이다. 이 주일학교는 그해 가을 35명으로 부흥하였고 그중 3명이 세례를 받았다. 당시에 외국인의 전도가 금지되었으므로 조선인 남자 권서인이 휘장 뒤에서 성경공부를 가르치는 형태였다.344) 주일학교 학생들은 병원의 보조원과 전도부인으로

---

338) M. B. Scranton, in the *Gospel in All Lands*(Nov. 1887), 525. Charles D. Stokes, 앞의 책, 73.
339) 위의 책.
340) L. C. Rothweiler, "What Shall WE Teach in Our Girl's School?," *Korean Repository*, I (1892), 90. 위의 책, 99.
341) 위의 책, 93, 99.
342) Methodist Mission, Minutes of *the Annual Meeting*(1893), 99, 79. 위의 책, 99.
343) 위의 책, 74.
344) Methodist Episcopal Church, Woman's Foreign Missionary Society, *Annual Report*(1888),

활동하며 선교에 큰 힘이 되어주었다. 메리 스크랜턴은 7명의 '전도부인'을 조직하였는데, 그중 3명은 의술훈련을 받았기 때문에 병원 보조원 역할도 하면서 전국 곳곳을 다니면서 여성들에게 복음을 전하며 복음전도에 힘썼다.345)

윌리엄 스크랜턴은 1892년 선교부의 감리사로 임명된 후에는 병원 일보다 복음전도에 더 많은 시간을 보내기도 하였다.346) 1895년 조선에 콜레라가 만연할 때 장로교 의사 에비슨(Oliver R. Avison)을 중심으로 대책반을 결성하고 콜레라 환자들의 발견과 치료를 위한 검역체계를 세우고, 정부의 지원을 받아 치료와 방역활동을 하였다.347) 의료 선교사들은 몸을 아끼지 않는 그리스도의 사랑을 조선인들에게 보여준 것이다.

두 병원에서는 기도실을 마련하여 매일 아침 8시 전 직원이 모여 예배를 드렸으며, 기도실 예배에는 가난하여 선교사에게 계란도 줄 수 없는 사람들이 종종 기독교인으로 개종하여 함께 예배에 참여하였다.348) 스크랜턴 모자는 한국의 복음전도를 위해 의료와 교육을 병행함으로써, 조선 사람들에게 가장 필요했던 삶의 빛을 전하여 주었으며, 통전적인 선교를 실천하였던 백의의 천사들이었다.

47. 위의 책, 80-81.
345) Methodist Episcopal Church, Korea Mission, Minutes of *the Annual Meeting*(1895), 24. 위의 책, 102.
346) Methodist Episcopal Church, Missionary Society, *Annual Report*(1892), 282. 위의 책, 95.
347) O. R. Avision, "Cholera in Seoul," Korean *Repository,* Ⅱ(Sept. 1895), 339-344. 위의 책, 95-96.
348) 이덕주, 『한국교회 이야기』, 76.

Ⅲ. H. B. Hulbert의 통전적 선교 활동

1. H. B. 헐버트의 사역 이해를 위한 통전적 선교

1) 복음주의 관점에서 본 통전적 선교

복음주의의 기원은 1517년 종교개혁을 시작했던 마틴 루터(Martin Luther)와 그의 추종자들로부터 시작된다. 이 개혁자들의 신앙 원리는 '성경의 절대 권위'[349]를 인정하고 '칭의론'[350]을 기독교의 근본원리로 받아들이는 것이다. 이들 개혁자들의 신앙 원리를 따르는 복음주의는 17세기 독일 경건주의자들과 영국의 청교도들, 18세기 영국의 존 웨슬리(John Wesley)의 부흥운동, 1734-1735년의 미국의 '1차대각성운동(the Great Awakening)'을 주도한 조나단 에드워즈(Jonathan Edwards)에 의해 계승 발전되어 갔다.[351]

---

[349] '성경의 절대 권위'란 성경은 진실하시고 영원하시며 유일무이한 창조주 하나님은 지적인 말씀과 능력의 행위 그리고 독생자 예수 그리스도를 통하여 말씀하심으로써 자신의 뜻을 나타내셨다. 이러한 특별 계시는 성서 안에 기록되어 있으며, 성서의 내용은 하나님으로부터 영감을 받은 성서기자들에 의해 기록된 것이다. 그러므로 성경은 하나님 말씀으로서 무오하며 절대 권위를 갖는다.(딤후 3:16) 아더 글라서·도날드 맥가브란, 『현대선교신학』, 190.

[350] '칭의론'은 예수 그리스도는 영원하신 하나님의 아들이시며 하나님과 인간 사이의 유일한 중재자이시다. 우리의 죄 때문에 십자가에서 죽으심으로 신적인 사랑을 계시하셨고, 시적인 정의를 높이셨으며 우리 죄를 벗기시고 하나님과 화목하게 하셨다.(요 3:16) 위의 책, 192.

[351] 김승호, 『복음주의선교신학에 대한 이해』(서울: 예영B&P, 2008), 76.

그 후 19세기에는 미국의 주류교회 안에 자유주의 신학과 세속화 신학으로 점철되는 에큐메니칼 운동이 활발하게 일어났으며, 이에 대항하여 일어난 근본주의, 보수주의와 정통주의를 총칭하여 현대복음주의 운동으로 명명한다. 이동주는 "복음주의는 종교개혁자들로부터 시작하여 경건주의와 영·미 대 각성 운동, 현대의 비복음주의적 운동의 반작용으로 일어난 미국의 근본주의 등 세계 복음주의 운동들 전반에 걸쳐 사용되는 폭넓은 개념이다."352)라고 하였다.

복음주의선교신학은 WCC신학보다 분명하고 쉽게 표현된다.353) 복음주의적 선교활동에 대한 신학적 성찰354)로서 복음주의선교신학에서 추구하는 신학은 전통적인 신학과 일치한다. D. 맥가브란은 "하나님께서는 지적인 형태로 성서 안에 진리를 계시하셨다"355)고 말하고 있다. 그래서 에큐메니칼 선교신학보다 복음주의선교신학을 묘사하는 것이 훨씬 쉽다고 말한다.

도날드 맥가브란356)은 복음주의선교신학의 교리를 일곱 가지로 정리한다. 성서의 절대적 영감 및 권위성, 영혼과 영생에 관한 교리, 인류의 타

---

352) 이동주, 『현대선교신학』(서울: 기독교문서선교회, 2003), 242.
353) 조귀삼, 『복음주의 선교신학』(안양: 세계로미디어, 2013), 55.
354) 이후천, "복음주의 선교신학," 『선교학개론』 개정증보판(서울: 대한기독교서회, 2013), 311.
355) 아더 글라서·도날드 맥가브란, 『현대선교신학』, 187.
356) 도날드 앤더슨 맥가브란(Donald Anderson McGavran)은 모든 복음주의자들과 비복음주의자들 중에서 매우 큰 영향력을 가진 미국 선교학자이다. 미국선교사의 자녀로 인도에서 태어나 31년간 인도선교를 위해 일했으며 주로 교육 분야 선교를 하였다. 미국으로 돌아온 후 성공적인 선교의 방법과 전략을 연구하여 『하나님의 교량(Bridges of God)』(1995)을 저술하고 풀러신학교에 선교대학원(Graduate School of World Mission)과 교회성장연구소(Institute of Church Growth)를 세웠다. 『교회성장의 이해(Understanding Church Growth)』, 『교회 성장회보(Church Growth Bulletin)』 등의 간행을 통해 전 세계 교회성장의 가속화와 감속화의 연구를 통하여 교회성장학 발전에 이바지하였다. 요한네스 베르카일, 『현대선교신학개론』 최정만 역(서울: 기독교문서선교회, 1991), 110.

락과 영원한 구원의 교리, 유일한 중재자이신 그리스도론, 그리스도의 몸인 교회론과 교회의 사명, 복음화와 종말시기, 성령론이 포함된다.[357]

현대 복음주의선교신학의 역사는 19세기 선교운동의 확산과 더불어 발전하고 있다. 17세기 말에 일어났던 독일의 경건주의 운동과 18세기 중엽에 시작된 영미의 대각성 운동은 19세기에도 독일, 영국, 미국 등지에서 이어졌으며, 특히 미국에서 해외선교운동이 시작되는 불쏘시개가 되었다.

19세기에는 '미국해외선교위원회(the American Board of Commissioners for Foreign Missions)'[358]가 발족되었다. 이것이 미국 교회의 해외선교의 시작이 되었다. 이 선교회는 현재까지 기독교 세계선교의 거의 70%(선교재정의 80%)를 담당하고 있으며,[359] 1812년에 저드슨(Adoniram Judson)을 포함하여 모두 8명을 인도로 파송하였다. 저드슨이 2년 후 침례교로 이적을 하면서 '미국침례교해외선교회(the American Baptist Foreign Mission Society)'가 발족되었고, 저드슨은 미국침례교선교회 최초의 선교사가 되었다.

또 19세기 후반에 미국에서 발족되어 20세기에 많은 성과를 가져온 세 가지 운동[360]이 있다. '신앙선교운동(Faith Mission Movement)'[361], '성

---

357) 아더 글라서·도날드 맥가브란, 『현대선교신학』, 190-199.
358) 강석형, "프로테스탄트의 선교역사," 『선교학개론』, 개정증보판, 111. 건초그룹(Haystack Group)의 주 멤버였던 새뮤얼 존 밀즈(Samuel J. Mills)와 그의 앤도버 신학교(Andover Seminary) 동창생인 아도니람 저드슨(Adoriram Judson), 새뮤얼 뉴웰(Samuel Newell), 새뮤얼 노트(Samuel Nott, Jr.)의 청원에 의해 1810년 9월 5일에 첫 모임을 가졌다.
359) 위의 책.
360) 위의 책, 113.
361) 이 운동은 지속적인 동적인 성장, 창조적 선교활동(방송, 성경 통신 과정, 영화 등에 의한 전 방위적 선교 활동)이다. 19세기에 발생해서 지금까지 활발히 활동하고 있다. 대표적인 단체로 위클리프 성서번역협회(Wycliffe Bible Translators)와 대학생선교회(Campus Crusade for

서학원운동(Bible Institute Movement)'362), '학생자원운동(Student Volunteer Movement)'363)이다. 성서학원운동(BIM)은 1880년에 나타나기 시작하였다. 1886년에 대학교에서 시작된 학생자원운동(SVM)은 한국의 선교에도 많은 영향을 끼쳤으며, 1891년 제1회 대회(클리블랜드, 오하이오)를 시작으로 마지막 대회인 1936년 인디애나폴리스까지 2만 500명에 달하는 해외 선교사들을 배출하였다. 특수 선교회도 출범하였다. 특수 선교회는 문맹퇴치, 문서배포, 사회봉사, 구호사업 등을 하였다. 19세기의 특수 선교회의 대표적인 기관으로서 현재까지 선교에 많은 기여를 하고 있는 '성서공회'364)가 있다.

복음주의 선교신학을 발전시킨 사역자로는 로버트 모팻(Robert Moffatt; 1795-1883), 데이빗 리빙스톤(David Livingstone; 1813-1873), 알렉산더 더프(1806-1878), 한국에서 사역한 존 네비우스(John Nevus),365) 허드

Christ, 1951)가 있다. 위의 책, 113.

362) 대표적인 성서학원인 무디성서학원(Moody Bible Institute, 1886년)은 졸업생 중 5,400명 이상이 전 세계로 나가 선교 활동을 하였다. 성서학원은 해외 선교지에 파송할 선교사를 꾸준히 양성하였다. 위의 책, 113-114.

363) 학생자원운동은 1886년 여름 매사추세츠 주의 마운트 헤르몬의 무디수양관에서 열린 수련회에서 100여 명의 학생들이 선교에 헌신함으로써 시작되었다. 매일기도, 성서명상, 비기독교인들의 영적 필요성에 대한 의도적 숙고 등을 장려한 엘리트 중심의 운동이었으며, 마침내 세계기독학생연합회(WSCF)에 속하는 다양한 국제 초교파 기독학생운동의 조직체로 발전했다. 학생자원운동의 비전은 로버트 윌더(Robert P. Wilder)가 만든 "이 세대에 세계 복음화(The evangelization of the world in this generation)"라는 표어로 요약되어 에든버러대회가 태동하는 계기가 되었으나 이 구호는 1919년에 사문화되었다. 위의 책, 114; 아더 글라서·도날드맥가브란, 앞의 책, 157-158.

364) 영국과해외성서공회(British and Foreign Bible Society, 1804), 스코틀랜드성서공회(National Bible Society of Scotland, 1809), 미국성서공회(American Bible Society, 1816), 네덜란드성서공회(Netherlands Bible Society, 1814)가 설립됐다.

365) 존 리빙스톤 네비우스(John Livingston Nevius, 1829-1893)는 중국에 온 미국 기독교 선교사로서 40년 동안 사역을 하였으며 언더우드가 있던 한국 새문안교회에 와서 사경회를 통하여 큰 영향을 주었다. 그의 선교정책은 네비우스 선교 방법이라고 하여 널리 알려져 있다.

슨 테일러(Hudson Taylor) 등이 있다.366) 또 미국선교를 성공으로 이끈 선교 지도자들은367) 존 모트(John Mott), 아더 브라운(Arthur Brown), 로버트 스피어(Robert Speer), 로버트 윌더(Robert P. Wilder) 등이다. 이들은 선교와 관련된 수많은 책을 쓰고 선교지를 여행하면서 현장 확인과 연구에 힘썼다.

19세기를 선교역사상 "위대한 세기"368)라고 한다. 왜냐하면 선교를 통한 지리적 확장, 내적 활력 즉 선교자원의 풍부, 인류 전체에 끼친 기독교의 영향이 기독교 역사 중 어느 때보다 가장 위대한 시기였기 때문이다.369) 아프리카와 아시아 그리고 라틴 아메리카와 같은 낙후지역에서는 기독교가 자유와 해방의 종교가 되기를 기대했고, 선교사들의 활동은 실제로 당시의 미개한 사회적 악습이나 열악한 환경들과 싸웠다. 그 결과 신분제도가 타파됐고, 여성과 신분이 낮고 가난한 아이들이 교육을 받게 되었으며, 인권이 개선되었다. 전염병과 아편중독 등을 퇴치했고, 학교와 고아원, 병원과 나환자촌 등을 세웠다. 무엇보다 그들의 영혼을 죽음으로부터 구원하기 위해 그리스도의 복음을 전하였다.

그리하여 전 세계에 수많은 교회가 세워졌고 기독교가 세계에서 가장 보편적인 종교가 되게 하였다.370) 이것은 바로 19세기의 선교사들이 토착화 내지는 상황화 선교를 중시한 결과였으나 오늘날의 관점에서는 예수

---

366) 요하네스 베르카일, 『현대선교신학개론』, 51.
367) 강석형, 앞의 책, 114.
368) Kenneth Scott Latourette, 『기독교사』 하, 윤두혁 역(서울: 생명의말씀사, 1979), 141. 라투레트는 19세기의 시작을 나폴레옹 군대의 패전과 유배가 이루어진 1815년부터 제 1차 세계대전이 발발했던 1914년까지의 99년을 19세기로 잡는다. 이 시기는 상대적으로 세계의 평화와 번영이 이루어졌던 시기이다.
369) 강석형, "프로테스탄트의 선교역사," 앞의 책, 113.
370) 위의 책.

그리스도의 통전적인 선교를 실천한 결과라고 볼 수 있다.

이러한 운동은 20세기에도 이어지고 있다. 20세기 복음주의 운동은 근본주의(Fundamentalism) 운동이라고도 부르며, 이 운동의 원리는 성경의 권위와 무오성, 그리스도의 신성, 대속적인 죽음, 그리고 그리스도의 임박한 재림과 천년왕국의 건설 등을 재확인하고 재천명하는 것이다.371)

그러나 20세기에는 인본주의와 세속화가 가속화되어 기독교의 신앙도 변질되어 갔다. 기독교가 중심이었던 서구 유럽에서 기독교를 주변으로 전락시켜 버렸다. 세계는 종교적 민족주의가 다시 등장하고 있고 도시화와 기계화 그리고 인류가 이제까지 경험하지 못하였던 사이버화라는 새로운 세상이372) 도래하고 있다. 이러한 시대적인 변화는 기독교의 신앙에도 침투 되었다.

근본주의를 표방하는 복음주의선교신학인 로잔선교신학373)과 맞서서 자유주의를 표방하는 에큐메니칼신학인 WCC선교신학374)이 대립각을 세우며 공존하고 있다. 하나님은 다른 종교에서도 역사하시므로 타종교에 복음을 선포할"권한"이 없으나 대화는 해야 한다375)는 WCC선교신학에 대항하여 복음주의선교신학은 사회적 책무를 통한 세계복음화의 사명을 완수할 수 있다는 복음주의선교신학의 방향을 로잔선언을 통하여 밝혔다.

---

371) 김명혁, 『현대교회의 동향』(서울: 성광문화사, 1987), 371.

372) 위의 책, 115-116.

373) 박영환, "로잔운동의 선교신학과 WCC 선교신학의 비교,"『로잔운동과 선교』한국로잔연구교수편(서울: 올리브나무, 2014), 201-223.

374) WCC(World Council of Churches, 세계교회협의회)는 종교다원주의와 혼합주의, 용공론과 게릴라 지원설, 동성애, 타종교와의 대화를 통한 선교 모라토리움(mission moratorium)의 경향을 갖고 있다. 정병준, 『제10차 WCC 부산 총회 반대와 주요 쟁점과 대안』(서울: 대한기독교서회, 2013), 36-46; 아더 글라서는 WCC를 최후 배교와 도래하고 있는 적그리스도로 보았다. 아더 글라서·도날드맥가브란, 『현대선교신학』, 217.

375) 김은수, 『현대선교의 흐름과 주제』(서울: 대한기독교서회, 2010), 196-197.

2) 로잔 언약 속에 나타난 통전적 선교

복음주의에 있어서 통전적 선교 개념은 1974년 스위스 로잔에서 열린 '세계복음화 국제대회'에서 처음으로 수용되었다.376) 물론 그 이전에 에큐메니칼 운동이 복음 전도에 대한 확신을 상실하고 복음 전도를 사회적 행동으로 대치했었던 상황에서 복음전도의 위기를 인식한 아더 글라서와 여러 복음주의자들이 휘튼선언문을 통하여, "우리는 '복음전도의 대 위임 명령(evangelistic mandate)'을 중시한다. 복음은 우리 세대에 모든 종족과 언어와 민족의 사람에게 전파되어야 하며 이것은 교회의 최고의 과제이다."377) 라고 복음전도를 최우선 과제로 제시하였다.

특히 로잔대회의 개막연설에서 존 스토트는 교회의 선교가 하나님의 선교에 근거하기 때문에 예수 그리스도의 성 육신적 모델을 따라야 한다고 주장했다. 선교란 그리스도께서 아버지에 의해 파송을 받은 것과 같이 예수 그리스도에 의해 파송 받은 교회가 세상에서 해야 할 모든 활동을 의미한다고 하였다. 뿐만 아니라 예수 그리스도가 자신을 하나님과 그리고 인간과 동일시 한 것처럼 교회가 이웃과 사회를 향하여 동일시하며 예수 그리스도가 자신을 온전히 내어준 것처럼 교회가 이웃과 사회를 온전히 섬기는 것이 선교다378)라고 하면서 선교에 있어서 사회적 책임을 강조하며 통전적 선교를 수용하였다.

그리하여 로잔대회에서 비로소 그리스도인의 사회참여를 수용하는 로잔

---

376) 송인설, "통전적 선교: 에큐메니칼 운동과 복음주의의 화해," 『한국교회사학회지』 제16집 (2005), 72.
377) 이동주, 『현대선교신학』, 313-319. 부록1, 휘튼 선언문을 참조하라.
378) 세계교회협의회 편, 『통전적 선교를 위한 신학과 실천』 김동선 역(서울: 대한기독교서회, 2007), 259.

선언문을 발표하였다. 로잔 선언문에는 사회적으로 갖는 복음의 성격과 그리스도인으로서의 사회적인 책무를 수용하는 내용이 포함되어 있었다. 특히 제 5항은 그리스도인으로서의 사회적인 책무를 다루면서, 복음 전도와 사회적 책무는 그리스도인으로서의 의무의 양면(both part)이라 선언했다.

> 사람은 하나님의 형상대로 창조되었기에 … 어떤 구별도 없이 모든 사람은 천부적인 존엄성을 지니고 있으므로 … 착취를 당해서는 안 된다. 이 사실을 우리는 등한시 해왔고, 또는 종종 전도와 사회참여가 서로 상반된 것으로 잘못 생각한 것을 뉘우친다. 사람과의 화해가 곧 하나님과의 화해는 아니며, 또 사회참여가 곧 전도일 수 없으며, 정치적 해방이 곧 구원은 아닐지라도, 우리는 복음 전도와 사회 정치적 참여는 우리 그리스도인의 의무의 양면(both part)임을 인정한다.379)

복음주의 선교는 로잔에서 비로소 통전적 선교 개념을 수용하기에 이르렀다. 물론 복음 전도의 우위성을 유지하는 점에서 에큐메니칼 운동과 차이가 있으나, 복음 전도와 사회 참여를 필수불가결한 요소로 인정하여 통전적으로 본 것은 에큐메니칼 운동과 일치했다.

1989년 마닐라에서 제2차 LCWE(로잔Ⅱ)의 '세계복음화대회'가 열렸다. '마닐라 선언(Manila Manifesto)'에서는 제4항에 다음과 같이, 복음의 전도와 사회적 책무가 모두 진정한 복음을 드러내는 것임을 인정하였다.380)

---

379) 이동주, 앞의 책, 340. 부록5, 로잔 언약을 참조하라.
380) 위의 책.

진정한 복음은 사람의 변화된 삶 속에서 드러나야 한다(살전 1: 6-10). 우리가 하나님의 사랑을 선포할 때, 우리는 사랑하는 섬김에 참여해야 한다(요일 3:17). 우리가 하나님 나라를 전할 때, 우리는 하나님 나라의 정의와 평화의 요구에 헌신해야 한다.(롬 14:17)[381]

2010년 제3차 아프리카 남아공에서 있었던 로잔 대회에서는 아직도 복음을 듣지 못하고 있는 수많은 세계의 나라와 민족들이 구원의 복음을 기다리고 있는 상황에서 우리에게 맡겨진 선교의 '대 위임명령'을 성취하는 길이 확장되었다. 특히 복잡하고 미래를 예측할 수 없는 변화무쌍한 21세기를 사는 그리스도인들은 복음 앞에서 야기되는 신학적 혼돈으로부터 성서의 권위를 인정하며, 적응성 있는 통전적 선교 방법을 모색하여야 한다.

현대의 복잡다난한 사회 속에서 기독교인들은 복음을 위하여 세상 깊숙이 파고드는 희생적 침투를 감당해야 한다. 교회의 울타리를 헐고, 불신 사회에 침투하여[382] 그들 속에서 빛을 발하며 썩어진 오염과 상처를 도려내고 치유함으로써 복음의 문을 활짝 열어야 한다. 그것은 예수 그리스도가 세상에서 하신 복음전파의 방법이었으며 이 시대에도 변함없이 실현 가능한 방법이라고 할 수 있다.

변화무쌍한 21세기의 선교를 위하여 지구촌의 온 교회가 복음주의 원리 아래서 연합과 사랑을 실천하며 통전적인 선교를 추구함으로써 세계 복음화에 헌신할 수 있기를 기대한다.

---

381) James A. Scherer, "The Manila Manifesto," in *New Directions in Mission and Evangelization* 1(New York: Orbis Books, 1992), 297. 위의 책.
382) 위의 책, 341. 부록5, 로잔언약을 참조하라.

3) 통전적 선교의 범위와 적용 가능성 모색

(1) 통전적 선교의 적용범위

통전적 선교는 신학적 상황화의 모델383) 중의 하나로서 콘텍스트와 함께 텍스트를 강조하는 선교이다. 1980년대 동부유럽에서 공산주의 정권이 붕괴되면서 종교다원주의의 대안으로 제시되었다.384) 통전적인 모델은 인간사회의 제 구성요소에 충실한 모델이며, 예수님의 성육신 사건에서 시작하여 하나님 나라 사상을 추구하므로 가장 성서적인 모델이라고 할 수 있다.385)

존 스토트(John Robert Walmsley Stott, 1921. 4. 27.~2011. 7. 27)는 통전적 선교에 대하여 세 가지의 원칙을 제시하였다. 첫째, 선교의 주체는 하나님이시다. 하나님은 구원주로서 모든 사람이 구원받기를 원하시고, 창조주로서 전체적인 복지 즉 영적, 육적, 물질적인 부분을 포함한 전인적인 구원을 지향하신다. 둘째, 선교는 예수 그리스도의 성육신적인 모델을 따라야 한다. 예수 그리스도의 낮아지심과 완전한 희생을 통한 섬김을 우리도 동일시하여 실천해야 한다. 셋째, 선교는 예수 그리스도에 의해 파송을 받은 교회가 세상의 복음화를 위하여 모든 활동을 동원해야 한다. 즉 '대

---

383) 신학적 상황화의 모델은 1차 로잔대회에서 태동하여 1989년 2차 마닐라 로잔대회에서 그 성격을 확정지었다. 상황화 모델의 종류는 가장 보편적 모델로서 복음을 초문화적으로 이해하는 번역적 모델, 문화를 수용자 입장에서 이해하는 보다 발전적인 모델인 수용적 모델, 신학적 사상을 삶의 현장에서 실천하는 변증적 모델인 실천적 모델, 그리고 이 세 가지의 단점을 보완하고, 성육신(Incarnation) 사건에 대한 신학적 상황화를 나타내는 성육신 모델인 통전적 모델로 구분한다. 홍성욱, "신학적 상황화," 『선교학개론』 개정증보판, 179-185.
384) 위의 책, 184.
385) 위의 책, 186-187.

130

위임명령'에는 복음적 책임과 사회적 책임이 포함된다.386)고 정리하였다.

존 스토트의 원칙에 비추어보면 통전적 선교의 범위는 인간생활의 모든 범주 즉 정치, 경제, 사회, 문화, 과학, 환경, 종교 등 모든 영역이 포함된다. 예수 그리스도의 사역이 영적, 육적, 혼적인 전인적 사역이었으며 동시에 자연을 명하시고 다스리신 지구적, 우주적인387) 통전적 사역이었듯이 우리는 통전적 선교를 어떤 범위 안에 한정할 수 없다. 선교는 사람들의 삶의 변화뿐만 아니라 상황의 변화와 영적인 구원까지 이루는 총체적인 사회 복지적 생명구원을 목표388)로 하기에, 통전적 선교의 범위는 대단히 넓다.

통전적 선교가 가능한 영역은 복음이 필요한 현장이면 어디든지 가능하다. 깨어진 가족, 아동과 청소년, 빈민과 농민, 장애인과 노인, 여성, 다문화이민자, 다양한 직업군에 속한 일중독자들, 각종 질병이나 우울증 등에 의한 심신 병약자들, 문명과 접촉이 불가능한 오지인, 복음과 접촉을 가로막는 이슬람지역과 북한에 사는 사람들, 이단에 빠진 사람들, 동성애자 등 등 이루 헤아릴 수 없이 많은 영역에서 시행될 수 있다.

또한 복음을 전달하는 방법에 있어서도 직접 찾아가는 것뿐만 아니라, 재정적 후원, 환경의 개선, 위로 공연, 서적의 출판, 음악과 미술 등의 작품 창작, 인터넷 뉴스와 방송, 유투브 동영상 제작, 카드 뉴스, 에니메이션, 카툰, 선교집회, 심령부흥회, 힐링센터 운영, 친교모임, 성지관광, 각종 봉사활동, 무료 진료 및 축사기도, 중보기도, 농사기술 보급과 환경보호 등

---

386) 존 스토트, 『현대기독교선교』 김명혁 역(서울: 성광문화사, 1985), 23-25.
387) 이상훈, "하나님 백성의 선교적 사명과 책무," 『선교신학』 Vol. 36(2014), 177.; 박창현, "신약에서 본 선교," 『선교학개론』 개정증보판, 57.
388) 최무열, "선교와 사회복지," 위의 책, 250.

그리스도인 각자가 받은 은사와 달란트에 따라서 그 영역은 얼마든지 확장될 수 있다. 그러므로 이 시대에는 모든 사람이 세계 어디든지 가서 어떤 방법으로든지 통전적 선교를 통하여 그리스도의 복음을 전파하는 사명을 감당할 수 있는 것이다.

통전전 선교의 범위는 시대가 바뀌어 갈수록 더욱 확장되어 갈 것이다. 눈에 보이는 현상들뿐만 아니라 오감으로 체험할 수 없는 사이버 과학 분야와 예술분야, 심리학 분야, 정신분석학과 영적인 영역까지 확장될 것이다. 전인적, 전지구적, 전우주적인 문제들, 즉 그리스도인이 접하는 모든 상황과 환경, 이 모든 것들은 선교가 감당해야 할 범위 즉 통전적 선교의 범주에 들어가야 할 것이다.

(2) 통전적 선교의 적용 가능성 모색

그리스도인들은 예수 그리스도의 '대위임명령'[389]을 준행하는 자들이다. 그러므로 선교는 선택사항이 아니다. 선교하지 않는다면 교회는 존립할 가치가 없다고 할 수 있다. 그러므로 선교의 궁극적 목표는 교회의 설립이 아니라, 하나님의 뜻이 하늘에서 이루어진 것과 같이 지상에서도 이뤄져 하나님의 나라가 임하고 확장되도록 하나님의 선교에 참여하는 것이다. 급변하고 예측 불가능한 21세기의 상황이 우리의 선교적 사명을 풀어내기에 녹록치 않겠지만 가능한 방법을 모색해 보자.

---

389) 마태 28: 19-20. "그러므로 너희는 가서 모든 민족을 제자로 삼아 아버지와 아들과 성령의 이름으로 세례를 베풀고 내가 너희에게 분부한 모든 것을 가르쳐 지키게 하라" 예수님이 승천하시기 전에 제자들에게 명령하신 것이며, 그들의 복음의 메시지를 듣고 받아들인 신앙공동체에게 제시된 말씀이다. 이후의 모든 그리스도인들에게 적용되는 선교의 명령이다.

대 위임명령에서 알 수 있듯이 선교의 궁극적인 목적은 그리스도의 제자화이다. 그리스도의 '섬김의 종'의 삶을 모형으로 내 이웃을 내 몸 같이 사랑하는 제자가 될 때 통전적 선교의 문은 활짝 열리게 된다. 그런 의미에서 복음의 수용자의 필요를 채워주는 사회복지 프로그램의 적용을 통한 복음전도는 통전적 선교 과정에서 드러나는 저항을 최소화할 수 있을 것이다.390)

통전적 선교의 프로그램의 종류는 무척 다양하겠지만 전인적 차원에서 모든 사람에게 보편적인 기본생활의 필요들을 채워주는 것이 급선무이다. 다시 말해서 19세기 초기 기독교선교사들이 했던 토착화 선교와 비판적 상황화 선교가 포함된다. 교육, 의료, 구제, 생활의 편의성 향상을 위한 개량과 개혁 활동, 각종 기술지원, 식량증산화 사업, 의식 계몽과 위생환경 개선, 일자리 창출, 기본인권을 존중받는 사회·정치 제도의 개선, 개성의 존중과 재능의 발휘, 보안장치 및 안정된 환경 등이 있다.

이에 더하여 21세기에 새로 등장하는 다양한 산업과 직업군들이 있다. 다양한 일터 속에서 공기처럼 스며들어 그들의 영혼을 구하는 일에 관심을 가지고 관계를 통해 선교를 녹아내는 전문인 선교는 더욱 세분화되어야 한다. 21세기는 탈기독교화 현상이 두드러질 것이다. 그러므로 복음에 대한 차단현상을 뚫어내고 공기처럼 복음이 필요한 사람들에게 접근할 수 있는 관계전도와 필수불가결한 상황 속에서 전도자를 만날 수밖에 없는 상황 전도가 더욱 중시되어야 한다. 그러기 위해서 기독교인들은 더욱 지혜로워져야 하고 능력을 갖추어야 하며 신앙을 깊게 체험해야 한다.

복음전도자(기독교인)는 선교적 사명으로 무장하여 각자의 주어진 환경

---

390) 최무열, 위의 책, 254-255.

과 능력 안에서 통전적 선교를 감당해야 한다.

통전적 선교를 성공적으로 감당할 수 있도록 지켜야할 다섯 가지 원리를 다음과 같이 제시한다.

첫째, 변화와 다양성의 현실 앞에서 통전적 선교는 '성경중심주의'391)를 고수해야 한다. 어떤 상황에도 복음주의의 근본원리가 퇴색되거나 변질되어서는 안 될 것이다. 선교현장을 바라보며 동시에 성경을 조명하여 나아갈 방향을 찾는 자세는 통전적 선교의 기본이라고 할 수 있다. 이 세상을 창조하신 분이 하나님이시며, 또한 이 세상을 다스리도록 문화적 명령392)을 내리신 분도 하나님이시다. 하나님은 보내신 자로서 보냄받은 자가 감당할 모든 능력을 구비해주신다.393) 성경 안에는 하나님의 다스림의 법칙394)이 들어있으며, 우리가 갖추어야 할 심성과 자질395)이 또한 제시되어 있다. 하나님의 보내심을 받은 예수 그리스도가 행한 모든 사역과 말과 행동은 우리의 모든 상황에서 모본으로 삼을 수 있다. 그러기에 성경을 통하여 하나님의 원칙과 질서에 정렬하고 순복하며 통전적 선교를 이루어가야 한다.

둘째, 타종교, 타문화, 타자와의 관계에 있어서 예수 그리스도의 모본을 따르는 것이다. 예수 그리스도는 그를 필요로 하는 사람들의 영혼과 육의 고통과 요구를 외면하지 않았고, 인간의 가장 낮은 자리에서 사랑과 섬김

---

391) 복음주의의 근본원리
392) 아서 글라서, 『성경에 나타난 하나님의 선교』, 55-56. 문화적 명령(창1:28) "하나님이 … 땅에 충만하라, 땅을 정복하라, … 모든 생물을 다스리라." 하나님이 문화적 명령에 사용하신 핵심 용어는 "다스리라", "정복하라", "일하라", "지키라", "이름을 지어라"(창 1:26-27; 2:15, 18-25) 등이다.
393) 눅 10: 19 "내가 너희에게 뱀과 전갈을 밟으며 원수의 모든 능력을 제어할 권능을 주었으니 너희를 해칠 자가 결코 없으리라"
394) 눅 22: 26 "다스리는 자는 섬기는 자와 같을지니라"
395) 마 11: 29 "나는 마음이 온유하고 겸손하니 나의 멍에를 메고 내게 배우라"

으로 그들을 포용하였다. 하나님 뜻을 이루기 위하여 자기의 욕망과 목숨까지 버렸다. 그렇지만 결코 하나님의 뜻을 미루거나 변명하거나 왜곡하지 않았고, 하나님의 목적을 이루는데 초점을 맞추었음을 기억해야 한다. 통전적 선교신학 또한 예수 그리스도의 섬김과 봉사와 희생적인 사랑이 끊임없이 공급되도록 실천적 방법을 모색하여야 할 것이다. 그러할 때 복음을 필요로 하는 모든 사람들에게 다가갈 수 있으며, 또한 관계와 문화에서조차 원만한 소통이 이루어질 것이다. 한국에 왔던 초기의 선교사들, 특히 헐버트의 선교는 그러한 좋은 예이다. 단 잊지 말아야 할 것은 복음전파의 목적을 이루기 위해 좌로나 우로나 치우침 없는 일관성을 유지해야 한다.[396)

셋째, 연합과 협력을 통한 친밀한 관계성 확보가 절대적으로 필요하다. 교단과 교단, 교회와 교회, 성도와 성도, 가족 간의 모든 관계에 대하여 결코 소홀히 여겨서는 안 되며, 관계를 맺기 위한 노력을 통하여 끈끈하고 폭넓은 관계를 유지하도록 해야 한다. 현대 사회는 분리와 단절의 사회이다. 지역사회, 학교, 교회와 가정, 부부, 부모와 자식, 형제도 분열되는 시대이다. 스마트폰을 비롯한 사물인터넷과 인공지능에 의존한 사이버현실 안에 고립된 개개인은 자연스레 무아독존의 수렁으로 빠지게 된다. 그렇게 하나님이 부여하신 사회적 본능[397)]이 무시된 해체사회 속에서 그 폐해는 다시 인간성 파괴와 각종 부작용으로 돌출될 것이다.[398)] 즉 돌연변이적인

---

396) 잠 4: 27 "좌로나 우로나 치우치지 말고 네 발을 악에서 떠나게 하라"
397) 창 2: 18 "여호와 하나님이 이르시되 사람이 혼자 사는 것이 좋지 아니하니 내가 그를 위하여 돕는 배필을 지으리라 하시니라"
398) 포스트모던의 해체주의는 언어적 형식주의(Linguistic Formalism)를 해체하고 인간중심주의(anthropocentricism)를 해체하였다. 언어적 형식주의의 해체는 현상의 사실과 현상을 묘사하는 언어적 형식이 서로 맞지 않기 때문에 일어난 것이다. 인간중심주의 해체는 생태계에 대한 해석에서 세상은 인간중심이 아니라는 사실에 근거한 것이다. 언어적 형식의 해체와 인간중심주의의

인간들이 나타날 수 있다. 환경오염에 의한 육체적인 신병(新病)뿐 아니라 정신의 혼미와 인성의 파괴, 선악의 기준이 사라진 무분별한 양심과 비도덕성, 가치기준의 파괴, 자기통제 기능의 상실, 감정조절 능력의 마비 등의 문제를 안고 있는 다양한 형태의 사람들과 마주할 것이다. 그러한 고통에 들린 자들에게 통전적 선교의 차원에서 어떻게 접근할 것인가?

예수님은 골고다로 가시기 전에 제자들에게 서로 사랑하며 하나 되라고 부탁하셨다. 앞으로 닥쳐올 핍박 앞에서 아버지와 예수님이 하나이고, 제자들과 예수님이 하나일 때, 아버지 안에 하나 되어 이길 수 있다는 것이다. 종말의 때에 큰 환란의 시대가 올 것을 성경은 여러 군데서 표현한다. 영혼이 없는 자들이 나타날 것을 경고한다. 발달된 기술과 첨단 과학은 상상할 수 없는 세계를 우리의 앞에 펼칠 것이다. 가족의 연합, 교회의 연합, 교단의 연합 등 연합은 해체되는 가족의 속도를 최대한 늦출 것이며, 상실된 인간성과 정신적인 고통을 치유하는 비결이 되어줄 것이다. 또한 연합을 통한 일관성 있는 대처방안과 단결된 힘은 어떤 어려움도 극복할 수 있는 능력을 줄 것이다.[399] 그러므로 21세기는 연합의 기름을 준비해야 한다.

넷째, 새롭고 다양한 통전적 선교의 방법들을 계속 발굴해 나가야 한다. 다양성을 인정하시고 기뻐하시는 하나님의 나라에는 달마다 다른 열매가 열려 한 나무에 열두 가지의 열매가 열리는 생명나무가 자란다.[400] 하나님은 그만큼 다양성과 변화를 좋아하신다. 이 세상의 77억 인구[401]가 같

해체가 기독교 교리의 해석에 적지 않은 도전을 주었고, 여러 면에서 포스트모던 신학적 모델들이 생겨나게 되었다. 김성원, "포스트모던 죄론에 대한 연구", 『한국기독교신학논총』 Vol. 96(2015), 36.

399) 김은수, 『현대선교의 흐름과 주제』, 417.

400) 계 22: 2.

은 모양 같은 성품이 없도록 만드신 하나님은 우리에게도 창조의 능력을 주셨다. 우리 앞에 나타나는 모든 다양한 사람들과 상황 가운데 획일적이거나 고루함은 쓸모없게 된다. 통전적 선교는 다양성에 있어서 한없이 열려있어야 한다. 모든 상황은 같을 수가 없기에 창조적인 지혜가 순간순간 발휘되어야 할 것이다.

다섯째, 성령의 도우심을 구하여야 한다. 가장 다양하고 창조적이신 하나님의 지혜를 성령을 통해 공급받을 수 있다. 초자연적인 능력 또한 성령을 통하여 주시기로 약속하신 예수를 바라보며, 성령의 도우심을 받을 때, 모든 상황 앞에서 최적의 능력이 발휘되는 통전적인 선교가 가능할 것이다. 우리의 능력으로 할 수 없는 것을 성령은 하실 수 있다. 예수님의 사역과 바울의 사역[402], 베드로의 사역[403] 가운데 나타났던 초자연의 능력이 오늘날 예수님의 제자인 우리에게도 성령을 통하여 부어질 것이다. 할 수 있거든이 무슨 말이냐 믿는 자에게는 능치 못할 것이 없느니라.[404]고 하신 예수님의 말씀을 믿고 성령을 의지할 때 우리의 통전적인 선교는 쉽고도 감격적인 일상으로 다가올 것이다.

위와 같은 다섯 가지 기본 원리는 통전적인 선교에 있어서 과거와 마찬가지로 미래에도 변하지 않을 필수적인 것이다. 이것을 통하여 우리는 통전적 선교의 무한한 가능성을 맛보게 될 것이다.

---

401) http://www.worldometers.info/kr/, 실시간 세계인구 통계, 2018. 12. 28.
402) 행 25: 26-27, 20: 9-10.
403) 행 5: 19-20.
404) 마가 9: 23.

2. H. B. 헐버트의 조선 선교의 소명과 응답

1) 헐버트의 성장배경

대학 졸업 당시의 헐버트

헐버트는 1863년 1월 26일, 미국 동북부 버몬트(Vermont) 주 뉴 헤이븐(New Haven) 시에서 미들베리대학(Middlebury College) 학장인 아버지 칼빈 헐버트(Calvin Butler Hulbert)와 어머니 메리(Mary E. Woodward) 사이의 3남 1여 중 둘째 아들로 태어났다.405) 헐버트의 아버지는 항상 정직과 청렴, 종교적 신념이 강하고 냉철한 사고 속

에서 절제된 행동을 하는 청교도의 후예였다. 그는 다트머스대학(Dartmouth College)을 나왔고, 회중교회 목사였다.406) 헐버트의 어머니는 인도 선교사의 딸이었다. 헐버트의 증조외할아버지는 다트머스대학의 창립자 엘리저 윌록이다.

헐버트가는 17세기 초 영국 국왕 찰스 1세407)가 통치하던 시기에 정부

---

405) Homer B. Hulber, *The Passing of Korea* (London: William Heinemann Co., 1906), 신복룡 역, 『대한제국멸망사』(파주: 집문당, 2006), 7.
406) 김동진, 「파란눈의 한국혼 헐버트」, 46.
407) 찰스 1세는 권위적인 통치와 의회와의 알력으로 영국내란 즉 청교도 혁명을 야기했다. 기독교와 로마가톨릭교회간의 갈등이 가득하였다. 의회와 여론이 대에도 불구하고 영국 종교개혁 이후 기독교를 탄압하였던 로마 가톨릭 교회의 신자인 앙리에타 마리아와 결혼을 하였고, 윌리엄 로드를 캔터베리 대주교에 임명하였다. 찰스 1세는 스코틀랜드 장로교도들에게 장로교회의 예배 모범을 버리고, 영국 국교회의 기도서를 채택할 것, 영국 국교회의 의식에 따라 예배드릴 것, 장로정치를 폐지할 것, 교회 문제에 캔터베리의 지시를 받을 것, 그리고 자신이나 윌리엄 로드의 지시를 받는 감독의 명령에 따를 것을 명하였다. 국민일보, 검색어, "찰스일세", http://news.kmib.co.kr/article/view.asp? arcid=0006053689, 2012. 5. 7.

의 종교 억압 정책을 피하여 미국으로 이주한 청교도의 후예이다. 헐버트
는 부계, 모계 모두 깊은 신앙심과 정직성, 청렴성, 사랑, 겸손, 봉사의 그
리스도 정신을 실천하는 신앙의 명문가문이었다. 또한 헐버트의 가계는 교
육의 중요성을 익히 알고 실천해왔던 학구적이고 고결한 교육자 가정이었
기에 가정교육의 영향으로 헐버트는 조선에서도 기독교와 교육만이 인간을
깨우치며 나라를 문명화할 수 있다고 보았던 것이다.408)

헐버트가 9세가 되던 해에 그의 아버지는 버몬트 주에 있는 회중교회
로 목회지를 옮겼고 헐버트도 그 곳에 있는 초등학교로 전학하였다.
1875년에는 아버지가 인근의 기독교 명문 대학이며 미국 주립대학인 미
들베리대학409) 총장이 되었다. 헐버트는 미들베리 중학교와 고등학교를
졸업하고 1879년 버몬트 주의 세인트존스베리아카데미에서 1년을 수학
했다.

그 이듬해 미국 동북부 뉴햄프셔 주에 있는 아이비리그의 하나인 다
트머스대학에 입학했다. 다트머스대학은 증조외할아버지가 설립한 대
학410)으로서 헐버트는 대학시절 촌각을 다투며 히브리어411)를 비롯한
다양한 학문을 열심히 공부했고, 스케이트, 미식축구 등 운동을 통해 지

---

408) 김동진, 앞의 책, 49.
409) 19세기 초 버몬트 주 및 인근 지역 젊은이들을 대상으로 종교 및 직업 교육을 시키는 것이
    원래의 대학 설립 목적이었으며, 학생들은 그리스 성경을 읽고 변역하며 라틴어로 시를 쓰고, 산
    수 법칙에 대해 배웠다. 미들베리대학은 미국의 주립대학 중에 노예제를 가장 먼저 폐기한 대학
    이며, 1823년 미국 대학 가운데 최초로 흑인 학생의 입학을 허용했다. 1883년 여학생 입학이 허
    용된다.
    네이버, 검색어, "미들베리칼리지", https://terms.naver.com/entry.nhn? docId=871310&cid,
    2018. 12. 3.
410) Homer B. Hulber, 『대한제국멸망사』, 7.
411) 위의 책.

력과 체력을 연마하였다. 헐버트는 문학과 역사에도 관심이 많아 그리스 신화, 세익스피어 등 대문호의 고전서적을 섭렵했고, 동아리활동을 통해 봉사와 희생정신도 실천하였다. 뿐만 아니라 과외 교사와 목장일 등의 아르바이트를 하며 자립정신을 함양했다.412) 헐버트의 충실한 대학생활의 결실은 한국에서 약 19년간 한 사람으로서는 도저히 해낼 수 없는 많은 일들을 동시에 감당해내는 놀라운 결과로 나타났다.

---

412) 김동진, 앞의 책, 50.

2) 헐버트의 신학과 사상

헐버트는 목회자이면서 선교사이자 교육자였고 한국의 독립 운동가였다. 그가 복음전도 뿐만 아니라 조선인들을 사랑하여 교육을 통한 개화를 이끌었고, 조선의 한글과 역사 등의 문화를 사랑하고 발전시켰으며, 국권의 회복과 독립을 위해 생명을 걸게 했던 헐버트의 통전적인 선교신학 사상은 그의 자라온 배경으로부터 기인한다.

먼저 청교도의 후예답게 냉철한 판단, 절제된 행동, 절제와 겸손, 희생정신 등 종교개혁자들의 근본주의 기독교 전통을 고스란히 물려받았다.[413] 특히 그의 아버지가 총장으로 있던 미들베리대학은 1823년 미국대학 중 최초로 흑인학생을 받아들였고, 1883년에는 여학생 입학을 허용하여 박애, 정의, 평등의 기독교정신을 실천한 학교였다.[414] 그러한 기독교 교육사상이 배어있는 아버지의 교육철학은 헐버트에게 사랑과 평등과 정의를 추구하는 교육자의 자질이 갖춰질 수 있도록 영향을 주었을 것이다. 그래서 교육자로서 헐버트는 조선의 척박한 교육환경 속에서 근대교육의 초석을 놓는데 중요한 역할을 감당했다.

헐버트는 또한 다트머스대학에서 철학, 문학, 언어, 과학 등을 다양하게 섭렵한 후 1884년 여름 메사추세츠주 우스터시에서 히브리어를 공부하였다. 그때 단기간이나마 유대인의 하브루타식[415] 교육과 신본주의적 사상과

---

413) 김권정, 『한국인보다 한국을 더 사랑한 미국인 헐버트』(서울: 역사공간, 2016), 24.
414) 각주 409)를 참조하라.
415) 하브루타(Chavrusa, chavruta, havruta, חַבְרוּתָא)는 유대인의 전통적 학습방법. 문자적 의미는 우정, 동료 등을 뜻하며, 예시바(yeshiva) 및 코렐(kollel)에서 주로 하는 학습법. 교사-학생간의 관계가 아닌, 하브루타 학습에서는 각자가 분석하고 자신의 생각을 조직화하여 상대방에게 설명

생활방식을 익힐 수 있었을 것이다. 뉴욕의 유니온 신학교에서 2년간 신학을 수학하면서 헐버트는 역사학자인 헨리 보인튼 스미스를 통해 스코틀랜드 상식철학에 바탕을 둔 성경적 정의와 높은 기독교적 도덕성을 함양하고 현실 참여적 가치관을 다지게 되었다.416) 그것들은 헐버트에게 통전적 선교신학사상을 자연스럽게 체득하게 하였을 것이다. 복음전도와 사회참여 활동을 함께 진행하여 영혼을 살리고 선교지에 하나님 나라가 실현되도록 추구하는 통전적 선교신학 사상을 헐버트의 언행에서 찾아볼 수 있다.

첫째, 1905년 을사늑약을 전후하여 조선에 있던 선교사들은 현실에 참여하여 일제에 항거해야 할 것인가에 대해 많은 고민을 했다. 그러나 선교사들은 교회의 성장을 위해 일본을 자극하지 말고 정치와 멀리하자는 암묵적인 합의를 돌출했다. 이에 대하여 헐버트는 이의를 제기했다.

> "어떻게 위기에 처한 한국인들을 수수방관하는 것이 참 선교라 할 수 있는가? 참 선교는 고통 받는 한국인들을 돕는 것이며 진실한 애국심과 참된 신앙은 떨어져 있지 않다. 선교사의 사명이 기독교 정신을 가르치는 것이라면 가르쳐야 할 기독교 정신은 무엇인가? "417)

헐버트는 정의를 위한 현실 참여는 곧 선교의 일부임을 주장하였다.418)

하며, 상대방의 이야기를 듣고 질문한다. 때로는 전혀 새로운 관점을 발견하기도 하며, 자기주도 학습능력 향상, 사고력, 창의력을 함양할 수 있다. 학생들끼리 둘씩 짝이 되어 서로 질문을 주고 받으며 논쟁하는 유대인의 전통적인 토론 교육 방법. 유대교 경전인 『탈무드』를 공부할 때 주로 사용된다. 나이와 성별, 계급 등을 불문하고 두 명씩 짝을 지어 논쟁을 통해 진리를 찾아가는 방식이다.

416) 이동일, "헐버트의 선교신학에 대한 연구", 33.
417) Carole C. Shaw, *The Foreign Destruction of Korean Independence* (Seoul: SNU Press, 2007), 281. 김동진, 앞의 책, 195-197에서 재인용.
418) 위의 책.

둘째, 헐버트는 그의 회고록에 정의에 대해 그의 사상을 알 수 있는 기록을 남겼다. "편견이란 잘못된 사실로 여론을 형성하는 것이지 진실 위에 서서 어느 한쪽을 지지하는 것은 편견이 아니다. 만약 한쪽을 지지하는 자체만을 편견이라고 한다면, 나는 정의, 세계평화, 애국심에 대해서는 편견을 가지고 있다."[419]라고 하면서 국제법 준수, 국제질서 확립, 국가 간의 신의를 강조하였다.[420] 헐버트의 이러한 정의, 세계평화, 애국심에 대한 굳은 신념은 기독교 정신에 바탕을 둔 성경중심적인 가치관에서 나왔다.

셋째, 그의 한국 사랑이다. 헐버트는 한국의 찬란한 문화와 역사에 흠뻑 빠진 사람이다. 헐버트가 다트머스대학 졸업 50주기인 1934년에 다트머스대학에 제출한 『졸업 후의 신상 기록부(Post Graduate Data)』를 보면 "나의 일생(My Life Story)" 항목에 "나는 1,800만 한국인들의 권리와 자유를 위해 싸웠으며 한국인들에 대한 사랑은 내 인생의 가장 소중한 가치이다. 결과가 어떻게 되든 나의 그러한 행동은 값어치 있는 일이라고 생각한다."[421] 라며 그의 한국 사랑에 대한 인생여정을 자랑스럽게 여겼다. 그는 도덕적인 인성교육을 통해 형성된 올바른 가치관의 소유자였고, 또한 기독교인으로서 항상 성경말씀을 실천하기 위해 노력한 사람이었다.

넷째, 그리스도의 생명 사랑[422]의 정신을 실천한 것이다. 헤이그특사로서 일제의 집요한 추적에 맞서 생명을 건 밀사의 임무를 감당하였다. 1895년 을미사변 직후에는 고종을 지키기 위해 생명의 위험을 무릅쓰고 고종의 침전에서 불침번을 섰다.[423] 1895년 10월 왕비가 일제에 의해 시

---

419) Homer B. Hulbert, "I am prejudiced in favor of justice, international comity and a right patriotism,"*Echoes of the Orient* (서을: 선인, 2000), Preface. 위의 책.
420) 김동진, 앞의 책, 194.
421) 위의 책, 197.
422) 마태 5: 38-48.

해되자 고종은 슬픔과 공포 속에서 식음과 숙면을 제대로 할 수 없었다. 당시의 고종은 주변의 아무도 믿을 수 없어 오직 미국인들이 보내주는 식사와 그들의 불침번을 의지했다. 고종은 밤이면 시해에 대한 두려움에 잠을 이루지 못하고, 미국 공사관에 도움을 요청했다.424) 헐버트, 언더우드, 에비슨 등의 선교사들은 3인 1조로 돌아가며 불침번을 섰다. 헐버트는 당시에 발생한 '춘생문사건'(1895. 11. 28)425)이 일어난 밤에도 이렇게 지새웠던 것이다.426)

다섯째, 1903년 한국YMCA의 창립에 적극 앞장서 교육, 계몽, 선교를 통해 기독교 정신을 갖춘 젊은 인재들을 양성하고자 하였다. 여기에서 길러진 대표적인 인물로는 이상재, 이승만, 신흥우, 이준, 윤치호 등이 있다.427) 기독교민족운동은 두 갈래로 나누어졌다. 먼저는 사회진화론의 입장을 견지하고 민족개조를 통해 힘을 길러, 일제를 물리치고 이상적인 국가를 세워야 한다고

40대의 헐버트 모습

생각하며 실역양성운동을 이끌어간 이승만, 윤치호, 안창호 등이 있다. 다른 한편은 기독교 윤리적 태도를 견지하며 기독교적 가치관에 의한 정의와 인도, 윤리와 도덕, 사랑과 용서를 실행하여 그것이 외연으로 나

---

423) 김동진, 앞의 책, 197.
424) 위의 책, 199.
425) 춘생문 사건은 일제가 민비를 시해한 후에 계속 고종을 밀착 감시를 하므로 고종을 일제로부터 벗어나게 해주기 위하여 국왕을 대궐 밖으로 옮길 목적으로 1895년 11월 28일 새벽미명에 일어난 사건이다. 조정의 정동파(貞洞派) 관료 이범진(李範瑨)·이윤용(李允用) 등과 군인들, 러시아와 미국 공사관 등이 함께 참여하여 국왕을 모처로 피신시키려 하였으나 실패한 사건이다. 윤경로, "춘생문 사건과 기독교,"『한국기독교사 연구』(창간호, 1985, 4), 10.
426) 김동진, 앞의 책, 197-201.
427) 이동일, 앞의 책. 60-61.

타나 하나님의 능력으로 역사의 변혁을 이루고자 했던 이상재가 있다.[428] 이들은 모두 기독교 민족운동을 통해 나라를 발전시켰던 중심인물들이다.

헐버트의 통전적 선교의 특징은 동시대 선교사들과 복음주의적인 면에서는 크게 다르지 않으나, 선교사로서의 활동내용은 사회참여를 통한 정의의 실현과 기독교 윤리실천이나 경건의 이행방법 등에는 차이가 있었다. 하나님의 나라를 이 땅 위에 세우기 위해 가난하고 약한 자들을 바라보며 자기의 희생이 있을지라도 하나님의 정의, 기독교의 사랑을 실현하려는 그의 통전적 선교신학 사상은 오늘날의 모든 그리스도인들에게도 여전히 계승되어야 할 가치가 있다.

---

428) 위의 책, 67.

3) 조선 선교사로의 부르심과 활약

(1) 조선으로의 부르심과 입국

1884년 여름 다트머스대학을 졸업하고 뉴욕에서 새로운 생활을 시작한 헐버트와 유니언 신학대학에 다니는 형 헨리에게 아버지는 '조선'이라는 나라에서 교사를 구하는데 두 사람 중 한명이 가기를 원한다고 하였다. 헐버트는 미국에서의 성직자 생활을 꿈꾸며 미래를 설계하고 있었다.[429] 그러나 이 소식은 헐버트의 인생행로를 완전히 뒤바꾸는 것이었다. 당시에 헐버트는 그레이스 장로교회에서 성가대를 이끌고 있었다. 그는 오르간 반주자인 메이 한나(May B. Hanna)와 사랑하는 사이였다. 그녀는 뉴욕에 있는 사범대학을 졸업하였고 성실하여 헐버트의 마음을 사로잡았다. 그녀 또한 헐버트의 균형 잡힌 사고와 신사도에 반해 사랑에 빠졌다.[430] 그러나 헐버트가 머나먼 미지의 세계인 조선의 선교사로 가버린다면 그들의 관계는 어떻게 되겠는가? 그러나 신앙심이 깊고 모험심이 많은 헐버트는 아버지의 권고를 듣는 순간 가슴이 뛰면서 호기심과 흥분을 느꼈다고 고백한다.

조선은 1882년 서양나라 중 최초로 미국과 조미수호통상조약을 맺었고, 뒤이어 여러 나라들과 통상조약을 맺었다. 서방 여러 나라와 교섭해야 하는 시대적 요구에 따라 통역관의 양성이 절실하였다. 청나라의 파견으로 조선에 외교고문으로 와있던 묄렌도르프[431]는 조선정부에 영어

---

429) 김권정, 『한국인보다 한국을 더 사랑한 미국인 헐버트』, 27.
430) 김동진, 앞의 책, 37.
431) Paul George von Möllendorff(목인덕穆麟德, 1848~1901)는 독일 할레에서 태어나 법학, 언

통역관 양성 학교의 필요성을 건의하여, 자신이 속한 통리교섭통상사무아문의 소속기관으로 '동문학(同問學)'을 설립하였다.[432] 통변학교(通辯學校)라고도 불렀으며 1883년 9월에 세워진 최초의 영어학교이다. 묄렌도르프는 친분이 있던 영국인 핼리팩스(Thomas Edward Hallifax, 1842~1908)와 자신의 조교인 당소이(唐紹怡, 1860~1938)와 오중현(吳仲賢)을 영어교사로[433] 초빙하였다. 학생은 15세~30세의 양반 자제들로 구성되어 학비와 문구류, 식사비 전체를 정부가 지원하였으나 그 성과는 미미하였다.[434]

1884년 초가을 조선정부는 조선의 젊은 관리와 양반계층 자제들에게 영어와 신문화를 가르쳐 고급관리로 양성하기 위해 최초의 근대식 공교육(왕립교육)기관[435]인 '육영공원(育英公院)'를 설립하기로 하였다.[436]

어학, 동양학을 공부하고, 1869년 36세에 중국에 와서 상해 해관 등지에서 근무하다가 한 동안 북경주재 독일 공사관에 근무하기도 했다. 청의 이홍장(李鴻章)은 일본의 조선해관 업무 간섭을 막고, 중국이 조선에 대해 일본보다 우월적 지위를 유지하기 위한 목적으로 묄렌도르프를 조선에 파견하였다. 그는 조선에서 최고의 대우(월급은 해관 평은 300냥)를 받으며 1882년 통리교섭통상사무아문의 협판에 임명되었고, 해관총세무사, 전환국총재, 공조참판(1884. 4.26-6.13), 병조참판(1884.12.15-1885.2.6) 등을 역임하였다. '목참판'으로도 불리며 막강한 세력을 과시했다. 이홍장은 의도와 달리 그가 친러시아 정책을 펴자 1885년 12월 해임하여 중국으로 돌아갔다. 최종고, "묄렌도르프와 한말 정치외교," 『구한말 고문관 연구』(한국정치외교사학회, 2001, 2, 28), 42-43; 정성화로버트 네프, 앞의 책, 121.
432) 박성래, "한국 근대의 서양어 통역사," 『역사문화연구』 16권(한국외국어대학교 역사문화연구소, 2002), 177.
433) 윤건차, 앞의 책, 75.
434) 동문학의 초빙교사였던 영국인 핼리팩스는 1842년 영국에서 태어나 8세 때인 1850년 인도로 이주했으며 그 곳에서 전신사업과 관련된 일을 하였다. 1871년 일본으로와 전신사업을 감독하다가 4년 후에는 태평양에서 선원생활을 한 사람으로 영어교사로서 적합하지 않은 인물이었다. 동문학에서 영어를 배운 권유섭, 최영하 등이 육영공원에서 통역을 담당했으나 헐버트에 의하면 "그들의 영어 수준이 너무 낮아 오히려 그들에게 영어를 가르쳐야 했다"고 기록하고 있다. 김동진, 앞의 책, 58; 정성화 · 로버트 네프, 앞의 책, 201; 이선미, "1880년대 조선의 영어통역관 양성," 『청람사학』 제7집(2003), 71-125.
435) 최보영, "育英公院의 설립과 운영실태 再考察", 287. 각주 1)을 참고하라.
436) 육영공원의 설립 원인에 대하여 당시에 동문학을 통해 조선의 교육개화정책에 간섭하려 했

그리고 미국 국무부에 3명의 교사를 파견해달라고 요청하였다. 조선에 대하여 일본의 침략 야욕, 청나라의 주종관계의 탐심, 그리고 거문도 사건으로 인한 러시아의 침략적 야욕에 대한 방패막이가 되어 줄 수 있는 나라로 미국을 적합하게 여겼다. 황준헌의 『조선책략』을 적극 수용했던 고종은 미국에 고문관 파견을 강청하였다.437)

국무부의 교육위원장인 이튼(John Eaton)은 3명의 교사를 구하기 위해 대학 동창인 헐버트의 아버지에게 아들 중에 한명을 보내도록 제의를 하였다.438) 큰 아들 헨리는 이미 다른 계획이 있어 정중히 사양하였고, 신학대학에 입학하려는 계획을 갖고 있던 헐버트는 갑자기 미지의 세계에 대한 상상력이 요동쳐 즉석에서 조선에 갈 것을 순종하였다. 다른 2명도 별도로 선발되어 3명은 곧 조선으로 떠날 준비를 하였다.

그러나 조선에서 젊은 개화파들에 의한 갑신정변(1884. 12)이 발생하자 조선정부는 육영공원 설립을 보류하였다. 헐버트는 유니언신학대학에서 학업에 열중하며, 틈틈이 조선(Korea)이라는 나라와 동아시아에 대해 공부하였다. 1886년 봄 육영공원 설립 계획이 다시 추진되었고, 헐버트, 길모어(G. W. Gilmore)와 벙커(Dalziel A. Bunker, 房巨)가 초빙교

던 친청(親淸)세력에 대항한 반청(反淸)세력의 대립결과라고 보는 견해도 있다.(이선미, 2003) 그러나 당시에 일본, 청나라, 미국으로 갔다 온 시찰단들의 공통적인 건의는 근대식 교육제도 도입을 통한 개화의 필요성이었다. 황준헌의 조선책략, 박영효, 김옥균, 유길준 등의 교육개혁안과 묄렌도르프의 건의안 등이 있었다. 특히 보빙사로 미국에 다녀온 민영익과 홍영식의 육영공원 설립계획 제안이 결정적이었다. 조선 정부의 개화의지와 근대교육의 도입은 필수불가결한 것이었다. 김동진, 앞의 책, 56, 60; 전숙자, "근대화 교육과 시민의식: 개화기 교육변화와 시민의식," 『성곡논총』 27(3), (1996. 8), 106-109.
437) H. N. 알렌, 『알렌의 일기』 김원모 역, 1885년 6월 3일자.
438) 김권정, 앞의 책, 28.

사로 선정되었다.

헐버트는 교사로서 조선에 갈 준비를 시작했다. 미국의 공립학교 개념, 시스템, 학교신문 운영, 교과서, 학교 운영을 자세히 조사하고 교육용 재료도 구입했다.[439] 그리고 1886년 5월 6일 뉴욕을 떠나 6월 1일 샌프란시스코 항에서 5천 톤급의 북경호(City of Peking)를 타고 조선으로 출발하였다. 18일 만에 요꼬하마에 도착하여 소형 증기선으로 갈아타고 나가사끼로 갔다. 나가사끼 항에서 쓰루가마루호를 타고, 부산을 거쳐 7월 4일 제물포에 도착하였다. 당시에는 제물포에 부두나 방파제, 선착장도 없었고 허름한 오두막집들, 세관으로 쓰이는 헛간이 전부였다. 교통수단이 없어서 26마일(약 42Km)을 걸어서 서울까지 왔다.[440]

길모어 부인은 안장도 없는 조랑말을 탔는데 논두렁을 지날 때는 길이 좁아 조랑말이 넘어지면서 도랑에 처박히기도 했다. 해질녘 성문이 닫히기 전에 간신히 서울에 도착하여 숭례문을 통과해 도성으로 들어왔다. 당시에 조선에 미국인은 8가구가 살고 있었다. 공사관 대리공사 포크, 선교사 알렌, 아펜젤러, 스크랜튼, 해론, 언더우드, 외교고문 데니, 세관원 메릴 등이 있었다.[441]

헐버트는 조선에 오기 전 이미 'Korea'란 이름을 알고 있었다. 지리에 소질이 있었던 터라 세계지도를 그리면서 극동아세아에 있는 한반도를 그려보았던 것이다. 그래서 나라 이름과 형태도 설명할 수 있을 만

---

439) 이튼 교육위원장의 조언에 따라 공립학교에 대한 철저한 개념과 학교신문의 운영 등에 대해서도 알아보기 위해 헐버트는 학교가 많은 보스턴까지 가서 교과서와 자료를 준비하였다. 김동진, 앞의 책, 37.
440) 위의 책, 34.
441) 위의 책, 37.

큼, 그리고 다트머스대학을 다니던 1883년 가을에 기이한 모자를 쓰고
흰 망토 같은 옷을 입은 'Korean'을 유리창 너머로 보았는데 그들은
조선이 최초로 파견한 미국 견문단 보빙사 일행이었을 것이라고 김동진
은 추정하고 있다.442)

(2) 조선 선교사로서의 헌신

① 선교사에 대한 헐버트의 단상

헐버트는 입국 초기인 1887년 겨울 즈음443) 신문에 게재한 글 "조선
선교를 위한 호소(From The Hermit Kingdom)"444) 에서 조선 선교의
어려움을 몇 가지 지목하였다. 첫째, 조선인들의 타고난 보수성(그들은 조
선이 세상에서 가장 살기 좋은 나라라고 생각한다)이다. 둘째, 20년 전의
병인양요에 대한 끔찍한 박해의 기억 때문에 "예수"라는 말만 들어도 선

---

442) 위의 책, 38.

443) 이 편지가 쓰인 시기에 대하여 김동진은 1887년 말 경으로 보았는데 기사의 내용을 보면 "…
　　현재 조선의 장로교에는 3명의 선교사가 있다. 두 사람은 의료선교를 담당하고 한 사람은 교육,
　　성서번역, 전도 등을 담당한다. 약 200마일 떨어진 도시에서 선교사를 보내 세례를 집전해달라는
　　요청이 왔으나 갈 사람이 없다. 현재 이곳에 성도 25명의 교회가 하나있다.…"라는 글을 통해 그
　　때를 추측할 수 있다. 1887년 봄까지 장로교 선교사는 알렌, 언더우드, 헤론이었다. 그해 7월 4
　　일 여의사 엘러즈가 입국하였다. 알렌은 1887년 8월 선교사를 사임하고 미 공사관이 되어 미국
　　으로 떠났다.(박용규, 『한국기독교회사Ⅰ』, 541.) 또 언더우드의 집에서 시작된 새문안교회는
　　1887년 9월 27일 14명의 세례교인과 2명의 장로로 조직교회가 되었으며 그해 말 25명의 세례교
　　인이 생겼다.(문찬연, 2011).

444) 이글은 2009년 헐버트의 손자(Bruce W. Hulbert)가 기사 스크랩을 (사)헐버트박사기념사업
　　회에 기증한 것이며, 기재된 신문과 날짜는 알 수 없다. 기독교 신문에 기고한 글로 추정되며, 제
　　목 "From The Hermit Kingdom"은 편집자가 붙인 것으로 추측한다. 글의 내용으로 보아 입국
　　초기인 1887년 말경일 것이다. Homer B. Hulbert, *The Selected Works of Homer B. Hulbert*,
　　김동진 역 『헐버트, 조선의 혼을 깨우다』, 482. 각주를 참고하라.

교사들을 기피한다. 그러나 긍정적인 측면으로는 조선정부는 선교를 막고 있지 않으며, 유교, 불교 등 타종교의 터전이 확고하지 않아 조선 선교는 낙관적이라고 보았다.445) 조선의 현실은 "우리는 진정으로 종교를 원합니다."라는 외침은 아직 없지만 그러나 느낄 수는 있다. 머지않아 종교가 융성하게 될 것이다. 그렇다면 기독교가 이들의 필요를 충족시키기 위해서는 더 많은 선교사가 와야 한다. 조선은 일본만큼 선교하기에 쉬운 나라이니 당장 지원해야한다는 내용의 글을 싣고 있다.446)

또한 『세계선교평론』이라는 잡지에 기고한 글에서는 미국의 중국내륙선교에 대한 기본 원칙을 제시하였다. (1) 특정교파에 얽매이지 않는다. (2) 모든 복음주의 교파가 공통으로 받아들이는 근본교리에 순응할 것만 요구한다. (3) 기금조성은 특별한 설득이나 호소 없이 오직 기도에만 의지하라.447)라고 하여 당시의 선교에 있어서 교리와 기금마련에 어려운 문제가 있었음을 암시하고 있다. 헐버트는 그 당시에 장로교의 유니온신학을 나왔으나 장로교인 언더우드와 감리교인 아펜젤러, 그리고 천주교인들과도 고루 협력하며 교단을 초월하여 좋은 관계를 유지하고 사랑과 섬김의 자세를 지켰다.448)

그는 1890년 7월호에 "선교 기술"이라는 제목을 글을 기고하면서 "선교사를 잘 선발해야 한다."449)등의 6가지 선교사의 지침을 발표하였다. 그

---

445) H. B. Hulbert, 『헐버트, 조선의 혼을 깨우다』 김동진 역, 482.
446) 위의 책, 482-487. 게재신문과 정확한 날짜 미상인 글임.
447) Homer B. Hulbert, "The China Inland Mission," *The Missionary Review of the World* (April, 1889). 위의 책, 488-495.
448) 김동진, 앞의 책, 95.
449) H. B. Hulbert, 『헐버트, 조선의 혼을 깨우다』, 502. 선교사들이 준비해야 할 것 6가지는 다음과 같다. ①먼저 선교사를 잘 선발해야 한다.(신체가 건강하고 공부하는 습관을 가진 자) ②선교지 결정은 떠나기 전에 미리 결정하라. ③선교지 결정을 위해 특별히 기도하라. ④선교지의 언어를 미리 습득하라. ⑤선교방침을 미리 정하고 변치 말라. ⑥세상에 이름을 남기려는 야망을 품

는 또 1908년 3월호에 "한국에서의 일본인과 선교사"라는 제목의 기고문에서 "기독교가 한국인들에게 단결력을 길러 주었고, 부정을 증오하는 마음을 갖게 하였으며 이기심을 버리고 사회 전체를 먼저 생각하는 마음을 갖게 했다."450)며 기독교가 한국에 기여한 바를 정확히 역설했다.

② 선교 지원 활동

헐버트는 육영공원에서 학생들을 가르치면서도 1887년부터 언더우드를 도와 성서 번역과 사전 편찬에 공헌하였다.451) 기독교 서적 번역 사업에도 협력하였으며, '기독교쇄신위원회'에도 참여하였다. 헐버트는 육영공원 교사직을 사직한 후 미국에 잠시 들어갔다. 그 때 언더우드로부터 미국의 버나드대학(Barnard College)452) 총장으로 제의를 받았으나 조선을 사랑하는 마음이 커 사양하고, 1893년 감리교단 선교사로 임명을 받아 다시 조선으로 왔다.

배재학당에서 교사를 하면서 감리교 출판사인 '삼문출판사'453)를 운

지 말라.
450) 김동진, 앞의 책, 98-99.
451) 언더우드는 1890년 우리나라 최초의 한영사전인 『한영자뎐』을 출판했고, 영한사전도 출판했는데 헐버트는 영한사전 편집에 참여하였다. 위의 책, 98.
452) 버나드대학(Barnard College)은 미국 뉴욕주 뉴욕 맨해튼에 있는 사립 여자 문과대학(Liberal Arts College)이다. 1889년 미국의 여성운동가 애니 네이선 마이어(Annie Nathan Meyer)가 컬럼비아 대학교의 제10대 총장인 프레더릭 버나드(Frederick Barnard)의 이름을 따 세웠으며, 전세계에서 가장 오래된 여자대학 가운데 하나이다. 아이비리그 대학 중 하나인 컬럼비아대학의 제휴대학이기도 하다. "버나드칼리지", https://ko.wikipediaorg/wiki/, 2018. 12. 04.
453) 삼문출판사(三文出版社, The Trilingual Press)는 한글, 한문, 영어 3개 언어로 출판한다는 뜻에서 붙인 이름이며, 아펜젤러가 배재학당 내에 근대식 인쇄시설을 갖추고 중국에서 문서 활동 중이던 올링어 선교사를 초빙하여 시작되었다. 올링어는 상해에서 32면의 인쇄가 가능한 인쇄기를 구입하고 일본에서 한글, 영문 활자주조기를 들여와 본격적인 출판을 시작했으나 1893년 3월 싱가포르로 선교지를 옮기게 되었다. 아펜젤러는 탁월한 글솜씨와 사민필지 출판의 경험이 있는

영하였다. 그는 입국 당시 미국에서 최신 인쇄기를 구입하여 가져왔고 수시로 상하이에서 성능 좋은 활자를 구매하여 출판사를 경영하였다. 그 결과 채 1년이 되지 않아 주보, 영문 월간지, 전도지, 종교서적 등의 인쇄를 1백만 면 이상 해냈고, 한국 출판계의 근대화에 크게 기여하였다. 삼문출판사에서 『천로역정』, 『독립신문』, 『협성회보』등 많은 기독교 관련 서적과 신문, 잡지 등을 출판하였다.454) 뿐만 아니라 매주일 미국 공사관에서 예배를 드렸다. 언더우드에게 당시에 금지되었던 세례를 받고자 원했던 한국인에게 선교사들과 함께 최초의 조선인 세례455)도 베풀었다. 선교사들의 어려운 일을 도왔고, 어려움을 당한 한국인들을 돕는 등 헐버트는 선교사로서 기독교정신을 실천하며, 기독교 복음전파에 충실히 일익을 감당했다.

③ YMCA 창립

조선 정부는 개화파의 교육개혁에 대한 건의를 받아들여 1883년에 고종이 윤음(倫音)을 내려 교육기회의 개방을 공표하였다. 1894년에는 갑오개혁을 통하여 문벌, 반상, 귀천에 구애되지 않고 누구에게나 학교교육을

헐버트를 감리교본부에 추천하였다. 김권정, 앞의 책, 51-52.

454) 이장식, 『대한기독교서회백년사』(서울: 대한기독교서회, 1984), 13-14.

455) 손석원, 앞의 책, 263. 1886년 7월 11일 알렌 선교사의 집에서 일했던 노도사(노춘경)에게 첫 세례를 주었다. 헐버트는 망을 보고, 언더우드가 한국에서 처음 세례를 베풀었다. 그 다음 해에는 의주 청년 서상륜이 만주에서 로스선교사를 만나 성서번역을 돕던 중 회심하고 세례를 받은 후 황해도 송천군 소래에서 전도를 하여 그 마을 56가구 중 45가구가 예수를 믿게 되었다. 1887년 봄에 4명의 청년이 서울로 언더우드를 찾아와 소래에 100명의 성도가 있고 세례를 받기 원하는 자들이 기다리고 있다고 보고하였다. 그 청년 중 서경조, 최명오, 정공빈 등 3명이 즉석에서 세례문답에 합격하여 세례를 받고 돌아갔다. 나중에 언더우드가 소래를 방문하여 7명에게 세례를 주었고 3명과 합하여 10명이 소래교회를 세웠다.

받을 기회가 균등하게 제공되어야할 것을 명시했다.456) 정부는 근대교육의 보편화를 위하여 폭넓은 개혁을 감행하였으나 관립학교 졸업생 수는 미미했다. 전국 각지의 사립학교 특히 기독교계 사립학교가 신문화의 수용과 민족정신의 고양을 담당하며 근대교육을 주도하였다.457) 그러나 수요에 비해 공급은 턱없이 부족하였으며 재정도 열악하였다. 이에 대해 헐버트는 "정부가 경영하는 관립학교 교사의 월급은 약 30냥 즉 일본돈 15엔 정도인데 이것은 보통 노동자 월수입과 맞먹는 적은 금액이다."458) 라고 하며 당시의 교사들이 하위 노동자 대우를 받았다는 것을 밝혔다. 또 정부의 교육예산은 1년에 6만 환에 불과하여, 군사비의 예산 400만 환에 비하면 쥐꼬리만한 예산이라고 지적하였다.459) 갑오개혁에도 불구하고 조선 정부의 소극적인 교육재정 확보 자세와 교육정책으로 인해 서울의 인구수에 대비하여 초등교육의 혜택을 받고 있는 학생이 1% 밖에 되지 않아 공교육 확산이 어렵다는 것을 지적하였다.460)

헐버트는 입국 초기부터 조선의 청년들을 가장 많이 만났다. 그들은 근대문명의 수용자요, 나라의 미래를 개척할 일군들이지만 여가를 보낼 곳도 없고, 독서나 토론을 할 수 있는 곳도 없어 허송세월하는 것을 보고 늘 안타깝게 여겼다.461) 헐버트는 전도와 더불어 청년들의 재능도 살리고 실력도 양성하며, 사회개혁 의식을 고취시키기 위한 교육의 장을 만들려는 뜻

456) 권기호, "감리교선교사들의 개화기 교육활동 연구," (박사논문, 단국대학교 일반대학원, 2011), 31.
457) 정정숙, "한국개화기 교육에 관한 연구," 『신학지남』 제63집 2호(1984), 184-185.
458) Hulbert, Homer B. *The Korea Review,* Vol. 4(Nov. 1904); H. B. Hulbert, 『헐버트, 조선의 혼을 깨우다』, 318; 전택부, 『한국 기독교청년회 운동사』(서울: 범우사, 1994), 104.
459) H. B. Hulbert, 위의 책, 320.
460) 위의 책, 321.
461) 김권정, 앞의 책, 86.

을 품었다. 당시의 헐버트의 생각을 알 수 있는 그의 글이 있다.

> 한국 청년들은 점차 사회적으로 되어간다. 그러나 그들은 서로 즐기며
> 사귈만한 장소를 갖고 있지 못하기 때문에 그들은 좋아지기는커녕 더
> 나빠진다. 가정집은 비좁고 사교장으로는 쓸모없는 곳이다. 친구 집
> 사랑방에서 허송세월을 하지 아니하면 거리나 유흥가에서 허랑방탕할
> 수밖에 없다. 공원도 없고, 글방도 도서관도 운동장도 없고, 마음에
> 드는 운동 경기도 없다. 사회풍조는 나쁜 방향으로 치닫고 있다. 우리
> 는 매일 거리를 쏘다니고 있는 수백 명의 청년들을 보는데 그들은 다
> 유망한 청년들이다.
> 청년들에 대하여 Y는 무엇을 의미할 것인가? 먼저 Y는 그들이 서
> 로 만날 수 있는 장소가 되게 하며, 두 시간씩 담화하거나 더욱이 여
> 러 가지 책을 읽게 함으로써 꿈과 서광을 보게 할 것이다. 그들에게
> 운동을 하고 목욕을 할 수 있는 장소가 되게 할 것이다. Y는 그들에
> 게 역사, 과학, 종교문제를 강의해줌으로써 스스로 향상할 수 있는 자
> 극을 줄 것이다. Y의 모든 목표는 사람들을 모아 그들에게 고상한 토
> 론을 할 수 있는 기회를 마련해주는데 있다.[462]

헐버트는 위의 글에서 '황성기독청년회', 즉 '한국YMCA'의 창립 목적
을 교육과 계몽 그리고 선교로 명확히 하고 있으며, 이를 위하여 청년들에
게 장소의 제공, 체육활동, 교육프로그램 운영 등을 할 것이라고 밝히고
있다.

---

462) Homer B. Hulbert, *The Korea Review,* Vol. 3(April 1903), 163-165.; 김권정, 앞의 책,
88.

그 당시 민주 계몽운동의 선구자 역할을 했던 독립협회가 해산을 당하자 약 150여 명에 달하는 청년들이 언더우드 선교사에게 몰려와 YMCA 창립을 요구하였다.463) 1899년 언더우드와 아펜젤러는 이러한 청년들의 요구를 진정서에 담아 YMCA 국제위원회에 보냈다. 때마침 북경에서 발생한 의화단 사건을 피해 한국에 와있던 중국 YMCA 창립자 라이언이 조사위원이 되어 여론을 수합하였다.464) 한성사범학교 교사로 있던 헐버트는 사범학교 학생들이 대부분 시골에서 올라온 청년들로서 YMCA 운동은 그들에게 반드시 필요한 활동이며 엄청 인기가 있을 것이라고 하였다.465)

그에 따라 YMCA 국제위원회는 1901년 질레트(P. L. Gillett)를 한국에 파견했고, 질레트는 서울에 도착하자마자 헐버트를 위원장으로 하는 YMCA 창립 준비위원회를 조직하였다.

헐버트는 『한국평론』 1903년 4월호를 통하여 YMCA 운동의 목적은 교육, 계몽, 선교에 있음을 다음과 같이 천명하였다.

"YMCA는 정치적 의미를 두지 말아야 한다. 진정한 개혁은 안으로부터 나오는 것이지 밖에서 오는 것이 아니며, 개혁이 필요하다는 여론이 성숙해지면 개혁은 마치 태양이 자연스럽게 솟아오르듯 소리 없이 이루어지는 법이다. 이것은 즉 교육의 문제이다. 그러므로 한국의 애국자는 개혁자라기보다 계몽가라야 한다. 이것이 YMCA의 입장이며, 그 목적은 교육, 계몽, 선교에 두어야 한다."466)

---

463) 전택부, 『한국기독교청년회운동사: 1899년~1945년』(서울: 정음사, 1978), 22.
464) 위의 책.
465) 김권정, 앞의 책, 87.
466) Hulbert, Homer B. *The Korea Review*. Vol. 3 (April 1903), 163-165. 김동진, 앞의 책,

그리하여 우리 민족사의 새로운 국면을 개척하고 개화, 구국 운동에 앞장선 '황성기독교청년회(한국YMCA)'가 1903년 10월 28일에 창립되었다. 한국 YMCA는 청년운동을 통해 민족의식을 고취시키고 문명화를 촉진시켰으며, 사회체육 발전에도 크게 공헌하였다. 헐버트의 이러한 계몽주의적 자세는 Y운동을 순수 신앙 운동으로만 전개하려 했던 일부 선교사들과 의견 충돌을 빚기도 했다. 그러나 헐버트는 이러한 개혁도 신앙을 전파하는 통로이므로 선교의 일환이라고 여겼으며, 헐버트의 주장대로 선교를 포함한 일반 사회단체로 성격을 정하였다.[467]

『한국평론』 1903년 10월호에는 "1903년 10월 28일 유니언 클럽에서 YMCA 창립총회가 열렸고, 헐버트가 의장으로서 총회 사회를 보았으며, 질레트는 총무였다"는 기사가 실렸다. 헐버트는 1903년 11월 11일 인사동에 있는, 지난날 헌종의 후궁 김씨가 살던 태화궁이라는 곳에 YMCA회관을 세웠다.[468]

개혁당 사건으로 옥고를 치른 독립협회 관계자들이 석방되면서 대부분 연동교회에 등록하고 YMCA에 가입하였다. 이상재, 김정식, 안국선, 이원긍 그리고 이승만이 석방되어 신흥우와 함께 들어왔다. 상동교회 멤버였던 이준과 윤치호, 김규식도 가입하였다.[469] YMCA는 일제침략이 본격화 되어가는 위기의 시대에 청년 교육과 함께 민족의식의 고취와 근본적인 개혁을 통한 국난 타개를 열망하는 국민들의 의지를 분출하는 주요한 공간이었고, 항일운동의 근거지였다.

108에서 재인용.
467) 위의 책.
468) 위의 책, 110.
469) 김권정, 앞의 책, 90.

YMCA 총무를 역임했던 이 운동의 산 증인인 전택부는 헐버트에 대하여 다음과 같이 회고했다.

> "초대 회장은 헐버트였으며, 1904년 가을에 게일(James S. Gale)이 회장을 이었다.… 구한말 외국인 선교사 중에도 일본의 위압에 눌려 자기 의지대로 행동을 못하거나 심지어 친일을 하는 선교사들도 있었지만, 헐버트만은 소신 있게 자신의 의지대로 행동했던 용기있는 계몽가요, 선교사였다."470)

헐버트가 YMCA를 통해 쏟은 한국의 청년들을 향한 교육의 열정은 자타의 공인을 받을 만큼 뜨거웠다.

---

470) 전택부, 앞의 책, 66-68.

4) 헐버트의 목회와 성직 활동

(1) 볼드윈 예배소(Baldwin Chapel, 현 동대문교회) 담임목사

헐버트는 1893년 감리교 선교사로 재입국하여 스크랜턴(William B. Scranton) 목사가 세운 동대문교회의 2대 담임목사로 부임하였다. 동대문교회는 원래 스크랜턴이 병자를 돌보는 진료소였으나 미 선교부 총무인 볼드윈 부인(Mrs L. B. Baldwin)의 기부금으로 새로운 예배실을 건축하여 볼드윈예배소(Baldwin Chapel)[471]로 불렀다. 이 교회는 감리교 역사상 처음으로 남녀가 같은 공간에서 예배를 드린 교회이다.[472]

헐버트는 이 교회에서 한국말로 설교할 때 기쁨이 넘쳤다고 말한다. 그는 특히 가난한 성도들을 극진히 보살폈다. 이 교회의 사역과 함께 아펜젤러를 도와 배재학당 교사와 배재학당 소속의 삼문출판사의 운영도 맡아 최선을 다하였다. 1897년 한성사범학교 교육 수장으로 부임했으나 볼드윈 교회의 사역은 계속 감당하였다. 당시에는 사역할 일에 비해 선교사들의 수가 턱없이 적어 1인 3~4역을 해야 했다. 특히 헐버트는 대학시절에 다양한 분야의 지식을 쌓았고, 다재다능한 능력을 갖고 있어서 거뜬히 여러 가지 일들을 감당할 수 있었던 것 같다.

그는 선교사들의 문서 수발부를 만들어 서로 주고받는 문서를 하인들을 통하여 통신으로 받을 수 있게 하는 등 선교사역을 다방면으로 도왔

---

471) 김동진, 앞의 책, 102.
472) 위의 책.

다.[473] 뿐만 아니라 후일 독립운동의 산실이 되었던 상동교회에서 설교도 하고 교회 내 상동청년회에서 학생들을 가르치는 등 잠시도 쉴 틈이 없는 바쁜 나날을 보냈다.

(2) 노량진교회 설립 예배 인도

헐버트가 동대문교회 담임목사를 하던 시기인 1906년, 노량진교회 설립 예배[474]를 인도하게 된 배경은 특별하다. 1904년 2월 러·일 전쟁이 발발하자 전쟁을 승리로 이끌기 위해, 일제는 군사기지, 철도, 통신, 노동력 등 한국인의 도움이 필요하여 한국인들에게 호의적이었으나 전쟁에서 이긴 후 갑자기 자세가 돌변하였다.[475] 일본은 군사 목적으로 조선인들의 땅을 몰수하여 일본인들에게 활용하게 하는 등 전국 곳곳에서 일본의 횡포는 이성을 잃을 정도였다.[476]

1906년 일본이 노량신에 수원지를 만든다고 하면서 인근 지역의 땅을 몰수하려 했다. 땅을 몰수하면서 보상도 하지 않고 무조건 내쫓기가 일쑤여서 주민들은 이 지역을 빼앗길 수 없다며 버텼다. 이 지역은 일반 주민과 무당들이 많이 사는 지역이었는데 일본인들을 이주시키려는 일제의 의도가 있었다.[477] 주민들은 땅을 지키는 방편으로 기독교 신자 이원순을

---

473) 위의 책, 103.
474) 흑석리(현 본동 포함) 조신애씨 3칸 집에서 첫 예배를 드렸다. 성도로는 이원순, 김영수, 정관순, 정태현, 김광진, 신기성 씨 등이 참여했고, 헐버트(歇法, H. Hulbert) 선교사가 최초 공식 예배를 인도했다. 새문안교회 원두우(元杜于, H. G. Underwood), 곽안련(郭安連, Clark Allen) 선교사 등의 제직들이 협조하다.(노량진교회, "역사", http://www.nrjch.or.kr, 2018.12.4)
475) 김동진, 『파란눈의 한국혼 헐버트』, 224.
476) 위의 책, 225.
477) 위의 책, 103.

초대하여 교회 설립을 추진하였다. 교회를 건축하고 설립예배의 인도자로 헐버트를 초청했던 것이다.478) 헐버트는 아무런 보상도 없이 땅을 빼앗기는 한국인들을 돕는 일을 자주 하였고, 복음을 전파할 기회도 되기에 기꺼이 응하였다. 헐버트는 노량진교회의 공식 예배를 최초로 인도하였으며, 그 결과 지역 주민들은 재산권을 보호할 수 있게 되었을 뿐만 아니라 그 지역의 무당들을 포함한 많은 주민들이 노량진교회 교인이 되었다.479)

---

478) 위의 책.
479) 위의 책.

3. H. B. 헐버트의 조선에서의 교육선교 활동

1) 공교육분야의 개척활동

(1) 육영공원의 교사

1883년 여름 고종은 민영익, 홍영식, 유길준 등을 보빙사로 미국에 파견하여 미국의 여러 문물과 제도를 시찰하게 하였고, 그들은 돌아와 신학문 및 영어교육의 필요성을 느껴 신교육기관 육영공원 설립을 제안하였다.[480] 근대화에 관심과 열정을 쏟았던 고종황제는 1884년 9월 이를 수락하였다. 1884년 말 정부가 운영하는 정식학교를 세우기로 하고 헐버트를 포함한 3명의 미국인 교사를 초청하였다.

그러나 1884년 12월 4일 갑신정변이 일어나면서 1885년 개원하려 했던 육영공원 설립 계획은 보류되었다.[481] 그 사이에 헐버트보다 먼저 미국인 선교사 언더우드와 아펜젤러, 스크랜턴 등이 1885년에 입국하여, 선교사들에 의한 사립학교 교육이 먼저 시작되었다. 아펜젤러가 배재학당(1885. 8), 언더우드가 언더우드학당(1886. 2, 경신학교 전신), 그리고 스크랜턴 여사가 이화학당(1886. 5)을 설립하면서 조선최초의 근대교육이 본격적으로 시작되었다.

1886년 9월 23일에 최초의 근대식 공교육기관인 육영공원이 설립되

---

480) 전숙자, "근대화 교육과 시민의식: 개화기 교육변화와 시민의식,"『省谷論叢』. 第27輯 3卷 (1996년), 103; 김원모, "조선 보빙사의 미국사행(1883) 연구,"『동방학지』제50집(1986), 370.
481) 김경민, "育英公院과 헐버트", 13.

었다.482) 육영공원은 과거에 급제한 관리와 양반집 자제들에게 서양식 교육을 하여 장차 외국과 교류 시 역량을 발휘할 인재를 배출하는 것이다. 사실 당시에는 외국과 교류할 때 통역관이 없어 중국인이나 일본인 등이 그 역할을 하였다. 그래서 영어교육이 시급하였다. 육영공원은 1886년 9월 23일 35명의 학생으로 개교하였다.483)

헐버트와 교사들은 1886년 7월 4일 입국하자마자 개교 전에 정부 관리들과 함께 학교 운영 전반에 걸친 내용을 담은 『육영공원 절목(育英公院 節目)』을 만들었다. 조선 정부는 동문학을 통한 청의 간섭을 차단하는 것이 시급하였기에 육영공원의 구체적인 교육 방침을 세우지 못했고, 헐버트와 교사들에게 미국식 학교로 만들어 달라고 주문하였다.484)

절목은 미국인 교사들에 의해 짜여졌다. 교사(敎師)와 교습(敎習)의 구성, 우원과 좌원의 입학·분반, 학원(學員)의 제한연령, 학교 운영에 필요한 재원마련, 학원의 일일생활 및 강의 시간, 교육 과목, 교육 방법, 방학과 출결규정, 시험 등에 관한 기본 원칙을 제시하였다.485) 조선 정부는 9월에 절목을 확정하여 학교 운영에 관한 제반 규칙을 발표하였다.

학급의 편성은 문무 현직 관료 중에서 선발한 학생들로 구성된 '좌원'과 양반자제들로 구성된 '우원' 두 반이었다. 수준은 영어교과 중심의 초학 단계와 일반교과 중심의 초학 이후의 단계로 분류되고, 초학 이후의 단계는 예과와 본과에 해당하였다.486) 초학 단계에서는 영어의 읽

---

482) 위의 책.
483) 위의 책.
484) 최보영, "育英公院의 설립과 운영실태 再考察", 296.
485) 위의 책, 298.
486) 서명일, "육영공원의 교과서와 근대 지식의 전파," 『韓國史學報』 제56호(2014), 185-186.

기, 쓰기, 문법 등 기초교육에 초점이 맞추어졌다. 그러나 교사들은 초급 영어가 어느 정도 되자 산수와 지리수업을 개설하였다. 초학단계를 마치면 대산법, 각국언어, 세계사, 국제법, 정치경제학, 농리, 지리학, 천문, 등으로 짜여진 일반과정으로 들어간다.[487]

사용한 교과서로는 헐버트 일행이 미국으로부터 가져왔던 교육용 자료로써 초급부터 최고급 단계에 이르는 다양한 교과서를 준비해왔다. 그러나 학생용 교과서가 필요했으나 국내에서는 구할 수 없어 해외에서 주문한 교과서가 연말이 되어서야 도착했다.[488] 처음 도입된 교과서가 마침내 독립기념관에 소장된 당시의 학원이었던 정운호[489]의 교과서를 통해 확인할 수 있게 되었다.

고종은 육영공원을 내무부 산하에 소속시키고 수문사 당상(修文司堂上)과 주사(主事) 등이 관리하게 하였다.[490] 교사는 헐버트, 벙커, 길모어 세 명이고, 정부는 이들 교사들을 위해 통역사[491]를 붙여 주었나. 최보영은 "교사들의 봉급은 생활하기에 빠듯할 정도로 매력적이지 않았으

헐버트는 학원들이 영어를 전혀 모르므로 초기에는 예과 2년으로, 그 후 본격적인 학문을 익히는 본과 4년으로 구성된 6년제 대학(College)를 구상하였는데, 『육영공원 절목』에 그의 의견이 반영되었다.
487) 위의 책, 186, 201-202. 독본은 이솝우화, 양치기 소년, 황금알을 낳는 거위, 로빈슨 크루소 등을 영어로 읽게 하였다.
488) 위의 책, 188.
489) 정운호(1874~1916)는 전 의금부도사 정술교의 아들이며 형인 내무부주사 정기호의 추천을 받아 1889년 3월 육영공원에 입학했고, 재학 중이던 1891년 생원시에 합격하였다. 독립기념관에 정운호의 손자가 기증한 유품이 소장되었는데, 그중에 총 7권의 서적이 '육영공원 사용 영어교과서'라고 정리되어 있고, 발행지는 뉴욕, 동경, 시카고, 상해, 런던 등으로 표기되어 세계 각지에서 적당한 책을 구입한 것으로 보인다. 위의 책, 188의 각주 27과 189의 <표1> 참조하라.
490) 최보영, 앞의 책, 298.
491) 헐버트는 동문학 출신 통역사들의 영어 수준이 형편없이 낮아서 오히려 그들을 가르쳐야만 하였다고 말하였다. 김동진, 앞의 책, 58.

며, 2년이라는 짧은 계약기간과 전혀 새로운 문화와 언어를 배워야 하는 악조건에서 조선의 교사로 온다는 것은 특별한 사명(기독교 교화)이 아니라면 할 수 없는 일이었을 것"[492]이라고 평하였다.

육영공원의 위상은 학생들의 면면과 학교 설립 취지로 보아 지금의 대학 수준에 가까웠고, 영어 명칭도 "Royal College"나 "Royal English College"라고 했다. 고종은 육영공원의 교육내용과 진행에 지대한 관심을 가져, 직접 시험을 평가하거나 입학에 허가된 35명의 학생들에게 당장 10일 이내로 지정된 숙소로 오라고 명하였고 그렇지 않으면 부모가 처벌을 받을 것이라고 엄명을 내렸다.[493] 모든 학생은 학교 근처 기숙사에서 생활했으며, 교재, 학용품, 식사 등 모든 학비를 미국 육군사관학교처럼 정부가 지급했다. 학생들의 태만이나 비행도 일일이 정부에 보고되었다.[494]

육영공원의 학사일정은 미국식을 도입하여 음력 1월 중순부터 5월 말까지 봄학기, 8월 말부터 12월 말까지 가을학기이며 방학은 여름은 3개월, 겨울은 2주 정도로 짧았다. 수업시간은 아침 9시부터 오후 4시까지이고, 토요일은 오전 수업, 월요일부터 금요일까지는 매일 아침 9시 시작하여 4시에 끝났고 일요일에는 수업이 없었다. 휴업일은 정월 초하루, 한식, 추석 등 고유명절과 여름과 겨울의 혹서기와 혹한기뿐이며, 2월 22일 President's Day, 7월 4일 독립기념일, 추수감사절, 성탄절 등 미국 명절도 포함되어, 미국인 교사들의 편의를 봐준 것으로 보인다.[495]

---

492) 최보영, "育英公院 교사 헐버트의 독립운동과 '學員'의 사회진출", 171.
493) 김동진, 앞의 책, 59, 64-65.
494) 위의 책.

당시에는 조선에서 7일을 주기로 하는 요일제가 존재하지 않았으므로,496) 육영공원의 절목이 한국의 근대교육제도의 근간이 되어 현대교육으로 이어졌음을 알 수 있다.

헐버트는 학생들이 공부에 흥미를 갖도록 우선순위를 두고, 흥미를 이끌어 내려고 노력하였다. 오대양 육대주를 소개하며 서방세계를 재미있게 소개하자 학생들이 흥미를 보이며 공부에 열의를 보이기 시작했다. 학생들의 학습태도가 나날이 좋아지고 학생들의 실력은 매우 빠르게 향상되었으며, 고종이 직접 수업참관을 하기도 했다. 심지어 방학 때도 학생들이 학교에 나와 시험을 쳤다. 육영공원의 운영은 조선 왕실이 맡았고, 교육은 완전히 외국인 교사들에게 위임되었다.

초기의 학습 교과목 중에서 제일 흥미를 끌었던 과목은 『만국지리』였다. 세계지리에 학생들이 관심을 보이자, 이에 헐버트는 한글판 세계지리시를 단독으로 편찬했다. 그리하여 1891년 순 한글판으로 된 한국 최초의 간이 천문지리서 성격을 갖춘 천문도, 세계도를 소개한 『ᄉᆞ민필지』497)를 펴내게 되었다. 『ᄉᆞ민필지』498)를 펴낸 일은 헐버트의 육영공

---

495) 최보영, "育英公院의 설립과 운영실태 再考察", 299.

496) 서명일, "육영공원의 교과서와 근대 지식의 전파", 186-187.

497) 서태열, "高宗皇帝 密使의 주역 헐버트의 世界地理 관련 저술에 대한 ㅡ考察," 『황실학논총』 제8호(한국황실학회, 2007, 4), 105-115.
『ᄉᆞ민필지』의 집필의 맥락이나 출판시점이 정확하게 알려진 바는 없으나 1891년에 육영공원 교사를 사임하고 미국으로 돌아갔으며, 육영공원의 교사들이 두 번째 계약을 맺었을 때는 학생들이 육영공원에 대한 관심이 현격히 줄어든 상태였고 학생들도 열심히 하지 않았을 것으로 추측되므로 적어도 1기 즉 1888년 이전에 만들어졌을 것으로 보인다. 『ᄉᆞ민필지』의 전반적인 내용의 특징은 각국의 차이점과 지역적 특색, 문제점을 중심으로 기술하고 있다는 점이다. 그러나 『ᄉᆞ민필지』는 당시까지의 서양 지리학의 발전을 수용하여 상당히 체계적인 지리학적 내용으로 구성되어 있다. 한편 『ᄉᆞ민필지』에 헐버트가 저자 이름으로 나오는 것뿐만 아니라 실제로 사용하였다는 점에서 상당한 영향력을 발휘하였을 것으로 본다. 헐버트가 이 책을 출판했을 때 한국어로 된 최초

166

원에서의 활동 가운데 가장 주목할 만한 일이다.

육영공원의 학원들은 젊은 현직관료들로 구성되는 좌원과 양반 귀족 가문에서 추천 받은 우수한 청소년들로 구성되는 우원으로 편성되었다. 최보영은 "육영공원에서 학습한 112명의 육영공원 출신 학원들이 많은 정부 요직에 진출하였으며 영어교육의 이점을 살려 미국과 유럽지역의 외교공관에서 활약하였다"[499]고 하였다. 즉, 그들은 배운 지식을 현장에서 바로 활용할 수 있는 현직 관료들이었으며, 졸업 후 바로 관직에 등급할 자들이었기에 그들이 받는 교육내용은 대단히 중요하였다. 헐버트와 교사들은 그들이 할 수 있는 최대한의 필수 지식들을 가르치고자 힘썼다. 나중에 나온 한성사범학교와 소학교의 교과목 편성을 보더라도 육영공원에서 가르친 교과목들과 거의 일치하는 것을 볼 수 있다.[500]

육영공원은 한국 최초의 공립 근대교육 기관으로서 근현대식 교육과정과 학제, 학사일정과 학교운영을 시작했던 곳이다. 당시에 동서양 열강들이 조선의 진출을 노렸으나 고종과 개혁자들은 선견지명이 있었기에 가장 민주적이고 첨단 지식을 달리는 미국의 교사를 초청하였고 그것은 한국이 급속하게 발전할 수 있는 모판이 되었던 것이다. 특히 헐버트와 같은 헌신적인 참교사가 와서 근대교육의 바탕을 합리적이고 신속하게 정착시킨 것은 특기 할만하다.

의 세계지리 교과서라는 점에서 교육계는 물론 조선사회에 큰 영향을 주었을 것이다.

498) 『ᄉ민필지』는 헐버트의 활동 중 저술활동에 속하는 것이지만 한국인을 계몽시키기 위한 교육활동을 위해서 지어진 교과서이므로 교육활동에 포함시켰다.

499) 최보영, "育英公院 교사 헐버트의 독립운동과 '學員'의 사회진출", 193.

500) 이원희·조재식, "교육대학 교육과정의 변화: 한성사범학교 설립과정과 운영을 중심으로," 『대구교육대학교 논문집』 제39집(2004), 17. 〈표1〉 사범학교와 소학교의 과목 편성 비교를 참조하라.

(2) 한성사범학교 교육장

교육의 중요성은 아무리 강조해도 부족함이 있는 것이다. 국가는 충분한 지식과 올바른 가치관으로 무장된 개인들을 통해 국력이 강해진다. 헐버트는 1886년 이 땅에 첫발을 디딘 이래 조선의 가장 시급한 과제로 교육을 꼽았다. 한국 역사상 제도적인 교육기관은 삼국시대부터 존립하였으나 전문적인 교원 양성 기관은 개화기에 이르러 비로소 설치되었다.[501]

정부에서는 1894년 갑오경장을 계기로 마련한 신 학제(新學制)에 따라 1895년 5월, 서울에 한성사범학교를 설립하였다. 이는 한국 교육 사상 최초의 교원양성기관이었다. 한성사범학교는 1906년 9월에 관립한성사범학교로 개편되기까지 유일한 국립교원양성기관으로서 소학교에서 신교육을 담당할 교원을 양성하였다.[502]

미국에 일시 귀국하였던 헐버트는 1893년 정식으로 감리교 선교사 자격을 갖고 다시 조선 땅에 입국했다. 헐버트는 1897년 5월, 조선 정부와 고용계약을 맺고 한성사범학교 책임자가 되었다고 밝히고 있다. 헐버트는 교사들을 양성하는 교육기관의 수장이 된 것이다. 이 당시 헐버트의 위치는 한성사범학교 교육담당 수장이었을 뿐만 아니라, 대한제국의 교육을 사실상 책임지는 교육 최고책임자였다. 헐버트의 모교인 다트머스대학 1898년 동창회보 소식란은 '헐버트가 최근 고종 황제의 교육 최고책임자로 임명되어 한국 교육행정을 책임 맡았다.'[503]라고 기록하고 있다.

---

501) 김영우, "개화기의 교원교육", 『韓國敎育史學』 15 (韓國敎育史學會, 1993), 1.
502) 위의 책.
503) 헐버트는 1897년 5월 23일자 편지에 자신이 한성사범학교의 교육과정과 일상 업무를 책임지기로 하여 정부와 5년 계약을 맺었다는 내용을 적었다. 김동진, 『파란눈의 한국혼 헐버트』, 83. 각주에서 재인용.

헐버트가 한성사범학교를 맡은 1897년 여름의 학생 수는 50여 명이었다. 그는 학생들에게 선생이 되기 위한 사범교육을 가르치기보다 먼저 기초 교육을 가르치는데 치중했다. 그는 한편으로 교과서 시스템의 완비를 학교 교육의 중요한 과제로 삼았다. 교과서가 없어 학생들에게 중구난방으로 교육을 할 수 밖에 없었기 때문이었다. 그리하여 그는 교재 편찬에 많은 시간을 보냈다. 그리고 그는 한성사범학교 생활 중 학생들과도 깊은 교류를 나눴다. 그들과 국제 정세를 토론하며 나라의 장래를 같이 걱정하고, 특히 그들에게 자주독립 정신을 일깨워 주었다.[504]

헐버트는 한성사범학교뿐 아니라 정부가 세운 관립영어학교에서도 학생들을 가르쳤다. 헐버트는 교육에서 삼육을 강조하였다. 그는 『그리스도 신문』에 한글로 기고한 "한국의 교육"이라는 글에서 심육, 지육, 체육의 중요성을 역설하였다. 그는 교육을 통해 문명국가를 만들 것을 제시하였다. 그는 조선의 근대화를 위해 가장 시급한 부분이 교육 개혁이라 판단했다. 헐버트는 한자를 우월하게 여기는 편견을 깨고, 모든 백성이 한글을 널리 상용하도록 고양시키는 일에 앞장설 것을 다짐하였다. 한성사범학교를 1년쯤 운영하였으나 학교가 시설도 미비할 뿐만 아니라, 행정도 능률적이지 못했기에, 그는 1898년 7월 4일 정부에 '학교 개량 건의서'를 작성해 주한 미국 공사 알렌을 통해서 외부대신 서리 유기환에게 제출하였다. 그는 이 건의서에서 다음과 같이 요구했다.[505]

첫째, 학생이 쉽게 학교를 그만둠에 따라 그 자리를 수시로 채우다보니

---

504) 위의 책, 84.
505) 고대 아세아 문제연구소, 『구한국외교문서』 제11권, (1967), 387-388.

학생들의 수준이 일정치 않아 수업을 진행하는데 어려움이 많다. 그래서 학생의 충원을 제도적으로 조치해 달라. 둘째, 학생들 중에 삼분의 일정도가 겨우 선생 자격이 있기에, 신중하게 학생 선발을 할 것. 셋째, 관립영어학교를 자신이 겸직하고 있기 때문에 시간이 너무 쫓긴지라 사범학교에 조교를 달라. 조교의 자격은 수학을 특별히 잘해야 하며 그 자신이 직접 선발할 권한을 부여해 달라고 요청했다. 헐버트는 특히 '학교 개량 건의서'에서 영어학교를 개량하는 문제에 대해서도 다음과 같이 건의했다.[506]

첫째, 2명의 유능한 조교를 줄 것. 둘째, 결석에 대한 벌칙 제도를 만들어 학생들의 출석을 강화해 줄 것.
셋째, 영어 문장의 암송 시간을 빼먹은 학생은 개별적으로 다시 선생과 접촉해서 영어 암송을 마치도록 조치해 줄 것.
넷째, 자신은 수업이 끝나면 갈 곳이 없으니 점심 등을 해결할 교무실을 마련하여 줄 것.
다섯째, 교실 곁에 화장실이 있어서 비위생적이기에 바로잡아 줄 것.
여섯째, 교과서의 일부는 한글로 번역될 필요성이 있어 조교를 두어서 번역을 시키도록 할 것.
일곱째, 학교에 최소한의 운동기구를 마련해 체력 단련을 할 수 있게 할 것.

이에 정부는 헐버트의 건의 건에 대해, 1898년 7월 8일 신속히 답변을 보내 이를 전향적으로 검토할 것이라 밝혔다.[507]

한성사범학교에 이어 헐버트는 1900년 관립중학교 교사직을 맡아 한성

---

506) 국사편찬위원회, 『고종시대사』4권(서울: 탐구당, 1972), 616.
507) 김동진, 앞의 책, 88.

사범학교에서와 마찬가지로 교과서 시스템 정착에 정열을 쏟았다.508)

2) 교과서 개발 및 출판

(1) 최초의 순 한글 교과서 『스민필지』 출간

헐버트가 조선에 입국한 지 3년만인 1889년에, 그는 세계 지리, 천체, 각국의 정부 형태, 풍습, 산업, 교육 및 군사력 등을 망라한 한글로 된 총서를 만들어 이를 교과서로 사용했다. 곧 한국 최초의 순수한 한글 교과서가 만들어진 것이다.[509] 헐버트는 이 책의 이름을 '선비와 백성 모두가 반드시 알아야 할 지식'이라는 뜻으로 『스민필지(Knowledge Necessary for All)』라 명명했다.[510]

사민필지 표지

권정화는 "『스민필지』는 한국 근대 지리교육의 효시이며, 한국이 미국 지리학과 처음 만나는 계기이기도 하는, 미국으로부터 직수입된 지리적 지식이라고 할 수 있다."[511]고 하였다. 헐버트는 이 책을 육영공원 학생들뿐만 아니라 여타 학교 학생들과 일반인들도 볼 수 있도록 1890년 초부터 출판을 준비했다. 이 책에 대해 헐버트는 국가의 어떠한 결점도 숨기지 않았으며, 오로지 사실을 바탕으로 썼고, 자신의 상상력에 기반한 것은 없다고 했을 만큼 객관적 자료와 정확성에 심력을 다했다.

1891년 2월 27일 발행한 다트머스대학 동창회보는 "헐버트가 한국어로 된 사회지리 책을 출판하였다."라고 기록하고 있다.[512] 이 책은 한글로 발

---

509) 서태열, "高宗皇帝 密使의 주역 헐버트의 世界地理 관련 저술에 대한 一 考察.", 109-110.
510) 김동진, 앞의 책, 72.
511) 권정화. "헐버트의 『사민필지』와 미국 근대 지리교육의 굴절된 투영성", 13.

간되어 역사적인 가치와 조선인들에 대한 헐버트의 사랑과 정이 담겨있는 책이다. 그는 한글이 과학적이고 독창적인 음성언어로써, 쓰기도 편한데도 불구하고, 특히 양반 계층에서 한자만을 애용하고 한글을 경시하는 태도에 대해 이해할 수 없었다. 그래서 『스민필지』를 한글로 집필하여 조선인들이 자연스럽게 한글의 우수성을 깨닫게 하려는 교육적인 의도가 있었다. 그는 결국 조선인들은 한글을 사용하게 되고, 한자는 영어에서 라틴어와 같은 한글의 보완적인 위치가 될 것이라고 예견했으며513) 그 예견은 오늘날 적중했다.

『스민필지』는 161쪽으로 되어 있고 서문514)에 이어 태양계, 지구에 대한 설명, 유럽, 아시아, 아메리카, 아프리카, 오스트레일리아 순서로 5대륙

---

512) 김동진, 앞의 책, 73.
513) 위의 책, 74.
514) Homer B. 헐버트, 『헐버트 조선의 혼을 깨우다』, 112. 스민필지 서문(1891) 참조.
　　천하 형세가 옛날과 지금이 크게 같지 아니하여 전에는 각국이 각각 본국만을 지키고 본국 풍속만 따르더니 지금은 그렇지 아니하여 천하만국이 언약을 서로 믿고 사람과 물건과 풍속이 서로 통하기를 마치 한 집안과 같으니 이는 지금 천하 형세의 고치지 못할 일이라. 이 고치지 못할 일이 있은즉 각국이 전과 같이 본국 글자와 사적만 공부함으로는 천하 각국 풍습을 어찌 알며 알지 못하면 서로 교접하는 사이에 마땅치 못하고 인정을 통함에 거리낌이 있을 것이오. 거리낌이 있으면 정리가 서로 두텁지 못할지니 그런즉 불가불 이전에 공부하던 학업 외에 각국 이름, 지방, 폭원, 산천, 산야, 국경, 국세, 재화, 군사, 풍속, 학업과 도학이 어떠한가를 알아야 할 것이오. 이런 고로 대저 각국은 남녀를 막론하고 칠, 팔세가 되면 먼저 천하 각국 지도와 풍속을 가르치고 나서 다른 공부를 시작하니 천하의 산천, 수륙과 각국 풍속, 정치를 모르는 사람이 별로 없는지라 조선도 불가불 이와 같게 한 연후에야 외국 교접에 거리낌이 없을 것이오. 또 생각건대 중국 글자로는 모든 사람이 빨리 알며 널리 볼 수가 없고 조선 언문은 본국 글일뿐더러 선비와 백성과 남녀가 널리 보고 알기 쉬우니 슬프다! 조선 언문이 중국 글자에 비하여 크게 요긴하건만 사람들이 요긴한 줄도 알지 아니하고 오히려 업신여기니 어찌 아깝지 아니하리오. 이러므로 한 외국인이 조선말과 어문법에 익지 못한 것에 대한 부끄러움을 잊어버리고 특별히 언문으로 천하 각국 지도와 목견한 풍기를 대강 기록할 새 먼저 땅덩이와 풍우박뢰의 어떠함과 차례로 각국을 말씀하니 자세히 보시면 각국 일을 대충은 알 것이오 또 외국 교접에 적이 긴요하게 될 듯하니 말씀의 잘못됨과 언문의 서투른 것은 용서하시고 이야기만 자세히 보시기를 그윽히 바라옵나이다.
　　　　　　　　　　　　　　　　　　　　　　　조선 육영공원 교사 헐벗.

과 각 나라를 소개하고 있다. 각 나라의 수도는 물감으로 색상을 넣어 표
시하여 한눈에 수도를 알아볼 수 있게 하
였다. 이어서 세계 각국을 세밀하게 소개
하였다. 당시에 조선과 주변의 몇 나라에
국한된 지식을 가졌던 조선 사람들에게
지리, 자연 상태, 정부 형태, 풍습, 종교,
산업, 교육, 군사력 등을 망라한 각 나라
에 대한 설명은 신지식 그 자체였다. 그
는 또한 도량형 단위는 조선인들이 사용
하고 있는, 거리 단위는 '리', 높이 단위
는 '척', 곡물의 단위는 '석' 등으로 표
시하여 학습자의 이해를 쉽게 하였다. 헐

「ᄉ민필지」의 아시아 지도

버트는 서양의 도량형 단위를 조선이 사용하고 있는 단위로 환산하여준
최초의 교사일 것이다. 기후에 있어서도 우리나라 기후를 중심으로 다른
나라 기후와 비교하여 설명하였다.515)

『ᄉ민필지』는 당시의 각 교육기관에서 교재로 썼을 뿐만 아니라, 지식
층과 상류층에게는 필독도서이자 상식서로서 베스트셀러였다. 이 책을 통
하여 우물 안 개구리와 같았던 조선 사람들이 바깥세상을 알게 되었고, 서
방세계에 대해 꿈을 품는 계기를 갖게 하였다. 『ᄉ민필지』는 1889년 교재
용, 1891 초판에 이어, 수정을 거쳐 1906년 및 1909년에 2판, 3판이 각각
나왔다. 1895년 한자로 번역된 한역판도 나왔다. 2판에서는 초판에서 썼던

---

515) 김동진, 앞의 책, 78.

「스민필지」의 러시아 부분

국명과 지명을 많이 고쳐 썼다. 초판에서는 영국을 '엥길리국'으로 썼으나 2판에서 '영국'으로, 미국에 대해서도 '미리견합즁국'을 초판에서 '합즁국'으로 썼으나 2판에서는 '미국'으로 썼다. 헐버트가 영어를 한국어로 표기하는 "한국어 로마자 표기"516)에 대하여 깊은 관심을 가지고 논문을 쓰기도 하면서 한국어의 로마자 표기의 근간을 마련하였다.

한편, 일본은 1909년 『스민필지』가 국민들의 사상 교육 과정에 너무 자극적이라는 이유로 출판과 판매를 금지하였다.517) 『스민필지』는 한국 근대교육의 초기 단계에서 획기적인 신교육 문화의 장을 펼친 변곡점이 되어 주었고, 조선인들에게 문명의 빛을 밝혀준 순 한글 사회지리 교과서였다.

(2) 초기의 교과서 개발 및 보급

헐버트는 교육자로서 학교에 교과서가 없는 점이 항상 안타까웠다. 그래서 그는 한성사범학교 시절부터 학교교육을 위해 교과서 시리즈를 기획

---

516) Homer B. 헐버트, 앞의 책, 166-178.
517) 김동진, 앞의 책, 80.

하였다.518) 이 시리즈에 의해 많은 책이 발간되었다. 헐버트는 회고록에서 1906년과 1908년 사이에 15권의 교과서가 탄생하였다고 밝혔다. 헐버트가 발행한 교과서 목록이 밝혀진 것이 없는 것으로 보아 아마 한성사범학교와 소학교에서 설정된 교과목의 교과서519)를 중심으로 집필, 편찬하여 발간했을 것이다. 그리고 그는 1907년 『뉴욕 헤럴드』지와 가진 인터뷰에서 자신은 최근 한글로 된 교과서 시리즈를 종합적으로 갖추는데 15,000달러를 썼다고 밝혔을 만큼 한국의 교육발전을 위해 투자하는데 아끼지 않았다.

교과서 시리즈의 하나로 1906년에 출판된 『초학디지』가 있다.520) 『초학디지』는 순 한글로 된 지리 교과서로서 정신여학교 교장을 지낸 미국인 선교사 밀러 부인이 만들어 헐버트의 감수를 받았다. 헐버트는 "자기 나라의 역사를 알지 못하는 자는 금수와 다를 바 없으며, 외국과의 경쟁에 참여할 수도 없고, 설사 참여한다 하여도 패배할 수밖에 없다."라고 하면서, 모든 학문을 이해하기 위한 기초 학문으로 역사학을 꼽았다.

오늘날의 대한민국의 역사왜곡의 현실을 예견한 듯이 헐버트가 역사의 중요성을 120년 전에 이미 한국인들에게 외치고 있었다.

헐버트는 관립중학교 제자 오성근과 함께 『대학력ᄉ』라는 역사 교과서521)를 한글로 저술하여 1908년 출판하였다. 이 책은 상, 하 두 권으로 기획되었는데, 하권은 아직 발견되지 않았다. 307쪽으로 이루어진 상권은 단군 시대부터 고려 말까지를 다루었다.522) 김동진은 발견되지 않은 하권

---

518) 위의 책, 88.
519) 이원희·조재식, "교육대학 교육과정의 변화: 한성사범학교 설립과정과 운영을 중심으로," 17쪽의 <표1> 사범학교와 소학교의 과목 편성 비교를 참조하라.
520) 김동진, 앞의 책, 88.
521) 위의 책, 89-90.

은 헐버트가 헤이그에 특사로 간 이후 한국에 돌아올 수 없었기 때문에 출간되지 못한 것이 아닌가 추측한다고 하였다. 일제는 1909년 2월 출판법을 공포하면서 사전 검열제도를 도입하여, 『대학력사』를 불온서적으로 금서 조치하여 사용 금지 처분을 내렸다[523]는 것으로 보아 그 역사적 가치는 더욱 귀할 것이다.

---

522) 위의 책.
523) 위의 책, 90.

3) 연구 및 저술 활동

(1) 한글과 한국어 연구 및 보급

헐버트는 1889년 한글의 우수성을 세상에 알리기 위해 『ᄉ민필지』를 한글로 저술하였다. 그리고 1892년 한국 최초의 월간지인 『한국소식(The Korea Repository)』 창간호인 1월호에 "한글 1(The Korean Alphabet Ⅰ)"이라는 제목의 논문을 발표하였다.524) 이 논문에서 헐버트는 한글창제 당시의 인근 국가들과의 정치적, 인종적, 문화적 관계, 당시 조선의 처한 상황 등을 자세히 설명했다.525) 또한 문자를 분석할 때 주의할 점들을 제시하며 문자 창제자가 문자창제 당시 어쩌면 무의식적으로 채택했을 문자의 단순화 양태나 방법을 면밀히 관찰하여야 오차가 없다고 한글을 연구하는 헐버트 자신의 자세를 대변하기도 하였다.526) 뿐만 아니라 "조선초기 왕들은 낡은 관습을 버리고 그 자리에 중국의 모방이 아닌 완전히 새로운 관행을 세우는데 많은 시간을 할애한 것으로 보인다."라며 조선의 상황을 예리하게 간파하고 있다. 그 예로써 한글 창제 시 세종대왕이 가졌던 생각의 일면을 다음과 같이 분석하였다.

"세종은 왕릉마다 사찰을 짓는 쓸모없고 사치스러운 풍습을 멈추라 명했다. 백성의 부역을 줄이기 위해 왕의 무덤에 큰 비석을 놓는 대신 작은 비석 네 개를 놓도록 지시했다. 사형에 처할 중죄를 저지른

---

524) Homer B. 헐버트, "한글1," 『헐버트, 조선의 혼을 깨우다』, 115-123.
525) 위의 책, 118-121.
526) 위의 책, 116-117.

자는 모두 세 번의 재판을 받게 하고, 재판기록을 임금에게 보내도록
했다.… 궁궐 앞에 신문고를 설치하여 불만이 있는 자는 누구나 와서
북을 치고 임금을 알현할 수 있도록 하였다.…"527)

이와 같은 분석을 통하여 세종의 개혁정신과 백성을 사랑하는 마음을
부각시켰다. 뿐만 아니라, 헐버트는 한글 창제 당시 조선이 참고했을 자료
를 추정함에 있어서 중국의 상형문자는 제쳐놓고, 사찰에 있는 티베트어와
산스크리트어 책일 것이라고 파악하였다.528) 그 언어들은 소리글자이므로
한글의 근원을 추적할 때 참고해볼만 하다고 판단하였다. 한글창제의 이면
에는 바로 중국의 어려운 상형문자를 따르지 않고 쉬운 소리글자를 택하
여 백성들이 언어와 문자를 쉽게 터득하여 활용할 수 있도록 하려는 세종
대왕의 백성을 사랑하는 마음을 읽어냈다. 한글을 독창적으로 창제한 것은
인류사에서 빛나는 세종대왕의 업적이라 평가했다.

헐버트는 "한글1" 논문에 이어 1892년 3월호 『한국소식』에 "한글
2(The Korean Alphabet Ⅱ)"529)라는 제목의 논문을 내놓았다. 이 글에
서 한글 창제의 기원을 당시의 조선 내 불교 사찰에 즐비했던 티베트
문자로 보고 주변국의 언어인 티베트어, 만주문자, 산스크리트어와 한글
의 구조를 비교하여 그 차이를 분석하였다.
그는 "한글은 문살무늬에서 찾지 못하는 것이 없다. 한글은 원래 각
진 문자임을 알 수 있다. 각 모음과 낱자에 들어있는 지금의 동그라미

---

527) 위의 책, 121-122.
528) 위의 책, 122.
529) 위의 책, 123-131. "한글 2"를 참조하라.

(ㅇ)가 원래 세모(ㅿ)였다"라며 한글은 비교 문자들과 큰 차이가 나는 것을 주장하였다. 각진 한자를 한국에서 26세기 동안이나 사용하면서 한자의 각진 필법이 뿌리 깊이 정착되었다고 분석하였다. 만주문자는 필자가 기준선에 붙여서 쓴다. 산스트리트어와 티베트어도 유사한 특징을 가지고 있다. 그러나 한글은 완전히 특별한 방법으로 쓴다.

한글은 음소가 모여서 하나의 음절을 이루는 음절문자이다. 음소의 배열은 삼각구조이며 다른 어떤 언어에서도 찾을 수 없다. 그러므로 한글은 어떤 아시아에서도 오지 않았다. 한민족은 스스로 한글을 발명한 뒤 글자의 모양은 한자와 최대한 유사하게 음소를 조합하여 각진 모양이 되게 만들었다. 그런 면에서 한글은 독창적이면서도 보수적이라고 할 수 있다.[530]

티베트 문자는 셈족 문자처럼 모음이 보조적인 역할을 하지만 한글의 모음은 중추적인 역할을 한다. 그러나 자음은 매우 유사하다. 한글의 ㄱㄴㅁ은 티베트 분자의 같은 음가와 같다. ㄹㅂㅅㄷ은 한 획만 생략하거나 변형을 주면 티베트 문자와 같아진다. 파생된 문자가 표본 문자보다 단순하다는 법칙에 입각하여 한글은 티베트 문자를 기원으로 했다고 보았다. 한글은 티베트 문자에서 자음의 모양만 따왔고, 모음은 한민족 스스로 발명하였으며, 글자의 조합방식도 독창적으로 창조하여 완전한 표음철자법을 창안한 것이 놀랍다고 하였다. 헐버트는 또 산스크리트 문자를 보면 티베트 문자의 기원이 되는 것을 금방 알 수 있다고 하였다.[531]

---

530) 위의 책, 124-126.
531) 위의 책, 126-127.

한글은 목판인쇄를 한 까닭에, 새기기는 쉽지만 동그라미나 곡선을 새기기가 어렵고 더 많은 공간을 필요로 하므로 대량생산이 이루어질 수 없었다. 이동식 활자를 썼더라면 한글은 오래 전에 조선 문명을 선도하고 그 탁월성을 발휘할 수 있었을 것이라고 주장하였다.532)

헐버트는 당시에 한국인도 도전하기 어려운 한글의 기원을 추적하는 탁월한 학식과 분석력을 가지고 있었다. 헐버트는 조선의 격자문 정사각형과 삼각형에서 한글의 자음과 모음을 모두 찾을 수 있으며, 이 사실을 믿는다면 "이보다 더 간단하고 이보다 더 과학적으로 발명된 문자 시스템은 없다. 왜냐하면 완벽한 문자란 최대한 단순하면서도 광범위한 표음능력을 지닌 글자이기 때문이다"라고 하며 한글을 극찬하였다.533)

헐버트는 또 1892년 논문 "한글"을 필두로 1906년까지 한글에 관련한 많은 논문을 발표하였다. 한국인도 이해하기 어려운 '한글', '이두', '한문'을 비교하여 "이두(ITU)"라는 논문534)을 『한국소식』 1898년 2월호에 발표하였다. 이어서 헐버트는 한글 창제 과정과 한글 자모에 대한 학술적인 고찰을 한 후 "훈민정음(Hun-min Chong-eum)"이라는 논문을 1903년에 『한국평론』에 발표하였다.535) 그리고 1897년에는 조선의 속담 75개를 정리하고 풀이한 "한국의 속담(Korean Proverbs)"536)을 『한국소식』에 네 번에 걸쳐 발표하였다. 이 외에도 헐버트는 다수의 한글과 한국문학에 대한 논문과 기고문을 발표하였다.

---

532) Homer B. 헐버트, 『헐버트, 조선의 혼을 깨우다』, 129-130.
533) 위의 책, 128-129.
534) 위의 책, 192-203.
535) 위의 책, 271-284.
536) 위의 책, 346-386.

그는 또 1903년 세계 유명 학술지에 한글의 우수성에 대해 기고했다. 자신이 발행하고 있던 『한국평론』 1902년 10월호에 "한국어(The Korean language)"라는 논문을 발표했다.[537] 그리고 미국의 스미스소니언 협회(Smithsonian Institution)에 그 논문을 보냄으로써, 1903년 미국의 정부 및 의회에 보고하는 연례 보고서 학술 논문 난에 수록하는 성과를 거두었다. 헐버트는 그 논문에서 한글의 창제 과정과 한글의 우수성을 소개하였다. 그 결론부분 마지막 절에서 "한글은 대중 의사소통의 매체로써 영어보다 우수하다."라고 하여, 한글의 우수성을 최초로 국제적으로 소개했다.[538] 헐버트로 인해 한글의 위대성이 이미 100여 년 전에 미국 의회와 세계 유명 학술지에 소개된 것이다.[539]

헐버트는 자신이 발행하고 있던 『한국평론』 1903년 3월호에 집현전 학자이자 사육신의 한 사람인 성삼문(成三問, 1418~1456)에 대한 재미있는 이야기를 밝혔다. 성삼문의 아버지가 성삼문이 태어나기 전, 세 번에 걸친 꿈속에서 "아들이 태어났느냐? "는 질문을 받았으며, 세 번째 질문하는 날 태어났으므로 이 아이는 "모든 사람에게 자신의 영예를 같이 나눌 수 있는 훌륭한 인물이 될 것"이라는 소리를 들었고 그래서 이름을 '三問'이라 하였다고 했다. 헐버트는 성삼문을 모음과 자음을 분류하는 등 한글 창제에 있어서 가장 공이 큰 학자이며 그의 덕을 한국인들이 누린다고 보았다.[540]

---

537) 위의 책, 260-270.
538) 헐버트기념사업회 김동진 회장은 2005년 미국의 컬럼비아 대학 도서관에서 이 논문을 최초로 발견하였고 미국의 고서점을 뒤진 끝에 이 논문 전문이 실린 연례 보고서를 확보하였다고 한다. 김동진, 『파란눈의 한국혼 헐버트』, 120.
539) Homer B. 헐버트, 『헐버트, 조선의 혼을 깨우다』, 260-270.

헐버트는 세종대왕 이래 한글 역사에 가장 큰 역할을 했던 또 다른 학자로 주시경(周時經, 1876(고종 13)~1914)을 꼽았다. 헐버트와 주시경은 배재학당에서 선생과 학생으로 만났다. 주시경은 1895년 헐버트가 책임지고 있던 삼문출판사에서 아르바이트를 하였다. 두 사람은 학교생활과 한글이라는 매개체를 통해 사제 간의 정이 돈독히 쌓였을 것이라 판단된다. 특히 헐버트가 1889년 『ᄉᆞ민필지』를 한글로 저술하면서 한글의 우수성을 논하였고, 1892년 "한글"이라는 논문을 발표하였던 터라 1894년에 배재학당에 입학했던 주시경은 한글과 관련해서 헐버트로부터 큰 영향을 받았음이 확실하다. 한글의 "띄어쓰기"와 "점찍기"는 『독립신문』 발간 이전까지만 해도 없었던 것으로 보아, 헐버트가 제안하고, 주시경과 함께 진행했던 것으로 보는 것이 타당하다.541)

헐버트는 1904년 9월호 『한국평론』에 "한글 맞춤법 개정(Spelling Reform)"542)에 대한 논문을 기고하였다.

But if we are to manipulate the alphabet in favor of the coming generations why not make a thorough job of it and give them something that will be approximately perfect?
하지만 문자를 이왕 다듬을 거라면 미래 세대를 위해 확실히 작업하여 거의 완벽한 맞춤법을 만들어 줘야 하지 않겠는가? 543)

---

540) 김동진, 앞의 책, 122.
541) 김동진, 앞의 책, 123-125.
542) Homer B. 헐버트, "한글 맞춤법 개정", 『헐버트, 조선의 혼을 깨우다』, 292-303
543) 위의 책, 292.

위에서 보면 완벽한 한글맞춤법을 위해 몇 사람과 함께 연구하고 있는 중임을 짐작할 수 있다. 아마 최소한 주시경과 함께 했을 것이다. 헐버트는 한글은 창제 당시 단 두 글자544)만 버려질 만큼 완벽한 글자였다고 말한다.545) 헐버트는 한글의 규칙성을 거의 일정하게 보고 있으며 창제자가 완벽하게 창제하였음을 아래와 같이 설명하고 있다.

"한글의 모든 낱자는 각각 소리가 있으며 모음은 장단의 길이가 있고, 단모음을 제외하면 음질에 영향을 주지 않는다. 무성음 'k (ㄱ)', 'p(ㅂ)', 't(ㄷ)', 'ch(ㅈ)'은 활음조 현상이 나타날 때는 유성음 'g', 'b', 'j'로 발음되기에 유성음과 무성음이 둘 다 쓰이기도 한다. … 한국어에는 불규칙성이 있긴 하지만 영어에 비하면 아무것도 아니다. 언어의 불규칙성은 수백 년이 지나면서 언어사용에 따른 음운 변화의 결과이지 한글 창제자가 일을 소홀히 했기 때문이 아니다."546)

또한 그 당시에 '한글 맞춤법 개정안'을 만들고 있으면서 의견의 일치가 되지 않는 점에 대하여 『한국평론』 1904년 9월호에 실어서 제안된 내용의 여론을 듣고자 했음이 다음 글을 통하여 알 수 있다.

현재의 맞춤법에 대한 논의는 불필요한 부분을 없애 한글맞춤법을

---

544) 헐버트는 버려진 글자에 대하여 다음과 같이 설명한다. 하나는 모음을 약간 강렬하게 발음할 때 목구멍에서 약해지는 소리이고(ㆆ를 지칭한다), 다른 하나는 희미하게 내는 소리이다(ㅿ을 지칭한다).
545) 위의 책, 293.
546) Homer B. Hulbert, "Spelling Reform," in *The Korea Review*(Sep. 1904), Homer B. 헐버트, 위의 책, 294.

손질하자는 데에 목적이 있기에 이 글을 읽는 독자들은 맞춤법에 대한 찬반 주장에 주목하기 바란다. 현재 제안된 개정안은 다음과 같다.

1. 'father'의 'a(아)' 소리를 나타내는 두 가지 방법 중 하나를 버리자. 둘은 소리 상 차이가 없기에 하나를 없애서 맞춤법을 간단히 하자547)

2. 'ㅈ(ch 또는 j 소리)'으로 발음하는 곳에 'ㄷ(t)'자를 쓰지 말고 원래 그 소리를 나타내는 글자를 쓰자.548)

3. 'ㅅ(s)', 'ㄷ(t)', 'ㅈ(ch)'자 뒤에 오는 모음은 점 두 개를 쓰지 말자. 이러한 자음들 뒤에서는 점 두 개가 나타내는 'y'549) 발음이 절대 들리지 않기 때문이다.550)

위 세 가지 제안을 볼 때 한글이 적어도 쓰기에서는 음성학적으로 완벽하지 않다는 점에 모두가 동의할 것이다. … 무엇보다도 당면한 문제는 기독교계 및 여러 교육기관이 문서를 작성할 때 위에 제시한 안처럼 더욱 완벽한 음성학적 기준을 채택하는 것이 좋을지, 아니면 타협을 시도하여 제안된 안 일부만 수용할지, 그것도 아니면 아예 한글 맞춤법을 지금 있는 그대로 둘지를 결정하는 일이다. … 누군가가 다른 것이 더 좋거나 더 낫다고 증명하지 않는 이상 현재 상태가 최고라고 보기 때문이다.551)

---

547) 'ㅏ'와 'ㆍ(아래아)' 중 하나를 없애자고 주장한 것이다.
548) '지치다'를 '디지다'로 쓰지 말자는 것이다. 'ch', 'j'는 모두 'ㅈ'을 말한다.
549) 'ㅕ', 'ㅛ' 등의 이중 모음을 말한다.
550) 'ㅅ', 'ㄷ', 'ㅈ' 뒤에서는 'ㅕ'를 쓰지 말자는 뜻이다. 예를 들어 '저'와 '져' 사이에 발음상 차이가 없어 '져'가 '저'와 구별되어 들리지 않는다는 뜻이다.
551) Homer B. 헐버트, 위의 책, 294-295.

고종황제가 1907년에 한글 보급을 목적으로 설치한 것이 '국문연구소'였는데, 이 논문은 그보다 3년 전에 집필한 것이므로 국문연구소를 세운 헐버트의 제자 주시경 등이 헐버트의 가르침에서 많은 영향을 받았을 것이다. 연구소의 설치는 주시경이 건의하고 고종황제는 이를 받아들여 윤허한 결과였던 것이다. 헐버트가 『ᄉ민필지』를 저술한 이후 한글의 사용을 줄곧 주창하며 이를 실행하기 위한 '한글 보급청'을 설치하자고 건의했었고, 주시경은 1906년 3월 한글보급기관 구성에 관해 협의했음이 기록에 남아 있음을 볼 때, 헐버트, 주시경, 오성근의 노력이 국문연구소 설치로 이어졌다고 보아진다.[552]

헐버트는 또 1905년에 한글의 기원에 관한 책을 썼다. 『한국어와 드라비다어의 비교연구(A Comparative Grammar of the Korean and the Dravidian Languages)』라는 책이다.[553] 인도 남쪽 드라비다 지방 언어와 한글의 공통점을 비교 연구하여 한국어와 드라비다어가 13가지에 달하는 공통점이 있음을 나열하였다.[554] 헐버트의 연구를 통하여 한민족의 기원을 연구하는 학자들 중에 인도의 아유타국 공주 허황옥이 AD 48년에 가

---

552) 김동진, 앞의 책, 123-131.
553) 위의 책, 126-127.
554) Homer B. 헐버트, 『헐버트, 조선의 혼을 깨우다』, 150-155. 두 언어의 공통점을 요약하였다: 한국어와 드라비다어에 쓰이는 모음이 같다. 두 언어 모두 'to be(있다)'의 뜻을 갖는 동사가 두 개다. 명사에 붙는 후치사는 말하는 사람의 필요에 따라 격이 달라진다. 성별의 어형 변화가 없고 형용사의 비교급이 없으며, 숫자에는 명사와 형용사 두 가지 형태가 있다. 주어, 목적어, 서술어 순의 문장 순서가 같다. 동사의 어간은 단음절이고 원 어근을 명령어로 쓰며, 같은 형식의 보조 모음을 사용한다. 전치사에 해당하는 관계대명사를 가지고 있다. 복수는 복수화접사(들, gal)를 쓰고, 단수는 '한(one)'을 쓰는 경우가 흔하다. 수단을 나타내는 격을 '가지다(to take)'라는 동사의 분사형태를 써서 만든다. 인칭대명사 성질의 접미사가 없다. 명사 뒤에 동사 '되다(to become)'의 분사형태인 '형용분사'를 붙여서 형용사를 만드는 경우가 흔하다. 최상급의 개념에서 '~중에서(보다) 제일'이라는 의미의 간접적 표현을 쓴다. '나(na)' 하나만 1인칭으로 쓴다.

186

락국 김수로왕에게 시집왔다는 설과 드라비다어의 한글과의 유사성이 근원적[555]으로 어떤 연관성이 있을 것이라는 추측도 가능케 한다.

헐버트는 한글을 200개가 넘는 다른 문자와 비교해본 후 한글은 현존하는 문자 가운데 가장 훌륭한 문자 중의 하나임에 틀림없다[556]고 한글을 정의하였다. 헐버트는 한글 연구를 통하여 한글이 신속하게 발전할 수 있도록 바탕을 다져줌으로써 한국어 발전사에 크나큰 기여를 하였다.

(2) 최초의 "아리랑" 오선악보 채보

"아리랑"에 최초로 서양음계를 붙인 사람이 헐버트이다. 헐버트는 1896년 구전 아리랑을 오선지 악보에 옮겨 현대적 아리랑 곡을 탄생시킴으로써 한국 음악사의 서양악보 시대를 열었다.[557] 그는 영문 월간지 『한국소식』 1896년 2월호에 "한국의 소리 음악(Korean Vocal Music)"이라는 제목의 논문을 발표하였다.[558]

이 논문에서 먼저 "청산아"를 오선악보에 채보하고 3행 시조인 한글 고어 가사를 적었다. 그 내용을 영문으로 자세히 풀이하여 3연의 시로 지어 감흥을 소개하였다.[559] "문경새재아리랑"도 곡조를 서양음계로 채보한 후 선창과 후렴구의 가사를 자세히 소개하였다.[560] 경기민요 "군밤타령"도 오선악보로 채보하여 가사를 영어로 붙이고 한글로도 소개하며 미국인들이

---

555) 윤사무엘, 『한국교회와 신학』, 284-290.
556) 김권정, 앞의 책, 65; 김동진, 앞의 책, 127.
557) 김권정, 『한국인보다 한국을 더 사랑한 미국인 헐버트』, 66.
558) Homer B. Hulbert, "Korean Vocal Music," in *The Korean Repository.* vol. 2. Feb. 1896. 김동진 옮김, 『헐버트 조선의 혼을 깨우다』, 386-406.
559) 위의 책, 391-393.
560) 위의 책, 399-403.

이해하기 쉽도록 설명을 곁들었다.561) 이들 민요는 한국 최초의 서양 악보로 선보인 노래들이다.

헐버트는 '아르'란 어원에 대해 몇몇 사람들에게 물어본 결과 어떤 사람들은 러시아를 뜻하는 '아라사'의 '아라'로 국가의 운명에 대해 러시아의 영향력을 예언한 것이라고 하였다. 어떤 이는 아리랑이 한자에서 왔으며 '나의 사랑하는 낭군'을 의미한다는 답변을 하였다고 기술했다.562)

헐버트의 "한국의 소리" 논문은 학문적으로 근대민요의 위상 재고에 크게 기여하였다. 아리랑 악보는 학술적으로 매우 귀중한 자료이며 최근 들어 아리랑 노래 연구 전문가들에게 높이 평가받고 있다.563)

한민족아리랑협회는 헐버트 박사 서거 60주년 기념으로 2009년 봄, 헐버트가 1세기 전에 채보한 아리랑을 재현하여 『쌀의 노래-아리랑』 음반을 제작하였다.564) "조선인들에게 아리랑은 음식에서 쌀과 같은 존재다. 다른 노래들은 말하자면 곁가지에 불과하다"라고 헐버트가 표현했다.565) 쌀이 조선인들의 주식으로써 육체를 지탱하는 근간이듯이, 아리랑이 조선 서민들의 고난을 극복하는 정신력의 뒷받침이 되어 왔다. 일상 속에서 어려움과 비탄을 달래는 노래로써 그 밑바탕에 민족혼이 담긴 아리랑이 조선인들을 지탱하는 원동력으로 자리한다는 것을 헐버트는 정확히 파악하였다.

---

561) 위의 책, 404-406.
562) 위의 책, 400.
563) 김동진, 앞의 책, 136.
564) 위의 책, 138.
565) Homer B. Hulbert, 『헐버트 조선의 혼을 깨우다』, 399.

헐버트는 아리랑은 당시에 약 10년간 민중들 사이에 크게 유행했고, 1883년부터 대중의 마음을 사로잡았으며, 아마 영원히 한민족의 노래가 될지도 모른다고 기술하고 있다. 특히 즉흥곡의 명수인 조선인들은 선창을 끊임없이 바꿔 부를 것이고 후렴은 항상 똑같이 한다고 하였다.566) 아리랑을 비롯한 한국의 노래는 전통적인 양식이든, 대중적인 양식이든 간에 술자리나 뱃놀이 등 그 어떤 장소에서건 유흥을 주요한 포인트로 삼는다. 그 근거로 아리랑의 관습구가 이를 상징하는 것이라고 봤다.567) 헐버트는 아리랑 노래 속에 있는 한국인들의 고유한 문화적 특성을 통찰했던 것이다. 헐버트의 한국과 아리랑에 대한 이해가 이처럼 깊었다. 헐버트가 아리랑을 해외에 소개한 것만으로도 그 공로는 충분히 인정되어야 한다.

아리랑은 헐버트가 한국에 온지 석 달 만에 어린이들로부터 아리랑을 듣고 감동하여 오선악보에 채보했고, 여동생에게 보낸 편지에 이 사실을 알림으로써 아리랑의 존재를 서구에 공개했던 것이다. 이는 일본의 대표민요 '사쿠라(-サクラ)'나 중국의 대표민요 '모리화(茉莉花)'가 서양에 소개된 것보다 앞선다는 점에서도 주목할 만하다. 헐버트는 1896년 『한국소식』에 아리랑의 어원·역사·전파 상황 등을 구체화하여 기술하였다. 그가 아리랑에 대하여 10년 동안이나 관심을 갖고 연구한 결과를 논문으로 정리한 것이다.568) 이렇듯 헐버트는 한국문화와 예술을 정확히 이해하고 사랑하며 깊이 연구했다.

---

566) 위의 책, 399.
567) 김승우, "호머 헐버트(Homer B. Hulbert)의 아리랑 논의에 대한 분석적 고찰," 『비교한국학』 20(국제비교한국학회, 2012), 43-80.
568) 김연갑, "아리랑 5도 답파기(1)," 뉴시스, http://www.newsis.com/ar_detail/view.html/? ar_id=NISX20151215_0010479132&cID, 2018. 12. 28.

4) 한국 역사 연구와 역사서 출간

(1) 『대동기년(大東紀年)』

헐버트는 『한국사』를 출판하기 전에, 이미 1903년에 중국 상하이에서 한자로 된 조선왕조에 관한 역사책 『대동기년(大東紀年)』을 출판하였다.[569] 이 책은 조선왕조를 기술한 최초의 역사서이며 5권으로 되어 있고, 분량이 1092쪽에 달하였다. 이 책의 내용은 한문으로 되어 있어서 헐버트가 한국인의 도움을 얻어 출판했을 것으로 추측하고 있다. 박면식은 헐버트의 유능한 한국어 교사였으므로 그가 도왔을 것이라고 이광린은 추측한다.[570] 반면에 서울대학교 규장각 한국학연구원 자료에서는 헐버트의 위촉을 받은 윤기진이 편찬했다고 기록돼 있다. 이 책은 한국이 아닌 상하이에서 출간되었는데 아마도 조선왕조의 역사를 기술함에 있어 당시의 일들에 대하여 고종의 윤허를 받기는 했지만, 혹 내용면에서 공격을 받거나 파장이 생길 수 있으므로 그에 대비한 조처일 것이라 볼 수 있다.

이 책은 조선왕조에 대한 최초의 기록이자 최근의 기록이었기에 날개 돋친 듯이 팔렸나갔다고 한다.

---

569) 김동진, 앞의 책, 166-168.
570) 이광린, "헐버트의 한국관", 5-21.

(2) 『한국사(The History of korea)』

헐버트는 내한 초기부터 한국의 역사와 문화를 꾸준히 탐구했을 뿐 아니라 한문으로 된 역사책까지 공부한 결과, 15년여 만인 1905년에 『한국사(The History of korea)』라는 역사책을 저술하였다. 헐버트는 이 책의 서문에서 이 책의 참고자료와 기술 과정을 다음과 같이 밝히고 있다.

> 이 책은 순수 한국 사료를 바탕으로 쓰였다. 고대사와 중세사는 주로 동사강목(東史綱目)을 따랐다. 한국 고대사를 네 개의 큰 줄기로 다룬 동사강목에서 발췌하여 정리한 책이다. 그리고 이 책의 내용은 기존 한국 고대사 관련 문헌을 집대성한 『동국통감(東國通鑑)』을 참조하여 검증했다. 역사, 지리, 전기에 관한 문헌을 다수 참조했지만 기본적으로 동사강목(東史綱目)과 『동국통감(東國通鑑)』을 바탕으로 서술했다.
>
> 중국의 사료도 여러 권 참조했는데, 특히 1세기 무렵 한반도를 차지했던 토착세력에 관해 자세히 서술한 『문헌통고(文獻通考)』를 주로 참조했다. 고대사에 비해 오히려 조선왕조 500년 동안의 사료를 구하는 일이 훨씬 더 어려웠다. 한국에서는 왕조가 끝나기 전에는 당대의 왕조사를 펴내지 못한다는 불문율이 있기 때문이다. …
>
> 나는 어느 한국인 학자의 도움을 받았다. 그는 과거 25년간 조선왕조의 역사를 연구하며 개인이 소장한 필사본 여러 권을 손에 넣을 수 있었다. 그 학자의 간곡한 부탁으로 이 책에 그의 이름은 밝히지 않겠다. 또한 나는 특별히 허락을 받아 서울에서 가장 규모가 크고 자료를 많이 갖춘 사설 도서관에 출입할 수 있었다. 한국과 일본의 관계로 인해 야기된 중요한 문제에 관해서는 일본의 사료도 참조했다…[571]

헐버트는 한국의 역사를 객관적인 사료를 바탕으로 하여 체계적이고도 총체적으로 영문으로 저술하여 국제사회에 알렸던 최초의 인물이다. 1905년이면 일제가 『한국사』를 왜곡하기 위하여 삼국유사 임신본과 영인본에 가필(加筆)[572]을 시작하기 전일 것이다. 헐버트가 이 시기에 『한국사』를 저술하여 상하이에서 출간한 데는 의미가 있을 것이며, 헐버트의 역사책의 진가를 더 높일만하다. 일제가 조선 역사 연구를 시작하던 즈음에 헐버트가 일제의 역사 조작 바로 전에 『한국사』를 저술함으로써 『한국사』의 가치는 역사에 길이 남을 것이다.

미국과 유럽 등의 외국인들이 한국사 연구를 하고자 할 때는 당시에 헐버트의 저서가 유일한 자료가 되었을 것이다. 미국인 윔스 교수는 헐버트의 『한국사』에 대해 극찬을 아끼지 않으면서 1962년 미국에서 자신의 주석을 달아 원문 『한국사』를 『헐버트 한국사』(Hulbert 's History of Korea)로 하여 재출판하였다.[573]

헐버트는 1901년부터 『한국평론』이란 영문 월간지에 4년에 걸쳐 자신이 연구했던 한국 역사에 대해 시리즈로 기고했다. 그리고 이를 책으

---

571) 호머 헐버트, 『한국사, 드라마가 되다 1』, 마도경·문희경 옮김(서울: 리베르, 2009), 14-15.
572) 성삼제, 『사라진 고조선의 역사』(서울: 동아일보사, 2006), 166-181. 성삼제는 삼국유사의 단군신화를 일본이 조작하기 위해 임신본의 글자 석유환국(昔有桓國)의 國자를 因자로 바꾸었다고 말한다. 바꾸게 되면 그 뜻이 '나라'에서 '신'으로 바뀌게 된다. 즉 "옛날에 큰 나라가 있었다."라는 사실이 "옛날에 큰 신(하느님)이 있었다."라는 신화로 바뀌게 되어, 단군이 실존인물이 아니라 신화 속의 인물이 되는 것이다. 성삼제는 그 증거자료를 찾게 되었는데 동경대에서 발행한 1902년 『교정 삼국유사』와 1904년 『삼국유사』에는 '國'자였다. 1921년 교토대 발행 『삼국유사』 영인본과 1932년 한국 고전간행회가 영인한 임신본에는 因자로 덧칠해져 있는 차이점이 발견되었다.
573) 윔스(1907-?)는 미국 펜실베니아주 맨스필드 주립대학(Mansfield State College의 사회과학 교수였으며 그의 아버지(Clarence N. Weems: 1875-1952)는 1909년부터 1940년까지 한국에서 선교사로 봉사했다. 그도 아버지의 뒤를 따라 1909년 내한하였으며 해방 직후에는 미 군정청 고문으로 있었다. 둘째 아들이었던 그는 아버지와 이름이 같았으나 주니어(Junior)란 호칭 없이 이름을 썼다. 이 책에는 아들만 등장한다. 김동진, 『파란눈의 한국혼 헐버트』, 165. 각주 재인용

로 묶어 1905년에 『한국사』로 출판하였다.[574] 두 권으로 이루어진 『한국사』는 각각 409쪽과 398쪽으로 도합 800쪽이 넘으며, 단어 수가 무려 360,000개로 이뤄진 방대한 한국 역사책이다.[575]

한국사는 고조선 시대부터 통일신라시대까지를 고대사(Ancient Korea), 신라의 멸망과 고려시대를 다룬 중세사(Medieval Korea), 조선왕조의 시작부터 헐버트 당시까지의 근대사(Modern Korea)를 담았다. 1권에는 고조선, 삼한, 삼국, 통일신라, 후삼국, 고려, 조선전기, 임진왜란까지의 역사를 기술하였다. 2권에는 임진왜란 후반기부터 헐버트가 경험했던 당시 최근대사인 고종의 시대까지 역사를 기술하였다. 명성황후 시해사건에는 일본의 '히로시마 재판 판결문' 전문[576]을 그대로 소개하였으며, 일제가 시해사건 가담에 관련된 일본인 피고인들을 증거불충분으로 모두 무죄 방면한 것을 고발하고 있다.

『한국사』는 자칫 따분할 수 있는 역사를 흥미진진하게, 이야기를 쓰듯이 현실감 있고 쉽게 자세히 풀어 기록하고 있다. '임금'이라는 말의 기원에 대한 이야기이다. AD. 24년 신라 남해왕의 유언에 의해 왕위를 왕자가 아닌 사위 석탈해에게 넘겨주어야 했다. 석탈해는 왕위를 이을 왕자가 있었지만, 왕의 명령을 거역할 수도 없기에 "윗니가 열여섯 개인 사람이 나타나면 그를 왕위에 앉히겠다."라고 선포하였다. 마침 태자 유

---

574) 위의 책, 160-161.
575) 위의 책, 161.
576) 호머 헐버트, 『한국사, 드라마가 되다. 2』, 마도경·문희경 옮김(서울: 리베르, 2009), 400-405.

리(儒理)가 이가 '열여섯 개(이사금, 怩師今)'여서 왕위에 올랐다. 헐버트는 '이사금'이 '임금'으로 변형되었을 것으로 어원의 유래를 밝히고 있다.577)

또한 김수로왕에 의해 시작된 가락국의 역사도 간략히 소개하고 있다. A.D. 41년 '간'으로 끝나는 촌락 9개가 연맹체를 만들어 국호를 '가락국'으로 하였으며, 도읍은 지금의 김해인 가락이었다. 김수로왕의 부인은 어느 날 아름다운 배를 타고 나타난 아유타국(천축국)의 공주 허황옥(許黃玉)이며 157년을 살았고, 왕보다 1년 앞서 세상을 떴다고 하였다. 가락국은 491년간 건재하다가 신라의 법흥왕 때 망하여 신라에 흡수되었다. 가락국에 속해 있던 나머지 다섯 소가야국(소가야, 고령가야, 성신가야, 대가야, 아라가야)은 500여년만인 신라 진흥왕 때 모두 신라에 병합되었다578)고 기록하고 있다. 그 후 신라가 멸망하던 935년 김수로왕의 무덤을 능멸한 11명이 비명에 갔으며, 임진왜란 당시 일본군이 김수로왕의 무덤을 파헤쳐 엄청난 양의 금과 옥을 가져갔다고 한다. 당시 왕의 옆에 누워있던 여인들의 얼굴 형태가 잘 보존되어 있었으나 바깥공기와 접하여 밖으로 드러나는 순간 허물어져 먼지로 변해버렸다고 한다.579) 가락국에 시체가 부패하지 않게 하는 약초나 혹은 매장 방법에 있어서 시체의 변형이 오지 않게 하는 어떤 방법이 존재했을 가능성도 추측할 수 있는 대목이다.

헐버트는 한반도에서 서고와 기록이 소실될만한 엄청난 재앙이 없었

---

577) 호머 헐버트, 『한국사, 드라마가 되다. 1』, 95.
578) 위의 책, 97-99.
579) 위의 책.

기에 다행히 고대사의 사료가 안전하게 남아 있을 수 있었던 것이라고 다행으로 여겼다. 또한 1세기 무렵의 한자 유입과 조선 이전 시대의 사찰 덕분에 위험한 시기에도 한국 고대 역사가 기록·보존될 수 있었다고 평가하였다.[580]

헐버트는 "단군시대부터 고려시대까지의 방대한 역사를 기록한 책인 『동사찬요』를 공부하면서 한국역사에 흠뻑 빠졌다"고 스스로 밝혔다.[581] 김동진은 "이렇게 방대한 영문판 한국사 기록은 지금까지 필적할 만한 책이 없다고 여겨진다."[582]고 하였다. 지금도 극동에 나가는 신임 외교관들에게 헐버트의 『한국사』는 미 국무성의 교육 자료로 유용하게 쓰이고 있을 만큼 그 가치가 높다.[583]

헐버트는 민씨 일가의 반대가 있었지만 고종의 특별한 윤허를 얻어 조선왕조에 대한 역사를 기술할 수 있었다.[584] 이승만의 제자였던 이원순은 헐버트가 『한국사』를 저술할 때 이승만과 많은 토론을 하였다고 그의 저서에서 밝혔다.[585] 이광린은 이때 헐버트를 도운 사람이 박면식이라는 훌륭한 역사학자이자 어학 선생이라고 했다[586]. 어쨌든 헐버트는 한국역사에 흥미를 갖고 자신의 학구적이고 분석적인 지력을 발휘하여 탁월한 한국 역사학자가 되었으며 그 책들의 가치는 어느 것에 비길 수 없을 귀한 한국사학의 보고(寶庫)이다.

---

580) 위의 책, 15-16.
581) 김동진, 앞의 책, 161.
582) 위의 책.
583) 위의 책.
584) 위의 책, 162.
585) 이원순, 『인간 이승만』(서울: 신태양사, 1993), 32.
586) 이광린, "헐버트의 한국관", 9.

(3) 『대한제국멸망사(The Passing of Korea)』

헐버트는 1906년 런던에서 『대한제국멸망사』를 출판하였다. 이 책은 473쪽으로 되어 있고, 우리나라의 역사, 문화, 전통, 풍속, 산업, 사회제도 등 한국의 모든 것을 집대성했다. 『대한제국멸망사』는 한국을 연구하는 학자들에게 더할 나위 없이 귀중한 책이었으며, 외국인들에게 최초로 한국을 종합적으로 소개한 길잡이였다. 이 책은 또 많은 한국의 지식인과 외국 유학생들에게 새로운 민족애를 불어넣는 계기를 제공하였다.

헐버트는 책의 말미에 나라를 잃어가는 한국의 현실에 대해 자신의 견해를 담았다. 또한 미국에게 한국이 나라를 잃은 데 대해 빚을 갚으라고 촉구하였다. 헐버트는 이 책머리의 헌사에 "고종황제와 한민족에게 이 책을 바칩니다."[587]라고 하여 고종에게는 한없는 존경과 충성심을, 그리고 한민족에 대한 무한한 사랑을 보여 주었다.

헐버트는 『대한제국멸망사』에서 자신이 관찰한 한민족의 인성적 특성을 다음과 같이 기술하였다[588].

첫째, 한민족은 이상과 실용이 서로 적절히 융합된 합리적인 기질과 보수성이 알맞게 조화된 이상주의자들이다. 한국인들은 냉정과 정열이 갖춰져 있는 동시에 평온함 속에 격노할 줄 안다. 한민족은 적응력이 뛰어나고 합리적인 민족이다. 그래서 보수적 관점을 견지하다가도 필요에

587) H. B. 헐버트, 『대한제국멸망사』, 5.
588) 위의 책, 54-68.

따라서는 재빨리 변신한다.589)

둘째, 한민족은 종교적이다. 중국의 종교 유교는 한국인들의 필요와 관계없이 전파되었다. 현실주의적인 중국인들에게 유교는 종교가 아니라 단순히 가족공동체의 윤리에 불과한 것이지만 한국에서는 조상의 유업을 계승하도록 함으로써 그들을 통일시키는 데 필요한 도구가 되었다. 유교는 신비적인 요소가 전혀 없어 한국인들의 종교적 갈망을 충족시켜 줄 수가 없다. 그러나 불교는 기독교권 이외에서는 가장 신비한 것이다. 일본의 이상주의도 불교에 굴복하였다. 종교적인 한국인들에게도 불교는 더 흡수력이 있다. 그러나 합리주의적인 한국인들은 두 종교 모두를 흡수하며 어느 하나도 자기의 고유한 것으로 만들지는 않고 있다. 기독교가 그토록 빠르게 한국인들에게 흡수될 수 있었던 것도 한국인들의 종교적인 적응성 때문이다.590)

셋째, 한민족은 너그럽고 인정이 많은 민족이다.591)

넷째, 강한 자존심을 갖고 있다. 체면을 차리는 면에 있어 한국인만큼 기를 쓰는 민족은 없다.592)

다섯째, 한민족의 진실성은 동양인의 표준이며, 동양인의 진실성은 그 정도가 높지 않다.593) 한국인들은 곤경에 빠지거나 위급한 일에 직면하면 거짓말을 망설이지 않는다.

여섯째, 파벌싸움의 폐해가 있고, 검약정신이 부족하다.594) 16세기 중

---

589) 위의 책, 51-54.
590) 위의 책, 55-56.
591) 위의 책, 59-62.
592) 위의 책, 61-65.
593) 위의 책, 65-66.
594) 위의 책, 66-69.

엽에 이르러 당파가 형성된 결과, 피비린내 나는 정쟁이 이어져 한국 역사는 읽어보기가 끔찍스럽다고 했다. 또 한국인들의 검약정신이 부족한 것에 대해서는 경지 면적에 비해 인구비가 일본이나 중국보다 적어 평균적 생활 안정도가 높고 거지가 거의 없어 쇄국정책은 당연한 것이었다. 그러나 도덕적·지적인 면에서 변혁은 매우 필요했고 영원한 침식으로 고통을 받을지도 모를 긴 동면에서 깨어나게 했다는 등의 의견을 기술했다.

헐버트의 정확한 관찰력과 예리한 판단력이 한국과 한국인들, 그리고 한국 사람들의 관습과 생활모습에 대하여 생생하고 세밀하게 기록하게 하였다. 이 책은 한국의 역사서이면서 동시에 사회, 문화, 경제, 예술, 언어, 종교 등을 총 망라하여 다룬 방대한 책이다. 자신이 함께 살면서 대면하고 가까이 했던 사람들까지 인위적인 가감이 없이 객관적이고 사실적으로 서술한 용기와 순수성이 돋보이는 역사의 산 증거물로서 이 책은 그 가치가 돋보인다. 외국인으로서 한국역사를 객관적이고 적나라하게 풀어 기술한 『대한제국멸망사』에는 헐버트의 한국에 대한 사랑이 흠뻑 배어 있다.

4. H. B. 헐버트의 사회문화 선교 활동

1) 출판, 언론을 통한 한국문화 진작

(1) 삼문출판사

삼문출판사가 세워지기 전 조선에는 최초의 민간출판사인 '광인사(廣印社)'가 1884년 3월에 세워졌다.[595] 일본의 연활자(鉛活字)를 구입하여 서적을 출판하였다. 1885년 5월 고종은 「한성순보」를 속간하라고 명하였다. 박문국을 광인사로 옮겨서 최초의 신문을 발행하려 했으나 너무 좁아 박문국을 중건하였다. 일본인 정상각오랑(井上角五郎)이 인쇄기기를 도입하여 1886년 1월 25일 『한성주보(漢城週報)』를 매주 발간하였다. 기사는 한문 위주였으나 국한문 혼용, 때로는 한글 전용도 발행되었다. 그러나 재정의 어려움으로 1888년 7월 7일 폐간되었다.[596]

근대식 출판문화의 초석이 된 '삼문출판사(三文出版社)'[597]는 아펜젤러에 의해 배재학당 건물이 1887년 9월에 르네상스식 건물로 완공되면서 산업부실로 사용하는 지하 일부에 인쇄소가 차려졌다. 올링어(Franklin Ohlinger) 선교사가 담당을 하였고 아르바이트를 원하는 학생들에게 일을

---

595) 윤병조, "개화기 한국 기독교 출판문화 사업이 일반사회에 미친 영향에 관한 연구: 감리교출판사의 사례분석을 중심으로," (석사학위논문, 연세대학교 언론홍보대학원, 1998), 47.
596) 위의 책.
597) 삼문출판사(三文出版社, The Trilingual Press)는 한글, 한문, 영문 세 가지 활자를 갖추고 인쇄·출판을 한다는 뜻이다. 위의 책, 51.

하도록 하여 1889년부터 출판이 시작되었다.[598] 학생들이 일을 하다 보니 기술적인 면이나 시간적인 면에서 제약이 있었으나 감리교 서적을 비롯한 언더우드의 『제세론』, 『속죄지도』 등 교리서가 간행되었고, 1889년 5월에는 한국 최초의 기독교 잡지인 『교회』가 간행되었다.[599]

1892년 감리교에서는 355,300불을 들여 정식 직원을 고용하고 대형인쇄기를 설치하여, 석유발동기를 사용하는 자동절단전지기(自動絕斷全紙機)를 들여와[600] 최신식 인쇄소가 되었다. 이 해의 1월에 창간된 『The Korea Repository』의 간행을 시작으로 많은 간행물들이 쏟아져 나왔다. 1892년 한해 총 인쇄양은 한글판 24,300권, 국한문판 3,000권, 월간 잡지 7권(94,560매), 영문판 각종 인쇄물과 팜플렛 2,150권(5,800매), 총 1,130,860매였다.[601] 그러나 출판사 업무를 맡았던 올링어 선교사가 한국을 떠나게 되었다.

헐버트가 조선을 떠나던 1891년 12월 감리교 선교사들과의 송별연에서 이미 그의 귀환이 언급되었다. 이어서 1892년 7월 아펜젤러가 휴가 차 그의 고향 펜실베이니아에 갔을 때 헐버트와 아펜젤러가 만나 자신의 귀환을 추진하기로 합의하였다. 이듬해 3월 삼문출판사를 맡고 있었던 올링어 선교사가 싱가포르로 이동하게 되자 아펜젤러는 미국 감리교 본부에 추천하였고, 헐버트는 감리교 선교사로 다시 조선에 입국하였다.[602] 당시 헐버

---

598) 위의 책.
599) 김봉희, 『한국기독교문서 간행사 연구』(서울: 이화여자대학교출판부, 1987), 68. 위의 책, 54. 에서 재인용.
600) 최인진, 『한국신문사진사』(서울: 열화당, 1992), 9. 위의 책, 54.에서 재인용.
601) *The Annual Report of the Missionary Society of the Methodist Episcopal Church*, 1892, 288. 위의 책, 55에서 재인용.
602) 김동진, 앞의 책, 99.

트는 언더우드의 추천에 의해 미국 버나드대학 총장직을 제의 받았으나 그토록 오고 싶었던 조선에 오기 위해 총장직도 단호히 뿌리쳤다.603)

헐버트는 1893년 10월 미국에서 조선으로 돌아와 감리교 출판부인 삼문출판사 책임자가 됐다. 그는 한국에 오면서 미국 신시내티에서 구입한 신식 인쇄기를 들여와 기계의 성능을 높여, 교회 관계 출판물뿐만 아닌 일반 서적도 출판하였다. 삼문출판사는 주보나 종교 서적 등을 출판했던 기독교 서적의 중심부로서 한국의 기독교 발전을 크게 도왔다.604) 헐버트는 출판사를 맡은 지 1년도 채 되지 않아 전도지와 종교 서적 등, 총 52,185권 1,801,440매를 1893년 한 해 동안 인쇄하였다.605) 그는 경영 수완도 탁월하여 자급자족할 만한 수준까지 출판사의 경영을 향상시켰다.606)

헐버트는 1894년에는 세 가지 형태의 한글 자모활자와 활자제조기를 구비하여 일본에 한글 활자를 지속적으로 공급하게 되었다. 또한 헐버트는 삼문출판사의 수준을 다른 인쇄업체에 인쇄기기를 공급할 수 있는 수준으로 끌어 올렸으며, 서울의 타 인쇄업체에 종이와 자제들을 보급하였다. 그리하여 1895년에는 삼문출판사가 재정적인 자립을 하였고 그해 출판양은 한글판 957,000매, 영문판 144,000매, 총 1,101,000매를 출판하였다.607)

삼문출판사는 1895년 영어 소설 『천로역정』 제1부의 번역본 『텬로력뎡』을 목판본으로 출판하였으며, 이 목판본은 현재 배재학당역사박물관에

---

603) 위의 책, 100.
604) 위의 책, 99-101.
605) *The Annual Report of the Missionary Society of the Methodist Episcopal Church*, 1894, 249. 윤병조, 앞의 책, 55에서 재인용.
606) 김동진, 앞의 책, 101.
607) *The Annual Report of the Missionary Society of the Methodist Episcopal Church*, 1895, 246. 윤병조, 앞의 책, 56에서 재인용.

보관중이다.608) 이는 우리나라 최초로 영문 소설이 번역 출판된 것이다.609)

1896년 헐버트는 제본기를 들여와 배재학당 한쪽에 제본소를 설치하였다. 당시의 제본기는 한국에서 유일한 것으로 사람들이 일거리를 예약할 정도였다.610) 이 시기 갑신정변의 주역인 서재필이 미국에서 돌아왔다. 그는 일본 망명을 거쳐 미국으로 건너가 의학을 공부하고, 1892년 미국의 의사가 된 후 1895년 12월 귀국, 바로 헐버트를 만나 신문제작을 협의했다. 서재필은 귀국 후 4개월 만에 헐버트의 인쇄능력을 활용하여 1896년 4월 7일 조선 최초의 한글 신문 『독립신문』611)을 탄생시켰다.612) 이 신문은 한글판과 영문판으로 나누어 발행하였다. 헐버트는 영문판의 편집인으로 암약하였다.613)

삼문출판사에 제본기가 들어오면서부터 『독립신문』(1896), 『조선그리스도인회보』(1897), 『그리스도신문』(1897), 『협성회보』(1898), 『경성신문』(1898), 『매일신문』(1898) 등을 인쇄하기 시작하였다.614) 헐버트는 학문적인 열정과 타고난 글재주로 많은 기고와 학술서, 교육서, 문학 및 아동서적을 저술, 출판하였다. 헐버트의 동생 아처는 1897년 미국에서 들어와 형을 도와 「독립신문」 제작과 운영에 이바지 하였다.615)

---

608) 이장식, 『대한기독교서회백년사』, 14.
609) 김동진, 앞의 책, 101.
610) The Annual Report of the Missionary Society of the Methodist Episcopal Church, 1896, 237. 윤병조, 앞의 책, 56에서 재인용.
611) 김동진, 앞의 책, 141-143.
612) 채백, "『독립신문』의 참여 인물 연구", 145-150.
613) 위의 책.
614) 윤병조, 앞의 책, 56.
615) 채백, 앞의 책, 136.

헐버트는 1893년부터 1897년까지 삼문출판사의 업무를 통하여 신앙서적과 성경, 찬송, 주보, 신문, 잡지 등으로 한국교회의 선교활동을 지원하였다. 뿐만 아니라 이러한 출판물들은 교육과 사회의식 계몽 등에 활용되어 한국인들의 개화와 민권의 향상에 많은 발전이 오게 하였다.

(2) 『한국소식』과 『한국평론』 월간지 출간

헐버트는 한국 최초의 잡지인 『한국소식(The Korean Repository)』616)과 『한국평론(The Korea Review)』을 출판하였다. 헐버트는 이 두 잡지에 많은 글을 게재하였다. 『한국평론』에 1901년 12월호부터 4회 연재로 한국어, 한국인의 기원, 한국의 세금제도, 한국인의 신체유형, 한국의 사회, 문화, 역사 등을 소개하였다.617)

두 월간지는 소식지, 학술지, 시국 여론지로서 한국에 새로 부임한 선교사들에게는 한국소식의 길라잡이였다. 인물에 대한 동정, 사회적 사건 등의 흥미로운 통계와 농작물, 과일 등의 정보도 제공하는 등 오늘날 신문 역할을 하였다. 일제의 부당성을 강력하게 규탄하는 등의 시국 관련 정론을 펼치고, 독자들의 기고문과 특정 관심사의 격론의 장을 제공하는 등 영국 런던에서는 이 잡지를 전담으로 취급하는 보급 대행사도 있었다.618)

『한국소식』은 1892년 감리교에서 창간한 우리나라 최초의 월간지이

---

616) The Korean Repository는 '한국휘보'로도 많이 알려져 있으며 감리교에서 운영하였다.
617) 황우선·김성혜, "한국근대저널리즘 개척자로서 H. 헐버트 연구," 『커뮤니케이션학 연구: 일반』 제5권, 1호(2017, 봄), 252.
618) 김동진, 앞의 책, 146.

다.619) 이 잡지는 월간 영문지로서 한국의 역사, 문화, 정치, 경제, 사회, 종교, 언어, 전통, 풍속 등을 해외에 알리고, 정보를 공유하는 문화의 장이자 지식의 통로로 큰 공헌을 하였다.620) 한국 사회의 전반적인 상황을 외국인들에게 생생하게 소개하여 한국에 대한 정보와 지식을 얻으며, 특히 한국으로 오는 선교사들이나 외교관들에게 한국을 소개하는 사전지식을 얻을 수 있는 주요 정보지가 되었다.

『한국소식』은 올링어가 편집장이었던 첫해에는 활발히 발행이 되었으나 다음 2년간 휴간이 되었다. 1895년 헐버트와 아펜젤러가 경영과 편집을 맡으며 다시 활기를 띠어 1896년에는 발행 부수가 3,000부를 넘었다고 한다.621) 「독립신문」보다 4년 먼저 창간되었으며, 『한국소식』은 1898년 12월을 끝으로 폐간되었다.622) 폐간된 이유는 연로한 두 명의 미국 선교사가 귀국하여 그들의 일이 많아진데다 2년간의 미납 구독료를 수금할 시간이 필요했기 때문이었다.623)

이에 언론의 필요성을 잘 알고 있는 헐버트가 같은 형식의 『한국평론』을 1901년 1월 창간하였다. 이 잡지의 창간과 발행도 헐버트의 공적 지식설계의 업적이라고 하였다.(황우선·김성혜, 2017) 『한국평론』은 영문 잡지로서 헐버트가 한국에서 발행했지만 미국과 캐나다, 영국, 스코틀랜드, 독일, 프랑스, 러시아 스웨덴, 중국, 일본 등 세계 19개국에서 구독하는 글로벌 커뮤니케이션 매거진이었다.624)

---

619) Homer B. 헐버트, 『헐버트, 조선의 혼을 깨우다』, 114.
620) 황우선 · 김성혜, 앞의 책, 239-263.
621) Homer B. 헐버트, 앞의 책, 115
622) 김동진, 앞의 책, 144.
623) 황우선 · 김성혜, 앞의 책, 250-251.
624) 위의 책.

헐버트는 『한국평론』의 사설에서 일본의 부당성을 신랄하게 비판했다. 초기에는 주로 경제 문제, 생활 현실의 불합리성을 지적했지만, 러일전쟁 이후에는 일본의 한국 침략 의도를 강도 높게 성토했다. 1901년 가을, 일본 신문에서 한국 쌀을 일본에 가져오는 것에 대하여 일본의 외교적 승리로 칭찬하자, 헐버트는 『한국평론』에서 "그것은 한국의 실상을 모르고 하는 말이다. 일본이 거꾸로 한국에 쌀을 줘야 할 의무가 있다. 이 문제는 한국인들에게는 생사가 달린 문제이다"라고 반론을 펼쳤다.[625]

헐버트는 1905년 11월 을사늑약이 있기 오래 전부터 일본의 보호통치에 대하여 의문을 제기했다. 그는 『한국평론』 1905년 6월호에서 "보호통치"라는 기고문에 "보호통치 소식이 꼬리를 물고 있는데 왜 한일의정서는 지켜지지 않고 있는지 일본이 답하라"며 해명을 요구하고 "일본인들은 양국이 합의하여 개방한 항구도시에서만 살거나 공정한 재판이 보장되는 법적 시스템을 담보해야 한다."[626]라고 주장하였다. 헐버트는 이와 같이 일본의 침략적인 의도에 대하여 강력히 성토하였다.

『한국평론』은 구독자가 계속 늘어 새 명단을 작성하여 우편으로 발송하는 새로운 명단이 계속 추가되었다. 이렇게 비용을 지출하고도 남을 만큼 국내외 독자들이 애독하는 성공적인 잡지였다. 그러나 6년간 계속 출간되다가 1907년 헐버트가 헤이그 특사로 가기 직전인 1906년 12월 막을 내렸다.[627]

두 월간지는 영어로 되어 오늘날 근대사 연구에 귀중한 자료로 쓰이며 역사의 증인 역할을 톡톡히 하고 있다.

---

625) 손정숙, "구한말 헐버트의 대한인식과 그 활동", 128.
626) 김동진, 앞의 책, 148.
627) 황우선 · 김성혜, 앞의 책, 250-251.

(3) 잡지와 신문 기고를 통한 문화 창달

헐버트는 1903년부터 『타임스(The Times)』의 객원 특파원으로 지내면서 러일전쟁을 깊이 있게 취재하여 생생한 기록으로 남겼다.[628] 그는 이 당시 한국의 소식을 해외에 전하는 해외 특파원으로서의 역할도 하였다. 이 당시에는 서구의 언론사들이 해외 특파원을 필요로 하던 때였고, 한국에 머물며 한국어와 한국 역사에 탁월하여 다수의 논문을 쓸 만큼 한국 전문가로서 역량을 갖춘 헐버트가 한국 특파원으로 적격이어서 헐버트는 공식 『타임즈(The Times)』의 특파원으로 임명되어 활동하였다.[629]

헐버트의 다방면에 걸친 저술활동은 놀랍다. 그가 내한한지 한 달이 채 안된 1886년 7월 29일자 『리퍼블리칸』지에 "조선에서 날아온 편지"의 기고를 시작으로 신문과 잡지에 수많은 글을 기고하였다. 초기에는 조선의 풍광, 풍속, 사회제도를, 1893년 다시 한국에 들어온 후로는 한국 역사와 문화에 대해 많은 글을 발표했다.[630] 1904년 러일전쟁 전후에는 한반도를 둘러싼 국제정세 등의 시사성 있는 글을 제시하였다. 내한 초기의 기고는 미국 언론을 이용하였고, 1895년부터는 『한국소식』과 『한국평론』을 활용했다. 일본의 박해로 1907년 이후의 미국생활 중에는 일본의 폭력성에 대한 질타와 한국의 독립을 호소하는 글이 주를 이루었다.[631]

---

628) 김동진, 앞의 책, 149.
629) 위의 책.
630) Homer B. 헐버트, 『헐버트, 조선의 혼을 깨우다』, 338-480.
631) 김동진, 앞의 책, 149-150.

헐버트는 『한국평론』 1904년 10, 11, 12월호에 연재한 기고문 "한국의 교육은 혁명적 변화가 필요하다(The Educational Needs of Korea)" 라는 제목의 글에서 한국은 교육의 확장과 혁신만이 나라를 살린다고 주장하며 7가지의 혁신안을 제시하였다.[632]

(1) 한국의 교육혁명은 180도 사회 환경을 바꾸어야 결실할 수 있다.

(2) 한국인들은 두뇌가 명석하고 필요조건을 분명히 알고 있으므로 근대식 교육은 더 나은 수입과 사회적 지위가 보장되게 해야 한다.

(3) 제대로 된 교과서와 근대문학이 필요하다. 특히 완전하고 보편화된 문필 수단이 필요하며, 이를 위해 한글을 사용해야 상하층 계급의 장벽을 허물 수 있다.

(4) 한국의 교육은 교양과 전인격을 위한 지식추구와 논리적 사고 능력 함양, 독창적인 사고력과 창의력을 고취할 수 있도록 해야 한다.

(5) 교육재정 확대와 최저임금 수준의 교사 월급[633]을 높여야 한다.

(6) 근대교육을 위하여 기독교 사립학교의 역할을 인정하고 이를 지지해야 한다.

(7) 학교의 수를 늘리고 한자, 역사, 지리 교육이 가능한 유능한 젊은이들을 활용[634]하여 마을 학교나 지역 공동체 학교 등의 특수학교 체제가 운영되게 해야 한다.

헐버트는 이상과 같은 방법을 통하여 학교의 수준을 높여야 졸업생들

---

632) Homer B. 헐버트, 앞의 책, 304-329.
633) 헐버트는 국방예산 4,000,000환인데 교육예산은 60,000환이며, 교사월급은 30환(엔화로 15엔)으로 막 노동자의 월급과 같은 것을 지적했다. 교육예산 확보 방법으로 지방교육세 교부나 세금 감면, 군대에서 낭비되는 자금 활용을 제시했다. 교육예산을 연간 250,000환으로 늘리면 교사월급과 연료, 시설관리 비용이 모두 해결된다고 주장하였다. 위의 책, 320-325.
634) 유능한 무자격 교사를 활용하여 8개월은 학생을 가르치고 4개월은 교사교육을 받게 하여 자질을 향상시킨다. 여름학교를 열어 학생들을 가르치게 하면 시골마을에도 학교교육이 가능하다. 무자격 교사들의 채용은 저비용으로 교육기회를 확대할 수 있다. 특히 기부금을 활용한 사립학교도 교육기회 확대 차원에서 필요함을 주장하였다. 위의 책, 323-325.

은 정부를 존중하고 국가에 충성하며 유능한 지도자들이 되어 나라의 운명을 결정할 것이라고 하였다. 교육의 확장과 혁신이 아니고는 현재의 난국을 해결할 방법이 없다고 주장하였다.635)

한민족의 유구한 역사에 걸친 문화적, 과학적 업적을 보고, 헐버트는 한민족이 긍지를 가지는 것은 당연하다고 하였다. 그는 한민족의 강점으로 독창성과 성공 잠재력을 들었는데, 이러한 강점이 한글 창제의 독창성으로 이어졌다고 감탄한 것이었다.636) 그가 보기에, 한국의 역사나 문화는 중국의 영향을 많이 받긴 했지만 이를 체화하여 유교를 한국화 하고 자신들의 필요에 따라 적응하고 창안하는 창의력으로 연결시킬 줄 아는 뛰어난 민족이라고 하였다.637)

캐나다 출신 선교사로 한국에서 YMCA 회장을 지냈고 교육계에서도 크게 활약한 게일(James scarth Gale, 1863~1937)이 있다. 게일 역시 한국의 역사와 문화를 열심히 공부했고 한국말도 잘 했으며 헐버트와 가깝게 지냈으나 그의 한국관과 헐버트의 한국관은 판이하게 달랐다. 그는 매사에 통감 이토 히로부미(伊籐博文)에게 호의적이며 곳곳에서 친일적인 태도를 보였다.638) 그는 일본이 주장한, 고종황제가 러일전쟁에 책임이 있다는 비난에도 가세했으며 헐버트의 반일 활동을 강력히 비난했다.639)

---

635) 위의 책, 328-329.
636) 김동진, 앞의 책, 176.
637) 위의 책.
638) Carole C. Shaw, *The Foreign Destruction of Korean Independence*, (SNU Press, 2007), 209. 위의 책, 177에서 재인용.
639) 위의 책.

게일은 "한국문화의 중국 영향(China`s Influence upon Korea)"라는 제목의 논문에서 한국문화는 모두 중국의 범주를 벗어나지 못했으며 한국을 작은 중국(Korea is little China)이라 불렀다.[640] 그러자 헐버트는 왕립 아시아학회 한국지부 회보 『Transactions』 1900년 제1권에 "한국의 유산(Korean Survivals)"이라는 제목의 논문을 발표했다.[641] 이 논문에서 그는 게일의 주장에 29쪽에 달하는 내용으로 조목조목 반박했다. 헐버트는 한국이 중국의 영향을 받은 것은 사실이지만 단군은 태백 줄기에서 태어난 '순수한 한국인(a purely native character)'이며, 그 후 실존해온 역사가 4천년 이상을 흘러오면서, 한국은 문화에 있어서도 독창성을 확보했다고 주장했다.[642]

한편, 헐버트는 회고록에서 '서울'이라는 이름이 '서야벌'에서 유래하였으며, 서야벌은 순수한 한국말이라고 하였다.[643] 헐버트는 한국 역사와 문화를 깊이 있게 연구하는 노력을 통해 한민족은 그 근본에 있어서 우수한 두뇌와 무한한 성공 잠재력을 지닌 민족임을 발견했다. 그는 교육투자에서 가장 성공할 수 있는 나라가 한국이라고 했다. 그에게 한민족은 합리적이고 우호적이며 한번 결심하면 절대 포기하지 않는 근성을 지닌 민족이었다. 한민족이 이러한 우수성을 활용하지 못할 뿐만 아니라 민족의 강점도 응집시키지 못하는 큰 이유로 지정학적 위치와 관료들의 이기적인 태도를 들었다. 그러나 한민족은 난관을 틀림없이 돌파할 것이

---

640) 위의 책.
641) 위의 책.
642) 위의 책, 176-179.
643) Homer B. Hulbert, *Echoes of the Orient*, 69. 위의 책, 179에서 재인용.

라며 희망의 끈을 놓지 않았다.

그는 『한국평론』1903년 4월호 사설에서 한민족은 어떤 계기가 마련되고 기회의 장(場)만 주어진다면 어느 민족보다도 가능성이 있는 민족이라며644) 한민족의 미래를 확신했다. 오늘날 우리는 그 교육열 때문에 세계사에 유례없는 최 단기간에 기적 같은 경제성장을 이루어냈다.

---

644) 위의 책, 180.

2) 문학작품 활동

헐버트는 학문적 가치가 있는 다수의 저서를 남겼다. 그가 쓴 소설 『줌나의 기적(Sign of the Jumna)』을 1903년 미국 센추리 잡지에 발표하였다.[645] 1926년에는 제주도에 숨겨진 몽골제국의 보물을 찾는 내용으로 모험소설 『안개 속의 얼굴(The Face in the Mist)』이라는 장편소설을 미국에서 출간하여 제주도를 서양에 소개하였다.[646] 이 소설에는 제주도의 지형이 비교적 정확하게 나타나 있고 제주도의 풍광과 민속을 생생하고 현실감 있게 묘사했다.[647] 뿐만 아니라 등장인물들의 인명과 지역, 관습, 문화 등의 배경이 한국의 제주도를 그대로 드러내는 작품이다.[648]

1927년에는 구전으로만 내려오던 한국의 민담을 모아서 글로 엮은 『마법사 엄지(Omjee The Wizard)』라는 동화책을 창작하여 미국에서 출간했다.[649] 내용은 마법사 엄지가 석달이와 그의 친구들에게 이야기를 들려주는 형식이며, 열두 편의 이야기로 구성하여 지루하지 않게 하였다.[650] 헐버트는 서문에서 한국 이야기의 특징을 잘 살리면서 6세에서 13세까지의 어린이들이 이해할 수 있는 언어로 옮기려고 했다[651]고 밝혔다. 헐버트는 원전을 살리면서도 가혹한 것은 삭제하여 어린이들에게

---

645) 김동진, 앞의 책, 152-153.

646) 호머 헐버트, 『안개 속의 얼굴 The Face in the Mist』 이현표 옮김(서울: 코러스, 2011), 4.

647) 위의 책, 54-58.

648) 위의 책, 78-80. 필선이, 목화, 스님, 말 사육자, 쌍안경, 해적, 한라산 신령, 무당.

649) 김동진, 앞의 책, 153.

650) 오윤선, "근대초기 한국설화 영역자들의 번역태도 연구: Allen, Griffis, Hulbert, Carpenter를 중심으로," 『동화와 번역』 제23집(2012), 205-231.

651) Homer B. Hulbert, 『마법사 엄지 Omjee The Wizard』 이현표 옮김(서울: 코러스, 2011), 16-17.

교훈적이면서도 자극적이지 않은 이야기로 만들었다. 예를 들면, 『토끼와 거북이』 이야기의 결말에서 토끼를 놓친 거북이는 죽지 않고 추방을 당한다. 또 다른 착한 토끼는 공주가 차마 토끼의 간을 먹을 수 없어하자 육지의 '토끼 간(rabbit liver plant)'이라는 식물을 구해 공주를 살려내는 이야기로 꾸며내는 재치를 발휘하였다.652)

헐버트는 희곡 탐정물도 4권을 썼다. 그 중 3막으로 된 『미라 신부 (The Mummy Bride)』는 매우 인기가 있었다.653)

게일이 한국에는 소설이 없다(The North China Herald)라고 한 것에 대하여, 헐버트는 한국에 위대한 소설가는 없지만 글의 양을 논하지 않고 『크리스마스 송가』와 같은 것을 소설로 분류한다면 한국에도 엄청 많은 소설이 있다고 하였다.654) 또 헐버트는 『임경업전』의 저자로 '해종'이라는 승려를 지목하였고, 『두껍전』의 저자는 1760년경 이문종이며, 『창선감의록』 등은 김춘택이 지었다고 주장할 만큼 한국의 문학에도 관심이 많았다.655)

헐버트는 한국에서 연극대신 판소리가 흥행하는 것을 특이한 현상으로 보았다. 헐버트는 소설보다 광대의 이야기가 연행요소가 강하여 더 극적인 실감을 더해준다고 보았으며, 당시의 판소리를 더 예술성이 있는 것으로 평가하였다.656) 헐버트는 한국의 기록 서사 물(漢文學)보다 구전 서사 물(설

---

652) 오윤선, 앞의 책, 218-219.
653) 김동진, 앞의 책, 153.
654) 이민희, "20세기 초 외국인 기록물을 통해 본 고소설 이해 및 향유의 실제: The Korea Review 수록 'Korean Fiction'을 중심으로," 『인문논총』 제68집(2012), 123-157.
655) 위의 책, 135.
656) 위의 책, 139-143.

화, 소설 낭독)에 더 관심이 많았다. 이를 통해 조선 후기에 낭독 문화가 현저했으며 한글 소설의 유통이 광범위하게 이루어졌음을 알 수 있다.[657]

1920~1930년대 경성제대 출신의 국문학자들이 본격적으로 한국학을 연구하기 전에 이미 헐버트 등의 외국인에 의해 마련된 한국학 논의와 고소설 담론은 그 정보와 학문적 깊이에서 결코 무시할 수 없는 수준의 것이었다고 이민희는 평가하였다.[658]

당시 외국인들은 조선을 흔히 '은둔의 나라(Hermit nation)' 또는 '조용한 아침의 나라(Land of Morning Calm)'라고 했다. 그러나 헐버트는 이러한 표현에 의문을 제기했다. 은둔을 뜻하는 'hermit'는 나라의 문을 닫고 개화를 멀리함을 의미하는데 한국인들은 그저 편안하게 앉아 은둔 생활을 하는 사람들이 아니고 개화를 실천하기 위해 동분서주하고 있으며 새로운 문물을 받아들이기 위해 역동적으로 활동하는 사람들이라고 했다.[659] 그는 회고록에 『은둔의 나라』 저자 그리피스(William E. Griffis)[660]는 조선을 한 번도 와보지 않고 일본에 머물면서 일본 사람이 조선에 대해 쓴 책이나 이야기만 듣고 조선에 대해 책을 썼기에 진정한 조선과 조선 사람의 모습을 담을 수 없었다고 그 책의 오류를 지적하였다.[661] 특히 그 책의 오류 중에는 백두산 천지의 수원지를 압록강과 두만강이라고 했으며, 한국의 인삼 경작, 식물 분포, 사회현상이 너무 왜곡되어 있고,

---

657) 위의 책, 140-143.
658) 위의 책, 153.
659) 김동진, 앞의 책, 154-155.
660) 그리피스(1843-1928)는 미국인 목사이다. 1870년 일본의 초청으로 일본에서 동양학을 연구하면서 조선에 대해서도 연구하였다. 그의 저서 『은둔의 나라』(1882)는 당시 외국에서 가장 널리 알려진 조선 역사책이었다. 헐버트도 조선에 오기 전에 이 책을 읽었다.
661) 김동진, 앞의 책, 156.

많은 지명과 인명을 일본식 발음으로 표기했다. 조선을 'Chosen'이라고 했으며 백제를 'Hiaksi'라고 오기(誤記)한 것을 지적했다. 헐버트는 이 글에서 한국은 지금 개화를 앞당기고 있으며 정치형태도 변하고 있어 더 이상 은둔 국가가 아니라고 항변했다.662)

헐버트는 자신이 직접 한국과 관련된 문학작품을 창작했을 뿐 아니라, 한국의 문학작품을 서구에 소개하고 이를 평가하는 작업도 병행하였다. 그는 한국 문학작품의 일반적인 특징을 문학의 고유성과 보편성이라는 두 가지 관점에서 파악하였으며,663) 특히 한국 시가문학의 주조는 순수한 표현과 격정적인 서정성을 지니고 있는 것으로 보았다. 그는 한국의 가악(歌樂)과 시가 서구의 것들과는 근본적으로 다르며, 각자 서로 다른 문화적 배경을 갖추고 있기에 둘 사이의 차이점을 인정해야 함을 제시했다.664)

한국 문학도 서구의 문학과 본질적으로 다르지 않다는 생각을 가졌고, 수준도 뒤지지 않거나 경우에 따라서는 서구의 문학을 뛰어넘는다고 보았던 것이다. 이처럼 그는 한국의 독자성을 인정하고 한국의 문화적 요소들을 긍정하려 했던 것이다. 그래서 한국의 시조를 번역해 소개했는데, 비판적 안목을 지닌 자들은 마치 영시처럼 번역되고 소재만 다른 영시의 등가물(等價物)이라 하여 서구인들의 관심을 끌기 어려웠을 것이라고 평가했다. 그러나 이러한 견해가 있음에도 당시 미개국으로 인식되었던 서구에 한국 문학작품의 존재와 서구와 다르지 않은 뛰어난 문학작품을 갖고 있다는 인식을 심어준 것만으로도 충분히 그 가치를 인정해야 할 것이다.

---

662) 위의 책, 154-158.
663) 이러한 구도를 정립한 근거의 바탕에는 아리랑에 대한 연구가 큰 영향을 미친 것으로 보인다.
664) 헐버트의 견해와 달리 게일(James. S. Gale)은 한국문학이 중국문학의 모델을 그대로 따르고 있었다는 점을 강조하면서 중국적인 요소들을 간직하고 있다고 하여, 한국의 독자성을 부정하였다.

3) 한국의 문화유산 보호와 홍보

(1) 경천사 10층 석탑

일본 궁내부대신인 다나까는 '경천사 10층 석탑'이 아름답다는 말을 듣고, 이것을 가져가기로 작정했다. 이때 '경천사 10층 석탑'에 관한 정보를 다나까에게 주고 일본으로 가져가도록 부추겼던 자는 을사오적 가운데 한 사람인 내부대신 이지용이라고, 헐버트는 한 회견 기사에서 밝혔다.[665] 이에 고종 황제는 이 탑이 600여 년 전에 세워진 역사적 유물이기 때문에 황제 소유가 아닌 온 백성의 문화유산이라 다른 곳에 옮길 수 없다고 다나까에게 거절했다. 그러나 다나까는 개의치 않고 85명의 일본군을 경천사에 투입해 석탑을 뜯어 우마차에 싣고 본국으로 가져가 자신의 집 뒤뜰에 세웠다.[666]

현장을 답사하고 서울로 돌아온 헐버트는 곧바로 베델(Ernest Thomas Bethell, 裵說)에게 알렸고 베델은 자신이 발행하던 『대한매일신보』에 이 사실을 폭로하는 기사를 실었다. 이어서 헐버트는 일본 고베에서 발행되는 『재팬 크로니클』(1907년 4월 4일)에 석탑이 있었던 현장 사진과 더불어 석탑을 탈취했던 전말을 기고하였다.[667] 이에 이토 히로부미 통감도 사실의 전모가 드러나 매우 당혹스러워 했다.

헐버트는 1907년 7월에 헤이그 평화 클럽에서 한국인 특사들의 주장을 지지하는 연설을 했는데, 일본의 야만성을 거론하면서 이의 근거가 되는

---

665) The New York Times, July 22, 1907.
666) 김동진, 앞의 책, 241.
667) 『고베 크로니클』은 1902년 『재팬 크로니클』로 이름을 바꾸었다. 위의 책. 242에서 재인용.

예로 '경천사 10층 석탑'을 약탈했던 사건을 들었다. 일본은 이 석탑을 1919년에 가서야 돌려주었지만[668] 조선 총독부 창고에 방치했고, 결국 해방 후에야 경복궁에 복원되었다.[669]

(2) 한국의 5대 발명품

헐버트는 한국의 문화유산을 소개하는 데 누구보다 앞장섰다. 국내뿐만 아니라 외국의 언론에도 한국의 문화유산에 대한 다수의 기고를 했다.[670] 헐버트는 미국에서 가장 오래되고 뉴욕에서 발행되는 정치, 경제, 사회, 환경, 문화 등에 대한 사회적 관심사를 다루는 미국 유수의 월간지인 『하퍼스(Harper`s new Monthly Magazine)』지에 1902년 "한국의 발명(Korean Inventions)"이라는 제목의 글을 기고하여 한국이 일구어낸 세계적인 발명품 다섯 가지를 소개하였다.[671]

첫째, 조선 태종 시대에 이동식 금속활자를 한국이 세계 최초로 만들었다.
둘째, 거북선이라 불리는 철갑선을 세계 최초로 한국이 발명하였다.
셋째, 한국이 현수교를 세계 최초로 만들었다고 했다. 1592년 임진왜란 당시에 평양에 진주해 있던 일본군들을 쫓던 조선과 명나라의 연합군이 임진강에 도달했다. 그러나 강을 건널 수 없어서 조선병사들이 칡넝쿨과 나룻배를 이용하여 현수교를 만들었다.

---

668) 위의 책, 241-243.
669) 위의 책, 244.
670) 위의 책, 181.
671) 위의 책, 182-186.

넷째, 한국이 세계 최초로 폭탄을 만들었다.[672]

다섯째, 한국은 순수한 소리글자인 한글을 만들었다. 그럼에도 한자가 정부 문서의 공식 언어이며 관료들은 한글을 읽을 수 있다는 그 자체를 수치스러워 한다는 것이 안타깝다.[673]

헐버트는 자신의 금전으로 한국의 문화유산을 국외 유명 박물관에 전시하는 일에까지 앞장섰다. 그는 1770년에 기록된 한국의 백과사전인 『동국문헌비고(東國文獻備考)』를 1898년 대영박물관에 전시하였고, 금속활자를 뉴욕 자연사박물관에 전시하였다.[674] 또한 그는 1898년 세계적인 권위를 인정받는 지리학회인 '왕립지리학회(Royal Geographic Society)'의 정회원이 되었는데, 왕립지리학회에 한국의 남해안의 많은 섬들에 관한 지도를 제작해 제출하였다.

세계가 우리를 전혀 주목하지 않던 130여 년 전의 시대에 헐버트는 저술, 언론기고, 회견, 강연 등을 통해 한민족 문화의 진수를 전 세계에 알린 최초의 인물이었다.[675]

이러한 헐버트의 면면은 한국인보다 한국을, 한국 문화를, 한국인을, 한국 땅을 더 사랑했던 사람이라고 부르기에 전혀 손색이 없다. 그의 한국 사랑의 발로는 하늘로부터 받은 선교사로서의 소명과 인간애의 특심함에서 비롯되었겠지만 헐버트에게 경의와 감사를 보내는 것은 한국인으로서의 마땅한 도리일 것이다.

---

672) 조선 선조 때 이장손이 발명한 비격진천뢰(飛擊震天雷)를 말한다.
673) 위의 책, 185.
674) 위의 책, 188.
675) 위의 책.

헐버트의 선행(先行)을 통하여 오늘날 한국의 젊은이들은 제 나라를 헬조선이라고 부르는 자학과 열등감의 수치로부터 속히 벗어나야 할 것이다.

4) 경제·사회적 지원 활동

(1) 한국인들의 재산 보호

1904년 2월 발발한 러일전쟁을 승리로 이끌기 위해 일본은 군사기지, 철도, 통신, 노동력 등 한국의 도움이 필요했다. 그래서 일본은 전쟁 초기에는 당초의 약속대로 한국인들에게 비교적 호의적으로 대했다.[676] 그러나 1904년 여름 일본군이 압록강 연안에서 러시아군을 대파하고 다롄을 점령하면서 태도가 달라지기 시작했다.

러일전쟁에서 승리가 확실해지자 일본은 돌변한 것이다.[677] 일본군들이 한국에 진주하면서 일본의 많은 사업가들도 한국으로 왔다. 일본군들은 군사목적으로 한국인의 땅을 몰수하여 그들에게 주는 등 전국 곳곳에서 일본의 횡포는 심해졌다.[678] 인권 실종은 말할 것도 없고 빈약한 댓가를 받고 일하는 노동자들의 참상은 깊어만 갔다. 어느 외국인조차도 일본에 맞서지 못하는 이때, 헐버트는 1904~7년 사이에 자신이 직접 몸으로 체험한 일본의 횡포를 『헐버트 문서』에 기록으로 남겼다.[679] 그의 한국 사랑이 감동으로 다가오는 이야기들이다.

한 상인이 장사를 위해 일본 엔화로 환전하면서 영수증을 받았으나 나중에 영수증을 무효화 시킨 일, 일본인에게 건물을 임차한 한국인이 몇 달째 임대료를 받지 못하는 일 등을 헐버트가 해결해 주었다.[680] 극에 달한

---

676) 김동진, 앞의 책, 234.
677) 위의 책, 234.
678) 위의 책, 234-236.
679) Homer B. Hulbert, *Hulbert's Manuscripts*, 108. 위의 책, 235에서 재인용.
680) 위의 책, 235-236.

일본군의 횡포는 외국인들에게까지 미쳤다. 외국인들 대부분이 부동산 문제로 일본인들과 마찰을 빚었으며 그 때마다 일본인들은 외국인들에게도 막무가내였다. 헐버트는 일본의 횡포를 막기 위해 한국을 방문하는 미국인들에게 한국인들의 억울함을 호소하고 도움을 요청했다.681) 뿐만 아니라 헐버트는 한국인들을 위해 너무 무리하게 뛰어다닌 탓에 졸도한 적도 있었고, 금전적으로 많은 피해를 입기도 했으나 개의치 않았다.682) 헐버트가 『한국평론』에 일본의 횡포를 비난하는 글을 게재하자 일본은 『한국평론』의 구독을 중단했다.683)

일본군들이 한국에 진주할 때 일본의 많은 사업가들이 같이 왔다. 일본은 군사 목적을 핑계로 땅을 몰수하여 일본인들이 그 땅을 이용하게 하는 수법으로 전국에서 일본의 횡포는 이성을 잃어갔다.684) 일본은 그동안 성공적으로 재정 정책을 이끈 대한제국 탁지부 고문인 영국인 브라운(J. McLeavy Brown)을 해임하고 그 자리에 일본인 메가타(目賀田種太郎)를 임명히었디. 메가타는, 한국인의 토지 중 나쁜 방은 일본인에게 넘긴다는 구실 하에 실제로는 좋은 땅을 전부 일본인에게 넘겨주는 농간을 부렸다.685)

헐버트는 재산을 빼앗기는 한국인들을 돕기 위해 다방면으로 힘쓰며 조선인들의 재산을 지켜주었다. 헐버트의 한국인을 돕는 선행이 전국적으로 알려지자 전국 각지에서 많은 한국인이 찾아와 자신들의 부동산 명의를 헐버트 이름으로 바꿔달라고 요청했다. 헐버트는 그들로부터 부동산을 한

---

681) 위의 책, 238-239.
682) 위의 책, 240.
683) 위의 책.
684) 위의 책, 234-235.
685) 위의 책, 238.

푼 값에 사서 이후 같은 값으로 되팔겠다는 확약서를 써 주고 명의를 이전받았다. 그렇게 한국인들과 임대차계약을 맺음으로써 한국인들은 임차료를 한 푼도 내지 않고 그 부동산을 지키는 기지를 발휘했던 것이다.686) 계약서의 숫자는 정확히 계수하지 않았지만 가마니가 가득 찼다고 했다. 이렇게 명의 이전을 요청한 대부분의 사람들은 헐버트와 생면부지의 사람들이었다.687) 뒷날 헐버트는 회고하길, 한국인들에게 그 부동산을 정확히 돌려줬고 자신은 그렇게 한 행동이 자랑스러웠다고 했다.688)

일본을 옹호하는 자들은 헐버트가 야비한 장사를 하고 있다고 비난했지만, 헐버트는 이에 대해 "자신은 한국 정부로부터 고용의 대가로 급료를 받고, 특사 활동 시 여비를 받는 이외의 어떠한 돈도 받은 일이 없다"고 했다.689) 헐버트는 실제로 한국의 독립을 호소하기 위해 사비를 들여 각종 강연과 회의에 참석했으며, 어떤 대가도 바라지 않고 한국인들을 도왔다.

헐버트의 조선인들의 재산을 지키기 위한 노력은 한국인을 사랑하지 않았다면 결코 발휘될 수 없는 기지와 전략이었다. 이것은 헐버트가 통전적 선교사로서의 폭넓은 사랑을 가졌기에 가능했던 것이다.

(2) 고종의 내탕금

일제에 의해 강제 퇴위된 후 감옥살이나 다름없이 지내던 고종 황제가

---

686) 위의 책, 239.
687) 위의 책.
688) 위의 책.
689) Homer B. Hulbert, *Hulbert's Manuscripts*, 109-110. 위의 책, 239에서 재인용.

1909년 늦가을 헐버트가 잠시 한국에 입국한 것을 알고 그에게 중국 상하이의 덕화은행에 있는 자신의 내탕금을 찾아 미국 은행에 예치해 두었다가 훗날 나라의 독립을 위해 요긴하게 써달라는 부탁을 하였다.[690] 고종은 독일 공사관의 주선으로 2회에 걸쳐 은행에 예치한 적이 있었다. 독일 공사가 본국 정부에 보고한 문서에는 1903년 말과 1904년 초에 510,000만 마르크를 예치했다고 하였다.[691]

그는 고종 대신 예금을 찾을 수 있는 위임장과 관련 서류들을 전달받았다. 서류는 예치금 증서, 수표, 돈을 고종황제에게만 내준다는 덕화은행장의 서명지와 주중 독일공사의 확인서까지 있었다. 그는 딸이 뇌종양으로 위독하다는 소식을 본국의 아내로부터 들었으나 고종의 부탁이 급선무라 여겨 상하이 독일영사를 찾아갔다. 그러나 그 돈을 고종 황제 모르게 이미 일본에 지급해 버렸다는 소식을 들었다.[692]

1906년 12월 31일 현재 이 예치금의 평가 잔액은 518,800마르크였다. 독일 공사관은 고종 황제 자신 외에 그 누구에게도 돈을 내주지 말라고 사전에 요청을 했음에도 불구하고 고종 황제의 확인 없이 돈을 일본에게 내줘버렸던 것이다. 헐버트는 1919년 미국 의회에 제출한 진술서에서 예치금 인출과 관련하여 추측하길, 여기엔 아마 독일의 묵인이 있었을 것으로 보았다.[693]

헐버트는 자신의 나이가 80이 되자 혹시 죽더라도 후대에서 찾을 수 있도록 1943년 1월 14일 자로 『고종 황제 예치금 진상 보고서』를 작성하

690) 김권정, 『한국인보다 한국을 더 사랑한 미국인 헐버트』, 153-154..
691) 위의 책, 154.
692) 위의 책, 155.
693) 김동진, 위의 책, 354.

여 스태거스(John W. Staggers) 변호사에게 위탁했다. 헐버트는 이 보고서에 자신이 처음 조선에 가게 된 경위, 고종 황제가 예치금을 찾아 달라고 부탁한 경위 및 예치금을 찾기 위한 자신의 노력을 빠짐없이 기록하였다.694) 그는 이 진상 보고서와 함께 킴버랜드에게 보내어 그가 보존하고 있었던 예치금 증서 등을 제외한 모든 내탕금 관련 서류 일체를 스태거스 변호사에게 넘겼다.695) 그리고 1948년 12월 22일 이승만에게 편지를 썼다.

> 우리가 처음 서울에서 만나고서 60여년이 흘렀소. 나는 당신이 마침내 꿈을 이루어 정상에 올라섰다는 것이 참으로 기쁘오. 당신은 앞으로 한국을 위해 많은 일을 해야 할 것이오. 아마 나는 앞으로 그리 오래 살지 못할 것이오. … 도둑맞은 내탕금을 이자와 함께 꼭 돌려받아야 하오.… 내탕금을 찾기 위해 내가 할 수 있는 일은 무엇이든지 다 하겠소. 내가 고종 황제의 수임권자로서 돈을 받게 되면 즉시 그 돈을 한국에 돌려줄 것이니 알아서 처분하시오.… 미국에서는 더 이상 이 문제를 진전시킬 수 없을 것 같소. 한국 정부와 서울에 있는 미국 대사관의 도움이 필요하오. … 나는 웨스트민스터 사원보다 한국 땅에 묻히기를 원하오.696)

이 글에는 내탕금을 돌려받아야 한다는 강한 의지와 함께 한미공조 체제를 통하여 이 돈을 받을 것을 제시했다. 그 후 헐버트는 1949년 8월 5

---

694) 위의 책, 361.
695) 위의 책, 361.
696) 위의 책, 361-363.

일에 한국에서 서거하였다.697)

한편 스태거스 변호사는 1951년 10월 23일 이승만 대통령에게 편지를 보내 헐버트가 넘긴 모든 서류 13종을 한국으로 보냈다. 그리고 이승만 대통령은 즉시 그 서류를 외무부에 넘겼다. 1951년 11월 15일자로 외무부는 주미대사관에 『대독 채권 관계 문헌송부 의뢰의 건』이라는 제목의 공문을 보내 스태거스와 접촉하여 이 사실을 파악하도록 요청한 기록이 남아 있다.698) 주미대사관은 스태거스 변호사를 접촉하여 모든 서류를 받고, 헐버트의 아들 윌리엄의 의견서와 킴버랜드의 아들의 직장까지 받았다.

1953년 2월 16일 미국이 한국 외무부에 '대독 채권에 관한 협정' 회의에 참여할지를 물어왔고, 외무부는 이 공문과 관련 서류들을 재무부에 보내어 이 회의에 참여할지를 물었던 기록이 있다. 그러나 그 후 재무부가 이 회의에 참여하였는지는 어떤 기록도 없다. 김동진은 헐버트가 한국 정부에 넘긴 서류들은 60여 년 동안 먼지만 뒤집어쓴 채 고문서 창고에서 잠자고 있다고 밝혔나.699)

당시는 6.25전쟁으로 혼란한 시기여서 우리 정부의 참가가 어려웠을 것이고, 정부의 후속 조치에 대한 기록도 남아있지 않은 것이 안타까울 뿐이다. 그러나 고종황제의 애국의 표심이자 헐버트의 마지막 한국 사랑의 필사적 노력이 깃들어 있었던 이 돈의 실체가 언젠가는 한일관계를 통하여 반드시 해결되리라 기대한다.

---

697) 위의 책, 363.
698) 위의 책, 363-364.
699) 위의 책, 367. 김동진은 이 사건과 관련된 공문서를 찾기 위해 백방으로 노력하여 외무부에 오랫동안 근무했고 여러 나라의 대사를 지낸 김영주 전 외무부 차관을 만났다. 김 전 차관은 자신이 주미대사관에게 보내는 공문을 직접 작성했으나 우리나라가 '3국회의'나 '대독채권에 관한 협정' 회의에 참가했다는 말은 듣지 못했다고 하였다.

5) 정치·외교적 지원 활동

구한말 나라가 위태로웠던 을사늑약부터 해방이 될 때까지 수많은 애국 지사들이 나라를 구하기 위해 피를 흘리고 목숨을 던졌다. 선교사 헐버트 는 자신의 선교지인 한국을 구하기 위하여 먼저 필봉으로 일제와 맞섰고, 밀사외교로 일제의 간담을 서늘하게 하였다.

러일전쟁이 끝났으나 일본이 오히려 나라까지 집어삼키려 하자 고종황 제와 신하들은 일제로부터 나라를 구하려고 고군분투하였다.[700] 특히 영 국이 일본의 한국지배를 양해하는 '제2차 영일동맹'이 1905년 8월에 체결 되었다. 고종황제와 측근들은 주권상실의 위기를 직감하고 돌파구를 찾고 자 노심초사하였다.[701] 그러던 차에 헐버트와 민영환이 조미수호통상조약 에 담겨 있는 선위조처(善爲措處) 구절[702]을 찾게 되었다. 조미수호통상 조약의 문구를 자세히 검토한 두 사람은 미국 대통령에게 일제의 한국 침 략 야욕을 저지시켜 달라고 호소하자는데 의견 일치를 보았다.[703] 그리하 여 민영환은 고종황제에게 황제의 친서를 전달하기 위한 특사 파견을 건 의하였고[704] 고종황제는 이를 즉시 수락하였다.[705]

고종황제는 제1차 한일협약이 체결된 직후에도 미 국무장관에게 한국 독립 유지를 위해 노력해달라는 밀서를 보냈었다. 또 포츠머스 회의가 진

---

700) 위의 책, 207.
701) 위의 책.
702) 조약 1조, 제삼국이 조약 일방에게 부당하게 또는 강압적으로 간섭할 때에는 조약 상대국은 원만한 타결을 가져오도록 주선한다.
703) 김동진, 위의 책, 207.
704) Homer B. Hulbert, Hulbert`s Manuscripts, 97. 위의 책, 208에서 재인용.
705) 위의 책.

행되고 있을 당시에는 이승만을 비공식 특사로 루스벨트(Theodore Roosevelt)706)에게 보내어 일본의 무력침략을 폭로하고 한국 독립지원을 요청하려 했으나 공식특사가 아니라는 이유로 접수가 거부되었다.707)

고종의 불침번을 섰던 헐버트는 헤이그 밀사로 파송되기 전, 을사늑약의 위기 앞에 선 조선을 구하기 위하여 민영환의 추천에 의해 고종황제의 밀사로 선정되었다.708) 그리고 일제의 첩자들에 의한 많은 방해를 무릅쓰고 고종황제의 친서를 가지고 미국 대통령의 도움을 요청하고자 1905년 10월 20일 미국으로 갔다. 헐버트는 혹시 있을 일본의 방해에 대비하여 출발하기 전 미국 공사 모건에게 미국정부에 친서를 가지고 가는 것을 알렸고, 모건공사는 친서를 공사관 외교행랑으로 안전하게 가도록 주선해주었다. 모건 공사는 헐버트가 출발한 후 고종의 특사가 미국으로 출발한 것을 미 국무장관에게 전달하였고, 일본에게도 전달했을 것으로 추측하고 있다. 그것은 일본의 한국 침략을 비난했던 알렌 공사가 파면되고 모건이 부임한 사실을 보아 짐작할 수 있다.709) 그러나 헐버트는 이를 감지하지 못했었다.

결국 미국 루즈벨트 대통령은 헐버트를 만나주지 않았다. 미국의 루스벨트 대통령은 1905년 7월 비밀리에 일본과 '태프트-가쓰라 밀약'을 맺었다. 그렇게 조미수호통상조약의 친선 의무 조항은 이미 무시되었다. 미 국무성은 헐버트가 가지고 간 고종황제의 친서마저도 전달받기를 거절하며 시간을 끌다가 을사늑약이 체결된 후인 1905년 11월 25일에야 접수하였

---

706) 미국의 26대 대통령, 재임기간은 1901~1909년으로 재임당시 미국을 강력한 국가로 발전시켰으나 테프트-가쓰라 조약을 맺게 하여 일본은 한국을, 미국은 필리핀 점유권을 밀약하였다.
707) 김권정, 『한국인보다 한국을 더 사랑한 헐버트』, 98.
708) 위의 책.
709) 위의 책, 100.

다.710)

일본은 을사늑약을 서둘러 헐버트가 워싱턴에 도착한 지 1시간 만인 1905년 11월 17일 대한제국을 보호한다는 핑계로, 대한제국의 모든 외교권을 일본이 감리, 지휘하고 서울에는 일본통감이 주재한다는 보호조약을 총칼의 위협 아래 억지로 맺었다.711)

헐버트는 1905년 12월 11일 고종황제로부터 "나는 보호조약을 인정하지 못하오. 조약은 총칼의 위협아래 강압으로 이루어졌소. 나는 이 조약에 서명한 일이 없으며 윤허하지도 않았소."라는 전보를 받았다. 헐버트는 이 전문을 가지고 미 국무부로 찾아갔으나, 국무부 차관 베이컨(Robert Bacon)은 "모든 상황이 끝났소. 단지 파일만 해 놓겠소."라고 하며 대화를 거부했다.712) 헐버트는 분노를 이기지 못하여 미국의 여러 의원들과 미국 조야의 중심인물들을 두루 만나 "루스벨트 대통령이 한국과의 조약을 무시하고 한국의 주권을 통째로 일본에 넘겨줬다. 한국을 일본에게 넘겨준 것은 러일전쟁에서 패한 러시아가 아니라 우리 미국이다."713)라며 한국을 도와달라고 호소하였으나 언론들까지도 외면하였다. 미국의 반러시아 친일 외교 방침은 확고하였기에 이미 11월 24일자로 주한미국 공사관 철수 훈령을 내보낸 상태였다.714)

헐버트는 자국의 이익만 추구하는 모국에 실망하며 1906년 6월 초 한

---

710) 김동진, 앞의 책, 220-221.
711) 을사늑약의 날짜가 1905년 11월 18일로 나오는 역사 기록도 있다. 이는 을사늑약을 체결하기 위해 일본이 회유와 강압으로 소집한 의정부 회의가 1905년 11월 17일 자정을 넘겨 끝났기 때문이다. 이 회의에서 일제는 총칼로 위협하여 대신들에게 서명할 것을 강요하였으나 한규설, 민영기, 이하영 등은 끝까지 반대하였고 소위 을사오적인 이완용, 박제순, 이지용, 이근택, 권중현은 찬성하였다.
712) 김동진, 위의 책, 222.
713) 위의 책, 224-225.
714) 김기석, "헐버트-대한제국의 마지막 밀사," 『한국사 시민강좌』 34(2004.2), 86.

국으로 돌아와 자신의 저서 『대한제국멸망사』에 한국에 대한 미국의 배신을 교육투자로 갚아야 한다고 기술하였다.715)

아래는 헐버트가 가져갔던 고종황제의 친서번역문716)이다.

미합중국 대통령 각하

1883년 이래 귀국과 대한제국은 우호적인 조약 관계를 유지해 왔으며 귀국과 귀국 국민들은 대한제국에 뜨거운 호의를 보내 주었습니다. 귀국의 사절들은 이 땅에 올 때마다 대한제국의 복지와 발전에 뜨거운 관심을 표해 왔습니다. 귀국으로부터 많은 교사들이 이 땅에 왔으며 그들은 대한제국의 발전을 위해 열정을 다했습니다. 그러나 우리는 괄목할만한 발전을 이루지 못했습니다. 왜냐하면 열강들이 자국의 이익에만 몰두했기 때문입니다. 물론 우리의 실수도 컸습니다.

러·일 전쟁이 시작되면서 일본은 대한제국에게 동맹을 맺기를 요청하였고, 일본군의 군사작전을 위해 대한제국의 영토, 항구, 자원을 이용할 것을 요구해 왔습니다. 일본은 대한제국의 주권과 황실의 안녕을 보장했습니다. 대한제국은 일본의 요청을 받아들이고 합의 내용을 충실히 이행했습니다. 이러한 대한제국의 일본에 대한 협조는, 만약 전쟁에서 러시아가 이긴다면 일본의 동맹국이었다는 이유로 대한제국은 러시아의 속국이 되어버릴지도 모르는 위험을 감수한 행동이었습니다.

작금 일본은 대한제국과 맺은 약정을 파기하고 대한제국을 보호국으로 만들려는 의도를 분명히 하고 있습니다. 이는 1904년 체결한 약정을 위반하는 행위입니다. 일본이 그렇게 해서는 안 되는 여러 가지 이

---

715) Homer B. Hulbert, *The Passing of Korea* (1906), 347; 위의 책, 228-230.
716) 위의 책, 213-215.

유가 있습니다. 첫째, 일본은 동맹국과의 신의를 저버리고 문명국답게 행동한다는 약속을 지키지 못함으로써 스스로 어리석음을 드러내는 결과가 될 것입니다. 둘째, 지난 2년간 일본이 보여 준 행동은 대한제국의 백성들을 계도하겠다는 자세를 전혀 보여 주지 못했습니다. 일본은 대한제국의 백성들에게 저지른 과오를 시정하는 어떠한 조치도 취하지 않았습니다. 일본은 대한제국 재정을 운용함에 있어 많은 실책을 범했을 뿐만 아니라 교육을 발전시키고 정의를 세우기 위한 어떠한 노력도 하지 않았습니다. 일본은 자신들의 이익만을 좇았을 따름입니다.

대한제국의 주권 상실은 대한제국에게 너무나 큰 상처가 아닐 수 없습니다. 만약 주권이 상실되면 일본인들이 대한제국 백성들을 더욱 경멸할 것이고, 일본인들의 행동은 더욱 폭압적으로 변할 것이기 때문입니다. 대한제국에게 많은 개혁이 필요함은 인정합니다. 일본 고문들의 도움을 기꺼이 받아 그들의 제안을 수용할 준비가 되어 있습니다. 대한제국은 과거의 실수를 인정합니다.

대한제국이 도움을 청하는 이유는 결국 대한제국 국민들을 위해서입니다. 러·일 전쟁이 시작되었을 때 대한제국 국민들은 일본을 환영했습니다. 개혁이 이루어지고 사회 여건이 향상되리라는 기대가 있었기 때문입니다. 그러나 진정한 개혁은 기대할 수 없으며 국민들은 속임만 당하고 있습니다. 일본이 보호 통치를 하게 될 경우 가장 중대한 해악은 대한제국 백성들이 개화를 추진해야 할 의미를 잃어버린다는 점입니다. 주권을 되찾을 수 있다는 희망도 사라질 것입니다. 대한제국 백성들은 어떻게든 단결하여 미래의 발전을 위한 결의를 다져야 합니다. 그러나 국가의 주권이 없어지면, 일본과 협력하여 노력하기보다는 절망에 빠져 오랫동안에 걸친 일본에 대한 증오는 더욱 깊어지고 의심과 적대감만 쌓여 갈 것입니다. 국민감정이 국가 외교에 개입되어서는 안

된다고 하지만 대한제국의 문화에서 국민감정은 인간사의 동력이며, 호의, 온정, 관용은 개인 간의 관계에서와 마찬가지로 국가 간의 관계에서도 중요하게 작용하고 있습니다.

각하께서는 대한제국이 처한 절체절명의 위기의 순간을 혜량하시어 이상에서 제기한 문제에 대해 심사숙고하여 주시고, 아울러 지금까지 취해 온 외교 원칙과 똑같은 넓이와 똑같은 냉철함의 바탕 위에서 귀국이 할 수 있는 최대한의 도움을 주시기 바랍니다.

대한제국 황제
어새 날인과 함께

6) 독립운동 참여

(1) 헤이그 특사 활동

제2차 헤이그 만국평화회의에 특사를 파견한 사건은 대한제국의 주권을 회복하기 위한 고종 황제의 최후의 절규였다.[717] 1907년 6월 헤이그에서 열리는 만국평화회의에 가서 삼엄한 일본의 감시를 뚫고 벌인 특사들의 활동은 생사를 건 숭고한 투쟁이었다. 헤이그 특사 파견은 비록 성공하진 못했지만 전 세계에 일본의 침략주의와 대한제국이 처한 불법적 입장을 알린 역사적 의미를 남겼다. 일본은 이 사건을 빌미로 고종을 황제 자리에서 강제 퇴위시켰다.[718]

고종 황제는 1905년 을사늑약 직후부터 을사늑약은 본인이 합의하지 않은 불법 무효 조약임을 세계만방에 알리고 잃어버린 주권을 찾아오는 일에 최우선 순위를 두었다. 즉 조약 상대국 국가 원수를 방문하는 특사 파견이나 제2차 만국평화회의 특사 파견은 바로 이 하나의 목표 아래 추진되어진 고종 황제의 주권 수호 외교였다.[719]

대한제국과 조약을 맺고 있던 10개 조약 상대국[720] 국가 원수들에게 고종 황제는 친서를 통하여 '1905년 조약'을 '늑약(勒約)'으로 표현하며 자신은 조약에 서명하지 않았고, 대신들은 일제의 강제에 의해 합법적인

---

717) 김동진, 앞의 책, 273-278.
718) 위의 책, 252.
719) 위의 책, 252-253.
720) 이민원, "광무황제와 헤이그 특사: 고종의 헤이그특사 파견 논리와 구상을 중심으로,"『한국 독립운동사연구』제29집(2007. 12), 87-136. 헐버트의 특사증에는 미국, 영국, 프랑스, 독일, 러시아, 오스트리아, 헝가리, 이탈리아, 벨지움, 중국 정부에 특별 사절로 임명한다도 기술되었다.

절차가 아닌 상황에서 회의를 했다고 호소하였다.721) 그리고 특사를 보내어, 자신의 친서를 전달하여, 그들의 도움으로 일본의 보호 통치의 불법성이 헤이그 만국평화회의에서 토의되고, 국제중재재판소에 제소되기를 바랐다.722) 을사늑약으로 폐쇄됐던 대한제국의 각국 공사관의 부활도 원했던 고종 황제는 1906년 6월 22일, 자신이 가장 신임하는 외국인 중의 한 사람인 헐버트에게 전권특사 자격을 부여하는 임명장과 조약 상대국 각국 원수에게 보내는 친서도 같은 날짜로 작성하여 전달하였다.723) 헐버트의 임명장 내용은 다음과 같다.

> 짐은 헐버트를 미국, 영국, 프랑스, 독일, 러시아, 오스트리아, 헝가리, 이탈리아, 벨지움, 중국 정부에 특별 사절로 임명한다. 차제에 그에게 전권을 부여하여 짐과 또 대한제국의 제반관계를 위해 열거한 제국 정부에 대표케 한다. 동시에 짐은 그에게 한국의 정치현황에 관한 문서를 각국 정부에 전달하고 본국정부와 일본정부간에 야기된 여러 가지 문제를 헤이그 평화회의에서 현 사태의 조정을 담당하도록 특별사절의 자격을 부여한다.724)

헐버트의 역할은 현 사태의 중재와 조정을 돕는 것이다. 즉 당사자가 아닌 조력자의 역할이다. 이에 비하여 한국인 특사증에는 "…우리나라의 제반 고난 사정을 회의장에서 피력하여 우리의 외교대권을 회복하고 우리

---

721) 김기석, 앞의 책, 87.
722) 위의 책.
723) 위의 책, 254.
724) 尹炳奭,『李相卨傳: 海牙特使 李相卨의 獨立運動論』(서울: 一潮閣, 1998), 99-100. 이민원, 앞의 책, 92에서 재인용.

와 열국과의 우위를 회복하라."[725]고 하여 자국인으로서의 적극적인 활동을 요구하고 있음을 알 수 있다. 그러나 헐버트와 이상설 일행이 같은 사명을 가지고 있었으므로, 이준이 고종의 특사 사명을 받고 떠난 1907년 4월 20일을 기점으로 헐버트의 헤이그 특사 사명은 이상설 등 3인에게 위임된 것으로 보기도 한다.[726] 이에 대해 동조하기 어렵다. 헤이그 평화회의에서 특사의 목적을 달성하기 위하여 헐버트의 활동과 측면 지원은 계속 되어야하기 때문이다.

헐버트는 '특별위원(特別委員, Special Envoy)'이며, 제2차 헤이그 만국평화회의가 열린 1907년 6월보다 1년 전인 1906년 6월 22일로 특사증에 날짜가 적혀있다. 그 이유는 1907년 6월 만국평화회의가 열리기 직전에 각국을 방문하여야 하고, 고종 황제의 외교 고문으로서 미리 각국에 가서 활동하면서 한국 특사들의 활동이 원활하게 되도록 지원해야하기 때문일 것이라고 윔즈는 추측하였다.[727]

이상설도 헤이그 평화회의가 열리기 1년 전인 1906년 4월 초순에 가산을 처분하고 은밀히 서울을 떠나 연길의 용정촌에 도착하여 서전서숙을 설립하였다. 서전서숙은 한인 최초의 해외 민족교육기관이었다. 이상설이 특사 사명을 위해 헤이그로 떠난 후 서전서숙은 문을 닫았으므로 그도 역시 1년 전에 이미 임무를 알고 위장 출국하였음을[728] 알 수 있다.

---

725) 이항근, 『한국사: 현대편』(서울: 진단학회, 1963), 944-945. 이민원, 위의 책, 91에서 재인용.
726) 위의 책, 92.
727) Clarence N. Weems, *Hulbert's History of Korea*, 52. 김동진, 앞의 책, 254에서 재인용.
728) 이민원, 앞의 책, 101.

당시에 여러 경로를 통하여 한국 정부에서 헤이그 평화회의에 참석할 것을 타진하였으므로729) 일본은 고종황제와 헐버트 등 특사들에 대하여 감시가 극심했다. 이러한 악조건 속에서 진행된 거사는 고종 황제의 강렬한 주권 수호 의지를 대변하여 준다. 영국 국왕에게 보내는 고종 황제의 친서730)는 미국 국립 문서보관소에 보관되어 있다.731)

헐버트가 출발한 후 고종황제는 1907년 4월경 이 계획에 대하여 주한 프랑스영사 벨렝(Belin)과 주한 러시아총영사 뽈란손(George de Planson)에게 본국 정부의 도움을 요청하도록 알선을 구했다. 그러나 벨렝은 프랑스 외무부로부터 보호 상태에 있는 국가가 보호하는 국가를 상대로 시도하는 아무리 사소한 일이라도 도와주어서는 안 된다는 지시를 받았었기에 고종의 부탁에 대해 우책(愚策)이라 여길 뿐만 아니라 이 사실을 일본 통감 이토에게 즉각 알려주었다.732) 뽈란손도 1906년 8월 11일 서울에 부임할 당시 러시아 외무부로부터 일본에게 의심받을 일이나 불만을 야기할

---

729) 위의 책, 94-98.
730) 고종황제 친서 번역문: 영국 국왕 폐하, 여러 해 동안 대한제국 정부는 귀국 정부와 우방 관계를 유지해오면서 귀국의 호의를 입기도 하였는바, 정의가 바로 서기를 바라는 귀국은 작금의 대한제국이 처해 있는 어려움을 헤아려 주시리라 기대합니다. 대한제국은 1905년 11월 18일 일본의 불의로 맺어진 을사늑약이 사기임을 선언합니다. 세 가지 증거가 있습니다. (1) 대한제국 정부 대신의 서명이 위협과 강압으로 이루어졌습니다. (2) 대한제국 황제는 내각에 조약 문서에 서명할 권한을 준 적이 없습니다. (3) 조약이 서명된 내각회의는 불법입니다. 왜냐하면 대한제국 황제나 총리대신이 소집한 것이 아니고 일본이 소집하였습니다. 상황이 그러한즉 을사늑약은 국제법적으로 무효이며, 대한제국 황제는 어떠한 경우라도 대한제국의 독립을 해치는 어느 조약의 비준에도 자발적으로 동의하지 않을 것임을 선언합니다. …대한제국이 현재 완전한 독립국임에 비추어, 대한제국 황제는 폐하의 혜량으로 귀국이 서울에 공사관을 개설할 수 있는 권리가 있음을 재천명할 것을 진지하게 청하나이다. 아니면, 대한제국 정부가 일본의 침략주의를 헤이그 국제중재재판소에 제소함에 있어 귀국이 도움을 주시어, 그 결과로 공사관 설치가 추진되기를 요청하나이다. 그리해 주시면 대한제국이 독립국이라는 주장의 정당성이 국제법적으로 확고해질 것입니다. 상세한 내용은 본 친서를 휴대한, 전권이 부여된 특사와 협의해 주시기 바랍니다.
    서기 1906년, 조선 515년 6월 22일 서울에서 황제 어새 날인과 함께
731) 김동진, 앞의 책, 260-261.
732) 한철호, "헐버트의 만국평화회의 활동과 한미관계", 179.

행위를 삼가라는 명을 받고 있었기에 고종을 도울 수는 없었지만 이토에게 이 사실을 밀고하지는 않았을 것이다. 왜냐하면 그해 8월 만국평화회의 초청장을 받은 고종이 이용익을 특사로 파견하려 했을 때 프랑스 측은 교섭을 거부한 반면 러시아는 이를 수용했다. 이토는 이 사실로 보아 러시아가 고종을 도울 것으로 보고 헐버트가 페테르부르크를 거쳐 헤이그로 가는 헐버트의 동정을 예의 주시하기 시작했다.[733]

고종황제는 헤이그 제2차 만국평화회의 특사로 정사 이상설, 부사 이준, 통역 겸 부사 이위종을 임명했다. 헐버트와 이상설, 이준의 관계는 보통의 친분 관계를 넘는다. 1896년 한성사범학교에 이상설이 잠시 근무하였고, 헐버트는 1897년 한성사범학교 교육 수장이 되었다. 이때 이상설은 헐버트로부터 신학문과 영어, 불어를 지도받았었다.[734] 또한 1905년 학부협판에 임명되어 헐버트 등 외국인 교사들의 행정을 담당하는 직위에 있었다.

헐버트는 YMCA 탄생의 중심적 인물이며, 계속해서 YMCA 활동에 적극적으로 참여하고 있었는데, 이준 역시 초창기부터 YMCA에서 활발히 활동하였으며 'YMCA 토론회'의 심판원을 맡기도 했다.[735] 헐버트와 이상설, 이준은 구국 운동을 앞장서서 전개했던 감리교 상동교회를 통해서도 잘 아는 사이였다. 또한 상동교회 안에 설립된 상동청년회에서 이준, 주시경 등이 크게 활약하였다.[736] 이상설, 민영환은 정부의 상위 관직에 있는 사람들로서 상동청년회 후원자 역할을 했다. 상동청년회는 1904년부터 중등

---

733)『일본외교문서』40-1, #434(1907. 5. 9), 425-426; #436(1907. 5. 19), 427. 한철호, 위의 책, 180에서 재인용.
734) 윤병석, 『이상설전』(서울: 일조각, 1998), 16.
735) 김동진, 앞의 책, 262.
736) 위의 책, 234-236.

교육기관으로 상동청년학원을 두었으며 이 학원에서 주시경은 한글을, 전덕기는 성경을, 스크랜턴 부인은 영어를, 헐버트는 역사를 가르쳤다.[737]

이상설, 이준 특사는 모두 학문이 출중하고, 나라 사랑이 지극하였으며, 신학문과 개화에 적극적인 선각자였다. 이준은 법학을 공부한 평리원 검사 출신으로 사회정의 실현에 노력하였고, 만민공동회에서 연설하다 투옥되기도 하였으며, 구국운동을 전개하기 위해 1902년 개혁당을 조직하였다. 이위종은 주미 공사를 거쳐 주 러시아 공사로 있었던 이범진의 아들로서 영어, 불어, 러시아어에 특출하였다.[738]

헐버트는 5월 8일 한국을 영구히 철수한다는 각오로 가재도구를 공매에 붙이고, 가족 전부를 데리고 서울을 출발하였다. 9일 하관(下關)에 도착하여 신호(神戶)를 거쳐 돈하(敦賀)로 간 뒤 블라디보스토크로 떠났다. 이에 대해 일본 외무대신 하야시는 네덜란드 주재 일본 공사 사토(佐藤愛麿)에게 "다년간 한국에 거주하며 우리의 대한정책에 가지가지의 방해를 가하여 온 미국인 헐버트의 문제에 관하어, 이번에 별지의 사본과 같이 통감부에서 통보가 있음에 참고하옵고 이를 송부하니 살펴보시기 바랍니다. (별지 40년 5월 13일 기밀 수 제1239호 사본 첨부함)"[739]라는 문서를 보냈다. 첨부한 글에는 "헐버트가 제2회 평화회의를 이용하여 어떻게든 한국을 위해 일하려 한다는 풍설"이 있으니 그의 행동을 주시하고 임기응변으로 알맞은 조치를 취하라고 지시했다.[740] 통감 이토도 벨렝에게 들은

---

737) 위의 책, 262-263.
738) 위의 책, 265.
739) "미국인 헐버트의 행동에 관한 통감부로부터의 보고 이첩건," 『헤이그 만국평화회의 관련 기밀 문서 자료집』 기밀송제8호(1907. 5. 17). 헐버트기념사업회 편역(서울: 도서출판 선인, 2007), 25를 참조하라.
740) 『일본외교문서』40-1, #435(1907. 5. 16), 426-427; #435(1907. 5. 17), 附記. 한철호, "헐버트의 만국평화회의 활동과 한미관계", 181에서 재인용.

정보를 하야시에게 '헐버트가 블라디보스토크를 거쳐 시베리아 횡단철도로 유럽을 향해 출발하였다'라고 알려주었고, 하야시는 러시아와 네덜란드주재 일본공사 모토노(本野一郎)와 사토에게 이를 통보하여 헐버트의 행동에 엄중한 주의를 기울이라고 지시하였다.741)

헐버트는 5월 중순에 블라디보스토크에서 시베리아 횡단 열차를 타고 러시아 상트페테르부르크에 도착했다. 헐버트는 그곳에서 헤이그로 바로 가지 않고 독일, 스위스, 프랑스를 방문하였다. 각 나라 정상들에게 친서를 전달하기 위함이었을 것이며, 스위스에서는 언더우드를 만나기도 했다. 이어서 한국인들은 헤이그로 향하였고 헐버트는 외부 노출을 피하기 위해 파리로 갔다. 츠즈끼는 보고문서에 그들의 여정을 낱낱이 보고하고 이 모든 것은 헐버트가 배후에서 조종하고 있다고 덧붙였다.742)

헐버트는 상트페테르부르크에서 러시아 황제에게 고종 황제 친서를 전달하고자 이즈볼스끼 러시아 외무 장관에게 면담을 요청하였으나 면담을 거절당하였다.743) 그는 베를린으로 가, '만국평화회의보' 편집장으로 활동하고 있는 영국인 언론인 스테드를 만나 한국의 입장을 설명하고 협력을 요청했다.744) 이어서 헐버트는 스위스로 가서 그곳에서 요양하고 있던 언더우드를 만나 그를 위로하고 자신의 활동에 대해 조언도 얻었다.745) 헐버트는 파리로 갔다. 헐버트가 파리에 언제 도착하였으며 며칠 동안 체류하였는지는 명백하지 않다. 일본 측 기밀문서에 의하면 헐버트는 그곳 언

741) 『일본정부 기밀문서 자료집』전문, #106(1907. 5. 20), 29; 『일본외교문서』40-1, #437(1907. 5. 22), 427-428. 위의 책. 재인용.
742) 한철호, "헐버트의 만국평화회의 활동과 한미관계", 190.
743) 김동진, 앞의 책, 273.
744) 한철호, 앞의 책, 290.
745) 김동진, 앞의 책, 273-274.

론과 회견을 가졌다. 그는 회견에서 "서구 열강들이 현재의 한국 문제에 무관심하게 대처한다면 언젠가 후회할 것이다."라고 경고했다.746)

헐버트는 6월 30일경 '복음동맹' 회의에 참석하기 위해서 런던으로 갔다. 원래 언더우드가 회의에 참석하기로 했으나 그가 병환으로 갈 수 없어 헐버트가 대신 갔다. 헐버트는 런던의 하이홀본에서 열린 복음동맹 전체회의에 참석하여 7월 3일과 5일 두 차례에 걸쳐 연설을 했다.747) 그는 이 연설에서 한국은 기독교가 크게 번창하고 있으며 1906년에도 성도 수가 배로 늘었다고 보고했다. 아울러 그는 한국의 어두운 현실을 전하고 일본의 불법성을 폭로했다. 헐버트는, 한국인들은 하나의 언어와 한마음을 가지고 있으며, 그들은 일치단결하여 언젠가는 자신들의 꿈을 이룰 수 있을 것이라고 설파했다.748)

7월 10일 헤이그에 도착한 헐버트는 한국 특사들을 만났다. 한국 특사들은 일본의 방해로 회의에 참가할 수 없게 되어 좌절 속에서 기진맥진하고 있었다. 이어서 그는 스테드를 만났다. 그의 주선으로 7월 10일 밤 평화 클럽에서 한국인 특사들의 주장을 지원하는 연설을 했다.749) 한편 한국 특사들은 6월 27일 일본을 제외한 각국 대표들에게 대한제국의 호소문인 "공고사"를 배포했다. 언론인 스테드는 그 공고사를 「만국평화회의보」에 실었고, 아울러 한국 특사들의 주장을 적극 옹호하는 글도 실었다.750)

---

746) 헐버트막사기념사업회, 『헤이그 만국평화회의 관련 일본 정부 기밀문서 자료집』, 41.
747) 김동진은 영국의 '복음동맹'에 조회하여 헐버트가 1907년 7월 3일과 5일 두 차례에 걸쳐 연설하였음을 확인하였으며 아울러 연설문 전문도 확보하였다.
748) 김동진, 앞의 책, 275.
749) 위의 책, 276.
750) 위의 책, 276-277.

윔즈 교수는, 공고사는 사전에 헐버트가 영문으로 번역하였고 불어로는 이위종이 헤이그에 도착하기 전 번역한 것으로 추측했다.[751] 헐버트의 평화클럽에서의 연설은 하루 전 7월 9일 이위종이 한국인 특사들을 대표하여 프랑스어로 연설한 "대한제국의 호소"를 크게 뒷받침하는 내용이었다. 한국인이 아닌 그의 연설은 청중들에게 한국에 대한 동정심을 유발케 했다. 헐버트가 이위종의 연설에 이어 다음 날 연설한 것은 두 특사의 연설 효과를 극대화시켰을 것이다.

헤이그 밀사들의 업무 분담은, 3명의 한국인들은 어떻게든 만국평화회의에 공식적으로 참가하여 '국제분쟁 평화적 처리조약'에 가맹하는 것이고, 그 후에 헐버트는 이를 상설 국제중재재판소에 제소하여 '을사늑약'이 무효임을 판정받는 것이었다.[752] 결국 일본의 주도면밀한 방해로 이 일은 무산되었다. 헐버트는 자신의 임무를 달성할 수 없었으나 측면에서 특사들의 활동을 면밀히 지켜보고 임무를 완수하도록 측면 지원을 아끼지 않았다.[753]

한편 좌절을 견디지 못한 이준 특사가 1907년 7월 14일 울분을 토하면서 순국했다.[754] 이상설 일기초에 의하면, 헐버트가 이준 특사 순국 직후인 7월 17일 헤이그에 도착하여, 한국 특사를 만나 "미국에서 활동할 일에 대해 논의하고 헤어져 뉴욕에서 만나기로 약속했다."라는 기록이 있다.[755] 헤이그를 떠난 헐버트는 7월 19일 뉴욕에 도착하였으며 도착한 지

---

751) Clarence N. Weems, Hulbert's History of Korea, 53. 위의 책, 277에서 재인용.
752) 한철호, "헐버트의 만국평화회의 활동과 한미 관계", 187.
753) 위의 책, 194.
754) 김동진, 앞의 책, 278.
755) 윤병석, 『이상설의 유문과 이준, 장인환, 전명운의 의열』(천안: 한국독립운동사연구소, 1988), 8.

한 시간 만에 고종 황제가 폐위되었다는 소식을 들었다.756) 이준 열사 서
거에 이어 고종 황제가 폐위되었다는 소식은 그를 더욱 슬프게 했다.757)

이상설, 이위종은 헤이그를 떠나 런던을 거쳐 배편으로 8월 1일 미국
뉴욕에 도착하였다. 이들은 미국에서 헐버트를 만나 헤이그에서의 좌절을
삭여가며 미국 요로에서 한국의 독립을 호소하였다. 일제는 헤이그 특사
파견의 책임을 물어 7월 20일에 고종 황제를 퇴위시켰다. 그리고 대신 순
종을 황제 자리에 오르게 했다.758) 이준은 순국하였고, 이상설과 이위종은
귀국할 수 없어 국외에서 활동하다 결국 서거했다. 특사증을 발급했던 고
종 황제가 퇴위되자 헐버트는 특사 자격을 더 이상 유지할 수 없었다. 후
일 일제는 궐석재판을 열어 헤이그 특사 정사인 이상설에게는 사형을 선
고하였고, 이위종과 이미 순국한 이준에게는 무기징역을 선고하는 보복을
가했다.759)

헤이그 특사들은 헐버트로 인해 외롭지 않았을 것이다. 그는 피를 나눈
동포처럼 함께 목숨을 건 희생으로 특사들과 호흡을 같이하였다. 선략과 명
철한 판단으로 기회가 올 때마다 한국의 독립을 외치고 일제의 만행을 폭로
하는 발판으로 삼았다. 헐버트의 활약으로 한국인들의 독립을 위한 노력은
전 세계의 뉴스로 기사화되기에 충분했다. 결국 미국도 한국의 독립을 돕지
않을 수 없도록 헐버트는 이때부터 미국과 세계의 여론을 치밀하게 활용하
여 한국의 독립을 도와주었다. 그는 한국의 선교사로서 한국과 한국인들을
위하여 예수의 사랑을 실천하며 통전적 선교활동을 했던 것이다.

756) 위의 책.
757) 위의 책, 278-279.
758) 위의 책, 279.
759) 김동진, 앞의 책, 279-281.

(2) 미국 귀국 후의 독립 지원 활동

① 미국 귀국 초기의 강연과 신문 기고를 통한 한민족 격려

일제의 박해로 헐버트는 미국에 귀국하여 매사추세츠 주 스프링필드에 거처를 정하였고 그가 한국에서 서거하기 전까지 그곳에서 살았다.[760] 미국에서도 그의 특사 정신은 계속 살아있었고, 한국의 주권 회복을 위한 투쟁을 계속 하리라 다짐했다. 일종의 단신 독립 투쟁을 선언한[761] 미국인 한국독립운동가[762]임을 자처한 것이다.

그는 1907년 7월 19일 미국에 도착한 직후 고종황제가 일본의 강압에 의해 퇴위되었다는 소식을 듣고 분개하였고, 일본의 불법 강제 병합을 폭로하고자 하였다. 그는 7월 21일 『뉴욕 타임스』, 『뉴욕 헤럴드』 등 국제적 신문들과 잇따라 회견을 가져 일본의 부당한 강제 '병합' 음모를 폭로하였다. 그는 회견기사[763]에서 "한국인들은 끝까지 투쟁할 것이며 일본은 한국인들을 말살시켜야만 한반도에서 평화를 얻을 것이다. 한국인들은 침묵을 지키다가도 계기만 마련되면 분연히 일어서서 1592년 임진왜란 때처럼 그들에게 고통을 준 자들에게 게릴라전도 불사할 것이다."라며 한민족의 끈질김을 표현하였다.[764]

헐버트는 1907년 11월 샌프란시스코 한인청년회가 개최한 환영회 석상

---

760) 김권정, 앞의 책, 158.
761) 김동진, 앞의 책, 294.
762) 홍선표, "헐버트(Homer B. Hulbert)의 재미 한국독립운동,"『한국독립운동사 연구』제55집 (2016. 8), 56.
763) "Sure Korea Will Fight", *The New York Times*, July 22. 1907. 위의 책, 57에서 재인용.
764) 김동진, 앞의 책, 295.

에서 자신은 미국 각처를 돌아다니며 일본의 저의를 폭로할 것이니 한인들은 힘을 다해 독립을 준비하여야 한다고 설득하며,765) "일본이 강하다 하나 일본 문명은 뿌리가 없어 오래지 않아 한국에서 일본 세력이 패망할 것이다."라며 한국인들에게 희망과 용기를 주었다.766) 그는 또 1910년 일제가 한국을 강제로 병합하자 한 언론과의 회견에서 "정의는 반드시 승리할 것이다. 그리고 한국은 틀림없이 나라를 되찾을 것이다."767) 라고 하며 한민족의 생존 능력에 대한 신뢰를 밝혔다.

헐버트는 1908년 신문지면을 통하여 이토 히로부미(伊藤博文)의 고문이었고 예일대 교수인 래드(George T. Ladd)와 한국 문제에 관해 논쟁을 벌였다. 래드는 『뉴욕 타임즈』 1908년 5월 13일자 기사에 이등박문에 의하면 일본은 한국을 병합할 의도가 없었다고 밝혔다. 헐버트는 그렇지 않다는 것을 조목조목 예를 들어 반박했다. 그들은 서로의 주장을 반박하여 기고를 이어갔다.768) 오히려 친일파인 래드는 헐버트에게 한일들로부터의 암살당할 수 있음을 경고하고, 당시에 일어난 안중근의 이토 히로부미 암살은 미국의 개입을 유도하기 위한 것이라며 언더우드 선교사 등 한국에서의 미국선교사들의 활동과 연관시켜 부정적으로 평가하였다.769) 그러나 헐버트와 안중근은 상면한 적이 없었다.

안중근은 뤼순 감옥에서 "헐버트는 한국을 위해 분개하고 각국에 한국

---

765) 『공립신보』, "헐버트씨의 내상", 1907년 11월 8일자; "헐버트씨의 연설", 11월 15일자. 홍선표, "헐버트의 재미 한국독립운동", 58에서 재인용.
766) 이광린, "힐버트의 한국관", 20.
767) 김동진, 앞의 책, 297.
768) "Japan Absorbing Korea, He Says," *The New York Times*, May 16, 1908. 위의 책. 재인용.
769) "Korean Plan to Murder Americans," *The San Francisco Call*, Nov. 2, 1909. 홍선표, 앞의 책, 58에서 재인용.

의 진정을 발표해 준 사람이므로 한국인으로서는 하루도 잊을 수 없는 분이라고 말하였다.770) 이 논쟁을 통해 헐버트는 한국문제에 대한 자신의 입장을 미국사회에 분명히 밝혔다. 래드의 이러한 기사는 한국에서 고종황제의 양위를 일으킨 장본인은 헐버트라며 신문 기사에 헐버트를 암살 대상으로 올리는 일이 발생하게 되었다.771)

그러나 헐버트는 1909년 말, 형이 목회하는 포틀랜드의 한 교회에서 강연을 통해 "나는 언제나 한국 국민을 지지할 것이다. 그들은 모든 권리와 재산을 빼앗겼다. 나는 죽을 때까지 그들을 대변할 것이다"772)라고 선언했다. 그리고 1909년 12월 22일자 『뉴욕 타임스』에 보낸 서신에서 고종황제 양위의 책임자는 일본의 앞잡이 이완용이며, 일본의 강제병합 의도는 틀림없는 사실이라고 주장하였다.773) 헐버트는 일본은 마침내 한국인을 일본인화하거나 말살할 것이며 그러한 일본의 병합기도는 포츠머스조약의 위반이라고 주장했다.774) 그 후 1910년 헐버트의 예상은 적중하여 일본은 강제병합과 민족말살정책을 추진775)했던 것이다.

② 1910년부터 3·1운동 이전까지의 독립 지원 활동

헐버트는 1910년부터 1916년까지 언론에 보도된 것만 해도 12번의 순

---

770) 김권정, 앞의 책, 153.
771) "Hulbert Marked For Death," *The New York Times*, Nov. 2, 1909. 홍선표, 앞의 책, 59에서 재인용.
772) 김동진, 앞의 책, 301.
773) "Yi a Japanese Tool," *The New York Times*, Dec. 23, 1909. 홍선표, 앞의 책, 59에서 재인용.
774) "Book Notes," *The Topeka State Journal*, Feb. 26, 1910. 위의 책.
775) 위의 책.

회강연을 이어가며 한국의 독립을 지원하였다.776) 프랑스에서는 강연 중에 미 육군 포병장교로 참전한 둘째 아들 윌리엄을 만나기도 했다. 그리고 뜻밖에도 프랑스 서부 앙제라는 도시의 강연에서 YMCA 감독관이 갑자기 나타나 평화회담의 한 축인 일본을 비난해서는 안 된다고 못 박으며 헐버트에게 미국으로 돌아갈 것을 명했다. 그러나 헐버트는 사정사정하여 간신히 프랑스에 남았다.777)

1911년 10월 12일 한국 평북 선천에 있는 맥퀸(George S. McCune, 尹山溫) 선교사가 교장으로 있는 기독교계 학교인 신성중학교 학생 3명을 일본 경찰이 검거해서 서울로 압송하고, 이어서 교사와 학생들을 대거 구속한 것을 계기로 105인 사건이 일어났다.778) 이 소식을 들은 헐버트는 조선총독부가 기독교계 지도자들을 제거하려고 음모를 꾸민 것으로 파악하고 그 부당성을 항의하며 공정한 재판을 촉구하였다.779) 헐버트는 한국인들이 기독교를 통해 직접 서양문명을 수입하여 도덕과 신앙이 일인들보다 뛰어나, 일인의 꾐에 넘어가지 않고 정치적으로 자립 맹진하는 정신을 본받을까 우려한 일본이 한국과 미국사이의 연결고리를 끊기 위해 조선총독부가 자작극을 꾸몄다고 하였다.

그는 일본이 기독교 확산을 방해하기 위해 105인 사건으로 기독교인 핍박을 자행하는 것은 바로 미국에 대한 압박이라고 간주하였다. 헐버트는 이러한 자신의 입장을 피력한 글을 써서 1912년 7월 14일 『뉴욕헤럴드』지에 기고하였다.780) 헐버트는 일본의 욕망은 태평양의 패권을 잡는 것이

---

776) 위의 책, 64-65.
777) 김동진, 앞의 책, 303-304.
778) 이승만, 『한국교회핍박』 서정민 옮김(서울: 청미디어, 2009), 215-229.
779) 김승태, "105인 사건과 선교사의 대응," 『한국기독교와 역사』 36호(2012. 3), 5-40.
780) "헐버트씨의 공변된 말." 『신한민보』, 1912년 7월 29일자. 홍선표, 앞의 책, 60에서 재인용.

고 이를 위해 미국세력을 배척할 것으로 예단하였고, 이러한 헐버트의 예측은 적중하였다. 1941년 12월 일본이 진주만을 공격함으로써 태평양전쟁을 통해 미국을 공격했던 것이다.

한국 문제에 대해 헐버트는 루스벨트(Theodore Roosevelt) 대통령과 10년이 넘게 끈질기고 당당하게, 공개적으로 일전을 벌였다. 헐버트는 1915년 12월 12일자 『뉴욕 타임스』에 "루스벨트와 한국-독일의 벨기에 침공과 한국"이라는 글을 기고했다.[781] 고종 황제의 호소를 외면한 루스벨트는 현직 대통령인 윌슨에게, 독일의 벨기에 침공에 대해 미국이 제대로 항의하지 못한 것에 대해 언론을 통해 맹비난할 자격이 없다. 오히려 윌슨 행정부보다 훨씬 더 큰 잘못을 저지른 사람이라고 비난했다. 헐버트의 기고문은 미국 의회에 영향을 미쳤다. 미국 의회는 일본이 한국을 '보호국화' 하는 과정에서 미국이 일본의 영향력으로 인해 제 역할을 감당했는지 철저히 진상을 조사해야 한다는 결의안을 채택[782]하게 되었다. 헐버트의 진심어린 호소와 주장은 미국의회를 설득하여 미국을 더 정의로운 국가로 재정립 시켰던 것이다. 그는 국경을 초월한 국제 평화주의자였고, 한국 뿐 아니라 자신의 조국인 미국을 진정으로 사랑할 줄 아는 참으로 용기 있는 사람이었으며, 한민족에게는 민족주의의 선구자였다.

제1차 세계대전의 전후 처리를 위해 1919년 1월 파리에서 강화회의가 열리게 되자 한국의 독립운동가들[783]은 국제사회에 독립청원을 하려고 준

---

781) "Roosevelt and Korea-Japanese attack compared to the German invasion of Belgium," *The New York Times*, Dec. 12, 1915. 위의 책, 61에서 재인용.
782) "Senate to Probe Root's Handling of Korea Affair," *The Citizen- Republican*, Feb. 24, 1916. 위의 책, 62에서 재인용.
783) 미국의 대한인국민회, 상하이의 신한청년당, 러시아 연해주의 대한국민회의, 국내의 유림 등이

비를 서둘렀다. 윌슨 대통령의 '민족자결주의' 제창으로 패전국의 식민지 독립문제가 논의될 예정이어서 그들은 크게 고무되었던 것이다.[784]

헐버트와 여운홍(呂運弘, 1891. 9. 1~1973. 2. 3)도 1918년 11월 16일 뉴욕의 한 호텔에서 이 문제로 만나게 되었다. 여운홍은 오하이오 우스터주립대학을 졸업하고 프린스턴대학교 신학원에서 수학 중이었다. 그는 세계대전 종전 직후 급변하는 국제정세를 이용하여 한국의 독립을 호소하기 위해 윌슨 대통령을 만나려고 결심하였다. 프린스턴대학교 총장의 소개서를 받았으나 대통령이 파리로 떠난 후라 만나지 못했고 헐버트를 소개받았다.[785] 그들은 함께 밤을 새워 파리강화회의에서 발표할 '독립 청원서'를 작성하였다. 헐버트는 여운홍에게 한국에 들어가 독립청원서에 한국인 100만 명의 서명을 받아오면 훨씬 효과가 있을 것이라고 제안하였다.[786] 그리고 여운홍을 파리강화회의 국내 대표원으로 선정해 줄 것을 요청하는 서신을 미국에 있는 대한인국민회의 중앙총회에 보냈다.[787]

대한인국민회의 총회장 안창호는 1919년 1월 11일자로 여운홍을 국내 대표로 임명하고 300달러의 활동비를 지급하였다.[788] 그러나 그가 2월 1일 도쿄에 도착했을 때는 이미 2·8독립선언서가 거의 완료되는 중이었고, 2월 18일 서울에 왔을 때도 역시 3·1만세운동이 준비 중이어서 서명을 받는 것은 오히려 일본군들을 자극하여 3·1만세운동을 방해할 수 있으므로

　파리강화회의에 대표를 파견하기 위해 준비하고자 하였다. 김권정, 앞의 책, 161.
784) 위의 책.
785) 홍선표, "헐버트의 재미 한국독립운동", 66.
786) 김권정, 앞의 책, 163.
787) "헐벝 박사 국회에 청원 제정,"『신한민보』1919년 8월 19일자. 홍선표, 앞의 책, 67에서 재인용.
788) "국민회 내지 대표원 여운홍씨의 활동",『신한민보』1919년 8월 6일자; 여운홍, "파리강화회의에 갔다가,"『삼천리』제10호(1930. 11. 1). 위의 책.

2월 28일 조용히 파리로 떠났다.789)

1919년 초 헐버트는 파리에서 YMCA 강연활동과 한국독립 지원 활동을 하던 중 3·1만세운동이 일어났다는 소식을 듣고 흥분과 감격을 감추지 못하였다. 100만인 서명보다 훨씬 효과가 큰 사건이기 때문이었다. 마침 파리에서 신한청년당 대표자격으로 온 김규식790)을 만난 헐버트는 김규식을 도와 파리강화회의를 준비하였다. 아마 여운홍과 작성했던 '독립 청원서'가 김규식에 의해 파리강화회의 의장에게 제출되었을 것으로 김동진은 판단한다고 하였다. 그 제목은 "한국과 한국 국민의 요구"이다.791)

③ 3.1운동 이후 한국친우회를 통한 독립 지원 활동

1919년 3·1 만세 운동 바로 후인 1919년 5월에 서재필은 필라델피아에서 '한국친우회'792)을 주도적으로 결성하였다. 뒤이어 이승만은 1919년 8

---

789) 여운홍, "파리강화회의에 갔다가", 위의 책.

790) 당시에 여운형은 신한청년당을 만들었고, YMCA 총재로 있던 이상재와 파리강화회의에 대해 의논한 후 김규식을 한국대표로 파견하였다. 한편 미국의 대한인국민회의도 이승만, 민찬호, 정한경을 파리강화회의 및 소약국동맹 한인대표로 결정하였다. 그러나 이승만과 정한경은 뉴욕주재 일본 총영사로부터 파리 여행 여권 발급을 거부당하였다. 이러한 상황에서 미국 정부의 여권 발급도 대단히 어려웠다. 그에 대한 대안으로 그들은 대한인국민회의 총회장 안창호에게 헐버트에게 대신 파리강화회의에 가서 한국문제를 건의 하도록 할 것을 제안하였다. 그러나 안창호는 한국의 문제를 외국인에게 위임하는 것은 불가하다고 하며 거부하였다. 현실적으로 가장 좋은 대안이었는데 거부되어 결국 파리강화회의에서 한국문제는 별 성과 없이 종결되고 말았다. 김권정, 앞의 책, 164-167.

791) 김동진, 앞의 책, 312-313.

792) 영문 The League of The Friends of Korea이다. 필라델피아에서 서재필은 한국통신부를 설립하고 이를 홍보하기 위하여 최초로 한국친우회를 결성하였다. 한국친우회 설립 구상은 '제1차 한인회의'(1919. 4. 14-15)에서 톰킨스와 서재필에 의해 처음 제기되었다. 한국의 독립을 돕기 위한 조직적인 활동을 위해 선전기관 겸 미국 내 친한(親韓) 외국인들을 많이 확보하는 것이 필요했기 때문이다. 1919년 5월 필라델피아 시내 시티클럽에서 종교계, 교육계, 실업계의 각 분야별 저명인사 22명을 초청하여 한국친우회 발기모임을 가졌다. 그리고 5월 16일 정식으로 결성되었다. 외국인들이 임원을 맡아 한국의 독립을 지원하고 미국 의회와 정부에 한국독립을 지지하도

월에 워싱턴에서 '구미위원부'793)를 설립하였다. 이 단체들은 강연과 집회를 통해 일제의 학정 속에 고통당하는 한국의 당면한 현실을 미국인들에게 적극 알렸다. 뿐만 아니라 자유를 위해 목숨을 걸고 투쟁하는 한민족을 격려하였고, 일본을 향해 한국에서 자행하는 온갖 만행을 중지하라고 요구하였다. 구미위원부에서는 재한 선교사로 활동했던 벡(S. A. Beck) 목사와 헐버트를 순회 강사로 선정해 필라델피아를 위시한 워싱턴, 뉴욕 주, 오하이오 주, 미주리 주, 시카고, 샌프란시스코 등 미국 전역으로 순회 강연을 확대 전개하였다. 한국인들뿐만 아니라 미국의 학자와 선교사들도 여기에 참여하였다. 연설 횟수는 수천 번이 넘었으며 청중 수는 1919년만 해도 10만 명이 넘었다.794)

특히 '한국친우회'의 설립 목적은 다음과 같다.

(1) 기독교와 자유독립국가를 위해 고통당하고 있는 한국민족에게 미국인의 동정과 도덕적 지원을 보낸다. (2) 한국민족이 일제에게 받아온 학정과 부당한 대우를 더 이상 받지 않도록 미국민의 도덕적 영향력과 호의적인 조정을 사용한다. (3) 한국에 관한 진실된 정보를 미국민에게 알린다. (4) 세계 모든 민족과 우정, 사랑, 영원한 평화를 증진시키고 하나님의 법이 온 세계에 수립되도록 한다.795)

록 건의하거나 한국인들을 위한 재정적인 지원을 하는 등 한국우호 활동을 하였다. 홍선표, "헐버트의 재미 한국독립운동", 69.

793) 영문 The Korean Commission to American and Europe for the Republic of Korea(약칭: Korean Commission)이며 대한민국 임시정부의 외교업무를 수행하기 위하여 설치하였다. 미국인 변호사 프레드 돌프(Fred A. Dolph)가 고문이다. 이 구미위원부는 이승만이 대한민국 임시정부 대통령으로 선출된 후 한국위원회로 명칭을 바꾸었으며 헐버트는 벡(S. A. Beck) 목사(1899년 감리교 선교사로 내한해 삼문출판사와 YMCA, 성서공회 등에서 20년간 재직하였다)와 함께 구미위원부 선전원으로 활동하였다. 김권정, 앞의 책, 167-168.

794) 고정휴, 『이승만과 한국독립운동』(연세대학교 출판부, 2004), 353.

헐버트를 통하여 처음 한국친우회가 결성된 것은 1919년 8월 3일 오하이오 주 포스토리아(Fostoria)이다. 1,200여 명이 모인 이 군중집회에서 헐버트는 벡 목사, 한국인 보스턴대 유학생 양유찬과 연사로 활동하여 한국의 실상을 알리고 한국독립을 지원해 줄 것을 호소하였다.

그 결과 회장 윌버(F. A. Wilber) 박사, 부회장 크루익산크(J. L. Cruikshank), 회계 저페(J. M. Jerpe), 서기 프리즈(J. F. Freese)로 구성된 '포스트리아 한국친우회'가 결성되었다.796)

포스트리아 집회의 영향으로 8월 5일 오하이오 주 '티핀(Tiffin) 한국친우회', 9월 20일 오하이오 주 '핀들레이(Findlay) 한국친우회'가 결성되었다.797) 특히 '핀들레이 한국친우회'는 미국 대통령과 미국의회 상하 양원에 보내는 결의문을 채택하여, 한국인들에 대한 일본의 비인도적인 기독교 탄압과 만행을 규탄하고, 이를 저지시키고 민주적인 정부를 수립하려는 한국인들을 지지해 줄 것은 요청하였다.798) 이어서 9월 22일 오하이오 주 '리마(Lima) 한국친우회', 11월 23일 오하이오대학교 교수들이 주축이 된 '콜럼버스(Columbus) 한국친우회', 12월 초 '맨스필드 한국친우회', '얼라이언스 한국친우회'가 결성 되었다.

1920년 2월 20일 미시간주립대교수와 학생들과 기독교계 목사 등이 주축이 된 미시간 주 '안아버(Ann Arbor) 한국친우회'799)가 결성 되었다. '안아버 한국친우회'에서는 한국인들에게 실질적인 도움을 줄 의도로 한국

---

795) *The Korea Review*, (Mar. 1920), 13. 홍선표, 앞의 책, 69에서 재인용.
796) "Mass Meeting for Korean Freedom in Fostoria and Tiffin, Ohio," *The Korea Review*, (Aug. 1919), 5. 위의 책, 70-75에서 재인용.
797) "Mass Meeting at Findlay and Lima," *The Korea Review*, (Oct. 1919), 12-13. 위의 책.
798) 위의 책.
799) "Ann Arbor, Mich," *The Korea Review*, (March 1920), 14. 위의 책.

의 고아, 과부, 노인 등을 보호하고 원조한다는 규약을 만들었다. 그리하여 결성 당일 229명의 회원들로부터 447달러의 의연금을 모아 한인 구제와 미국 유학 중인 한인학생들을 돕기로 결의하였다.[800]

또 헐버트는 미주리 주 팍빌(Park Vill) 집회에도 강사로 참석하여 '팍빌 한국친우회'가 결성되었다. 이 '팍빌 한국친우회'는 미국 대학 구내에서 처음 세워진 친우회인 것에 의의가 있다.[801]

이렇게 미국 내에 세워진 21개의 한국친우회 중 9개가 헐버트의 활동 결과로 세워진 것이다.[802] 헐버트는 한국에서 경험한 생활을 바탕으로 하여 한국의 독립과 한국에서 일본의 만행, 그리고 동아시아의 정세에 대한 활발한 강연활동을 하였다. 그 결과 한국친우회 결성뿐만 아니라 수많은 미국인들과 미국 정부가 한국 문제에 관심을 갖도록 돕는데 큰 영향을 끼쳤다.

④ 미국 의회를 통한 독립 지원 활동

미국 의회에서 한인들이 처음으로 한국문제에 관심을 갖도록 외교활동을 전개한 때는 1918년 11월 말 뉴욕에서 신성구, 김헌식 등 18명의 한인 등에 의해 결성된 신한회(New Korean Association)의 외교활동이다.[803] 신한회는 12월 2일자 서신과 동봉한 '독립청원서'를 미국상원과 외교위원회와 파리강화회의 미국대표단에게 보냈으나 미국 의원들은 한국문제를 철

---

800) "Ann Arbor League Formed," *The Korea Review*, (May 1920), 13. 위의 책.
801) "To the Editor Korea Review,", *The Korea Review*. (May 1920), 11. 위의 책.
802) "헐벌 교수의 순행 연설", 『신한민보』 1919년 10월 9일자. 위의 책.
803) 위의 책.

250

저히 외면하고 이러한 문서는 국무부로 제출하라고 했었다.804)

그러나 한국에서 3·1운동이 일어나, 평화시위를 하는 한국인과 한국 기독교인들에 대한 일본의 잔혹한 탄압 사실이 알려지면서 한국에 대한 동정적인 여론이 확산되었고, 한국 독립에 관심을 갖기 시작했다.805) 미국 의회에서 한국문제를 처음으로 언급한 의원은 미주리 주 출신 상원의원 스펜서(Selden P. Spencer)이다. 그는 1919년 6월 30일, 1882년 조미수호통상조약에 의거하여 미국이 한국에 어떤 조치를 취할 필요가 있는지 국무장관에게 보고해 줄 것을 요청하였다. 그는 그해 6월 27일 구미위원부 법률고문 돌프(Fred A. Dolph) 변호사가 스펜서에게 보낸 편지를 바탕으로 한국 문제를 정식으로 상원에 제출하였고, 결의안으로 채택되지는 못했으나 한국문제를 의회에서 토론할 수 있도록 단초를 제공하였다.806)

헐버트는 이 기회를 놓치지 않고, 1919년 8월 미국 상원 외교위원회에 일본의 침략상과 잔학상을 정리한 문건을 작성하여 제출하였다. 이때 고종황제로부터 받은 신임장, 을사늑약의 무효를 주장한 고종황제의 비밀 서한, 상해의 독일 아세아은행에 예치된 고종황제의 예금 증명서 사본 등을 스펜서에게 제공하여 한국에 대한 일본의 불법침탈 사실의 증거로 활용하도록 지원하였다.807)

그리고 1919년 8월 15일에 개최된 미국 상원의 외교위원회에서 헐버트는 진술서 "한국을 어떻게 할 것인가(What about Korea)"를 휴 바(Hugh W. Barr)와 스펜서의 도움을 받아 작성한 후 공증을 받고, 8월 18일에

---

804) 위의 책.; 김권정, 앞의 책, 172.
805) 김권정, 위의 책, 173.
806) 홍선표, "헐버트의 재미 한국독립운동", 75-76.
807) 위의 책.

상원에 외교관계위원회에 진술하고 진술서를 제출하였다.808) 스펜서는 이를 바탕으로 "Affair in Korea"라는 제목의 문건을 만들어 발표하고 8월 18일자 미 의사록에 실었다.809)

헐버트가 제출한 진술서의 내용은 한국에서의 일본의 만행에 대한 것으로 한국을 식민지로 만든 일본의 호전성, 명성황후 시해, 러일전쟁 전후의 일본의 이중적 태도, 을사늑약 저지를 위해 헐버트가 특사로 미국에서 활약한 내용, 고종의 내탕금 탈취 사건, 3·1운동 당시 평화적 시위에 대한 일본의 야만적인 무력진압 등을 폭로하는 것이었다.810) 그리고 일본의 과장된 보도를 믿으면 안 되고, 한국의 주권을 완전히 회복하는 길만이 한국 문제해결의 유일한 방법이라는 것을 분명히 밝혔다.811) 이 내용은 1919년 8월 17일 미국의 여러 주요 신문에 상세히 보도되었다.812)

또 헐버트는 1919년 10월 미국 네브라스카주 출신 노리스(George W. Norris) 상원 의원에게 일본의 부당한 한국 강점 사실을 규탄하는 서신을 보냈고 노리스는 미국 의회 연설에서 일본의 야만적 행위들을 폭로하였으며, 그의 연설은 10월 13일자 의사록에 수록되었다.813)

미국 의회에 한국 문제가 상정되자, 상원에서 3회, 하원에서 1회 등 4회에 걸쳐 한국 문제가 상정되었고, 상원의원 18명, 하원의원 3명이 발언

---

808) 위의 책.; 김권정, 앞의 책, 174-175.
809) *Congressional Record-Senate*. 66th Congress 1st Session, Aug. 18, 1919, 3924-3926.; "과거 6년간 대외사업의 성적을 회고하면서 모든 동포의 정성을 재촉함," 『구미위원부 통신』 제 129-4호(1925. 3. 30). 홍선표, 앞의 책, 76에서 재인용.
810) 김권정, 앞의 책, 176.
811) 홍선표, 앞의 책, 76-77.
812) 위의 책, 77.
813) 위의 책.; 양기백, 『미 의사록 한국관계기록 요약집, 1878~1949』(서울: 도서출판선인, 2008), 101. 김동진, 앞의 책, 319에서 재인용.

하였다. 미국 국회의사록에는 64쪽에 걸쳐 이들의 발언이 수록되었다.[814]

헐버트의 한국 독립을 위한 애절한 염원이 마침내 미국 의회를 움직여 한국의 독립에 대한 의원들의 사명감을 불타오르게 하였으며, 여론에도 확산되어 정부의 정책에도 영향을 주게 되었다.

⑤ 1920년대 이후 대중 순회강연 활동과 저술 활동

헐버트는 일반 대중을 상대한 강연도 틈틈이 하였다. 1920년 5월 23일 아이오와 주 데모인(Des Moines)의 기독교 대학 교회에서 4년마다 열리는 감리교대회에서 정한경과 루이스(W. S. Lewis) 감독과 함께 주 강사로 활동하여 한국인에 대한 동정과 한국 독립을 후원하는 열기로 가득하게 하였다. 헐버트는 1919년부터 1921년까지 2년 동안 미국에서 언론에 보도된 강연만 9번을 진행하였다.[815]

헐버트는 미국에서 3·1운동 기념행사 때마다 단골 연사로 출연하였다. 1921년의 3월 2일 뉴욕 타운 홀에서 서재필의 주관으로 3·1운동 2주년 기념행사가 있었다. 이날 행사에는 뉴욕에 거주하는 한인 100여명과 미국인 1,200여명 도합 1,300여 명이 참석하여 대 성황을 이루었다.[816]

연사는 헐버트와 뉴욕한국협회 회장인자 재무인 킴버랜드(Angie Graham Kimberland) 여사, 육영공원 교사였던 길모어, 보스턴대학 총장 겸 보스턴 한국친우회 회장 멀린(L. H. Murlin), 제1차 한인회의 때 연사

---

814) 김권정, 앞의 책, 177.
815) 홍선표, 앞의 책, 77-79.
816) "Second Anniversary Meeting in New York," *The Korea Review*, (March 1921), 3-4. 위의 책. 79; 김권정, 앞의 책, 177. 김권정은 참석인원을 12,000명으로 표기하였는데, 오타일 것이라 여겨진다.

였던 라이머(Edward F. Reimer), 전 필리핀 총독 길버트(Newton W. Gilbert), 일리노이 주 출신 하원의원 메이슨(William E. Mason), 필라델피아 성 마태 루터교회의 목사 델커(Edwin H. Delk) 등이었다. 헐버트는 이날 조미조약에 의거하여 일본의 강압으로 고통 받는 한국인을 도와야 한다고 역설하였다.817) 1929년 3월 1일 뉴욕한인교회에서 한인연합 행사로 거행된 3·1운동 10주년 기면행사 때에도 서재필과 함께 주 연사로 참석818) 하여 연로함에도 한국 사랑을 열기는 조금도 식지 않았음을 보여주었다.

1922년 2월 워싱턴 회의가 종결된 후 한국통신부와 한국친우회에서 활동하던 서재필이 물러났고, 재정 압박으로 구미위원부는 활동이 급격히 침체되었다. 임시정부 대통령 이승만에 대한 불신으로 상해임시정부 내에서 그의 탄핵 주장이 강화되자 미주지역과 모든 독립운동계에 침체상태가 왔다.819) 한국독립 운동의 열기가 급속히 냉각되자 헐버트는 1924년 미국 중서부지역 강연 계획을 수립하고 1924년 1월 대한인국민회 총회장에게 서한을 보내 앞으로 130일 동안 순회강연을 통하여 한인들이 있는 곳이라면 어디든 찾아가 도움을 줄 것이며 순회강연의 목적은 한국 문제를 미국인들에게 널리 알려 지원을 호소하는 것이라고 하며820) 용기를 북돋웠다.

그리하여 1924년 4월부터 미주리 주, 콜로라도 주, 오하이오 주의 여러 도시를 순회하였다. 특히 로스앤젤레스에서는 한인 50여명이 그의 방문을 환영하는 환영식을 개최하였고 그는 한국말로 연설도 하였다. 강연은 오전

---

817) 위의 책.
818) "뉴욕 동포의 3·1기념,"『신한민보』1924년 3월 14일자. 홍선표, 앞의 책, 80에서 재인용.
819) 위의 책.
820) "헐벌 박사는 한국을 위하여 순회 강연,"『신한민보』1924년 1월 3일자. 위의 책.

과 오후 2차례로 진행 되었으며, 헐버트의 연설이 확정된 장소만도 110곳에 달했다. 1924년 말까지 총 220여 곳에 강연 계획이 잡혀있을 만큼 강행군을 하였다.821) 이 때 그의 강연 내용은 외국인들의 동정을 얻으려면 한인들이 연합하여야 한다. 한인들만 연합하면 속히 성공이 올 것이고 머지않아 동양에 정치적인 변화가 반드시 올 것이므로 끝까지 희망을 버리지 말라는 내용이었다.822)

헐버트는 1930년 구미위원부에서 발간한 『한국은 독립되어야 한다』라는 32쪽 분량의 단행본을 저술하였다. 이 책은 대한인국민회, 대한인교민단, 대한인동지회, 북미대한인유학생총회의 공동자문을 구하였으며, 일본의 만행을 규탄하고 한국의 독립을 요구하는 내용이었다.823)

1934년 4월에는 이승만이 계획한 영문 잡지 발간에 주요 집필진으로 참가 하였다. 이승만은 1932년 12월 뉴욕을 떠나 1933년 8월 뉴욕으로 오기 전까지 유럽에 머물며 유럽연맹을 상대로 일본의 만주침략을 규탄하고 한국의 독립 지원을 호소하는 외교활동을 전개하였다. 그는 국제연맹을 상대로 한 외교활동의 경험에 힘을 얻어 독립운동을 더 효과적으로 펼치기 위하여 월간 영문 잡지 『The New Orient(신동아)』 발간을 계획하였다. 헐버트를 필진으로 뉴욕에 오도록 초청하여 헐버트가 참여하게 되었다.824) 그러나 재정적 난관과 출판을 맡았던 출판사 사장이 병이 나고, 잡지 발간 경비를 지원하기로 했던 뉴욕의 중국인 상공회의소 회장이 임기

---

821) 김권정, 앞의 책, 180; 홍선표, 앞의 책, 81.
822) 홍선표, 앞의 책, 81-82; 김권정, 앞의 책, 181-183.
823) 김권정, 위의 책, 182.
824) 위의 책, 183; 홍선표, 앞의 책, 82.

가 만료되어 은퇴하는 등 어려움에 부딪혔다. 다행히 뉴욕의 중국위원회가 우선 도와주기로 하여 1934년 9월 제1권이, 10월 20일에 제2권이 출간되고 종판이 되었다. 이 잡지의 기획은 이승만, 편집 책임은 러셀(Charles E. Russel), 기사 작성은 헐버트, 편집은 장덕수가 담당하였다.[825]

이때부터 헐버트는 이승만의 대미외교 협력자로서 본격적인 활동이 전개되었고, 미국사회에 한국소식과 극동 정세를 널리 알리는 계기가 되었을 것이다.

⑥ 1940년대 한미협회와 기독교인 친한회 활동

미국과 일본의 전면전 발발의 위기 속에서 한국의 독립 지원문제를 꺼낼 수 있는 분위기가 형성되었다. 태평양 전쟁이 발발하고 루스벨트 행정부가 집권하자 이승만을 중심으로 다시 한국독립 이슈를 주창하게 되었다. 호놀룰루에서 1941년 4월 해외한족대회가 개최되었고, 대미외교를 전담할 기관으로 '주미외교위원부'를 발족시켜 이승만이 외교책임자가 되었다. 이승만은 침체된 외교활동을 일으키고 한국의 독립운동을 도울 목적으로 미국의 저명인사들과 함께 '한미협회'라는 후원 단체와 '기독교인친한회'를 조직하였다. 이 두 단체에 헐버트는 70대의 노구에도 불구하고 참여하였다.[826]

미일전쟁의 발발로 미주 한인사회는 독립운동의 열기가 충만하였다.

이승만은 한미협회와 재미한족연합위원회 공동으로 1942년 2월 27일부

---

825) "영문잡지의 소식," 『신한민보』, 1934년 7월 19일자. 위의 책, 83에서 재인용.
826) 김권정, 앞의 책, 184.

터 3월 1일까지 미국의 수도 워싱턴의 라파예트호텔에서 '한인자유대회(Korean Liberty Conference)'를 개최하였다. 목적은 3·1운동 22주년을 기념하고 임시정부에 대한 미국의 승인 촉구와 일본이 주창하는 '아시아의 새 질서(대동아공영)'의 허구와 기만을 폭로하기 위한 것이었다.[827]

헐버트는 한미협회(회장 크롬웰)의 전국위원 자격으로 참가하였다. 3월 1일 오후 3시부터 거행된 폐막식의 주요 연사였던 헐버트는 워싱턴의 백악관 앞 이 호텔에서 "한국의 자유"라는 제목으로 연설했다. 헐버트는 한국이 지금껏 끈질기게 투쟁한 것을 볼 때 반드시 해방될 것으로 믿으며, 이번 태평양전쟁이 끝나면 한국은 반드시 자유국이 되어야 한다는 점을 강조하였다. 그리고 을사늑약 당시 한국의 황제는 결코 일본에게 복종하지 않고 끝까지 주권을 지키려 했음을 강조하며 을사늑약 당시 자신이 경험한 비록(祕錄)을 대회장에 소개하였다.[828]

헐버트는 1944년 1월 20~21일까지 오하이오 주의 애쉬랜드(Ashland)에서 이승만과 '기독교인친한회'의 주도로 개최한 '한국독립승인대회(Korean Liberty Conference)'에 참석하였다. 그는 1944년 3월 16일자 기독교인친한회 회원들에게 보내는 편지에서 "이 도시 사람들은 일본의 지배로부터 벗어나고자 하는 한국의 실정을 누구보다 잘 알고 한국의 독립을 요구하였으며, 특히 한국에서 펼쳐진 기독교 문명의 놀라운 발전상을 보고 한국에 대한 진심어린 지지와 우정을 보내주었다"고 설명하며 미국 전 지역에 있는 기독교인친한회 회원들에게 한국이 극동지역 기독교 문명

---

827) 홍선표, 앞의 책, 83-84.
828) 국사편찬위원회 편, 『대한민국임시정부자료집 41: 일본·미국 보도기사』(서울: 탐구당문화사, 2011), 202-204.

의 중심지가 될 수 있도록 한국의 독립을 도와주자고 호소하였다.829)

헐버트는 1944년 '한국문제연구회'에서 간행한 『한국의 소리』 책자에 "한국의 문호 개방"이라는 글을 네 차례 기고했다.830) 그는 "루스벨트 대통령이 고종 황제의 청을 받아들이지 않아 동양의 역사가 바뀌었으며, 미국이 친일 정책을 썼기에 태평양전쟁이 일어났다"고 주장했다.831) 헐버트의 미국에서의 독립운동은 1907년부터 1945년 해방 직전까지 흔들림이 없이 계속되었다.

1943년 카이로 선언832)을 통해 미국은 전 세계 100여 개의 식민지 나라들 중 유일하게 한국만을 자유 독립국으로833) 지원하도록 천명하였다. 헐버트와 함께 대한민국을 일으킨 주역들이 미국에서 연합하여 힘을 모으고 애국심을 다져 진행한 독립운동은 그야말로 하늘이 주신 축복의 기회였다. 한국인보다 한국의 독립을 더 원했던 헐버트의 그칠 줄 모르는 열망이 제2차 세계대전 후 한국에게 독립을 선사하는 놀라운 일이 있게 한 것이다.

헐버트의 이상과 같은 공로로 말미암아, 대한민국은 1945년 8월 15일 해방을 맞이하였고,834) 1948년 8월 15일 건국을 함으로써 완전한 독

---

829) 홍선표, 앞의 책, 84-85.
830) 김동진, 앞의 책』, 322.
831) 이광린, "헐버트의 한국관", 14.
832) 제2차 세계대전이 연합국의 승리로 매듭지어질 것을 예견되자, 1943년 11월 22-26일 카이로에서 미국의 루스벨트 대통령, 영국의 처칠 수상, 중국의 장개석 총통이 만나 전후 처리에 관한 회담을 하였다. 이때 한국의 독립 문제를 국제연합국 회의에서 처음으로 다루었다. 그 합의문의 내용 중 일부는 아래와 같다.
"한국민이 노예상태에 놓여 있음을 유의하여 앞으로 적절한 과정을 통해 한국을 자유 독립국으로 할 것을 결의한다." 김재동, 『한국 근현대사 바로 알기』, 70.
833) 위의 책, 69-70.
834) 위의 책, 73.

립835)을 선포하며 자랑스러운 대한민국을 탄생시켰다.

헐버트가 독립 1주년 기념식 참석차 1949년 7월 29일 한국에 도착하였으나 노구에도 불구하고 감행했던 장기간의 해상 여정으로 인한 병환으로 병원에 입원하였다. 일주일 만인 1949년 8월 5일 병환과 노환으로 서거하자, 대한민국 이승만 초대 대통령은 헐버트의 희생적인 한국 사랑의 공로를 인정하여 헐버트의 장례식을 1949년 8월 11일 대한민국 외국인 최초의 사회장으로 공포하였다. 헐버트의 영결식은 대통령과 부통령, 국무총리, 각부 장관과 주한 미국대사 등의 내외 귀빈이 참석한 가운데 거행되었다.836)

1950년 3월 1일 대한민국 정부는 외국인 최초로 호머 B. 헐버트에게 건국공로훈장 독립장을 추서하였다.837) 헐버트 선교사의 순교적인 한국 사랑으로 대한민국은 살아났고 그의 선교 사명도 완수되었던 것이다. 대한민국을 위해 하나님이 보내신 기적적인 인물 세 사람을 꼽는다면 이승만과 박정희와 함께 헐버트를 꼽는다 해도 손색이 없을 것이다.

---

835) 위의 책, 129-133.
836) 김권정, 앞의 책, 194.
837) 위의 책, 196.

IV. Hulbert의 통전적 선교 활동의 평가

1. 헐버트의 교육 · 사회문화의 계몽적 선교 활동

한국의 대외 개항 이후, 열강들의 침략 야욕이 점차 본색을 드러내는 구한말의 상황에서, 한국은 세계정세의 흐름을 역류시키지 못해 결국 일본 제국주의의 침략으로 나라를 빼앗기는 결과를 맞았다. 이때가 곧 국가를 되찾고 자주독립 국가를 이루기 위한 근대화와 개혁의 시기였다. 이처럼 중차대한 시기에 내한한 헐버트는 한국이 비록 많이 뒤쳐져 있기는 하지만 교육을 통하여 충분히 서구 문명국과 같이 발전할 가능성이 있다고 보았기에 육영공원에서 교육을 통한 계몽을 우선적으로 수행했던 것이다.

헐버트는 1886년에 조선에 입국한 후 약 19년간 한국의 교육, 선교, 정치, 사회, 문화 등 각 분야에서 맹렬히 활동하였다. 무엇보다도 헐버트의 중요한 업적을 살펴보면, 교육 분야를 논외로 하더라도, 『韓國評論(The Korea Review)』과 『한국 소식(The Korean Repository)』의 발간 등 언론 출판을 통하여 대외적으로는 한국을 소개하고 대내적으로는 한국인들을 계몽하였다는 점, 한국의 독립을 위한 헌신을 비롯해 한국의 역사를 보존하고 소개하는 등 민족적 자긍심을 심어주었다는 점과, 한국문화연구가로서 한국에 관한 많은 저술활동을 펼쳤다는 점일 것이다.

물론 외국인으로서 가지는 한계성은 지적될 수 있으나 그는 기본적으로 한국문화를 중국문화와 구분하여 그 독자성을 인정하고 이를 국외에 소개하였다. 그리고 1904년 이후 일본의 주권침탈이 가속화되는 상황 속에서 신문과 국내외 잡지 등을 통해서 일제의 억압 속에 있었던 한국의 부당한 현실을 알리고, 위기에 처한 한국의 지식인들에게 국권을 회복할 수 있는 토대를 마련하도록 계몽활동을 수행하였다.

헐버트의 주요 행적을 몇 가지로 논의하자면 다음과 같다.

첫째, 신학교육을 받은 헐버트는 "세계는 문명화되고 기독교화 되어야 한다."는 사명감을 가지고 한국에서 교육과 선교 분야에서 계몽활동을 전개하였고 한국의 근대화를 위해선 무엇보다도 교육이 중요하다고 판단하여 한국 근대교육 발전에 더욱 힘썼다.

둘째, 헐버트는 저술활동을 통하여 한국의 독자적인 문화를 인정하였고 한글의 발전을 위해 힘썼으며 한국역사를 저술하는 등 한국인의 정체성을 높여주었다. 뿐만 아니라, 당시 국권침탈로 위축되었던 한국인들에게 문화적 우수성을 각성시킴으로써 자긍심을 가질 수 있도록 계몽하였다.

셋째, 일본의 주권침탈을 좌시하지 않고 어려움에 처한 한국인들을 도왔으며, 국권침탈의 위기에 처한 한국을 돕고자 헤이그 특사 등 여러 가지 활동으로 독립 지원을 하는 등 그리스도인으로서 가져야 할 사회적 책무를 선진적으로 수행하였다.

넷째, 구한말 선교사로서 순수복음을 전하는 전도자의 역할도 감당했지만 이에 더하여 한국이 처한 어려운 상황을 돕는 것 또한 선교의 일환으로 여겨 사회적 참여에 매진하였고 한국의 우수한 문화의 창달에도 힘을 기울였다.

헐버트의 이와 같은 활동을 통해 우리가 알 수 있는 것은 그가 구한말 한국의 선교사로 내한하여 당시 한국인들에게 가장 필요한 것이 무엇인지를 알았던 사람이었고, 그 필요를 위해 부단히 노력하고 계몽하였으며 한국을 있는 그대로 사랑했던 선교사라는 사실이다.

대표적인 사례로 헐버트는 YMCA 활동을 통해 계몽과 선교를 동시에 수행하려 하였다. 1903년에 창립되었던 한국YMCA가 나아갈 방향의 목표 설정을 보면, 한국YMCA 창립 의장이었던 헐버트 자신이 주필을 맡았던 『한국평론』에서 교육, 계몽, 선교로 천명했던 것을 바탕으로 그의 포부를 실현하려 한 것이다.

당시 한국YMCA의 운동방향을 세 가지로 정한 것은 상류층 청년지사들을 교회가 끌어들일 수 없음을 깨닫고 능력 있는 청년들에게 교육을 통하여 근대적인 개혁의식을 심어줌으로써 사회를 계몽할 수 있는 의지를 갖게 하고자 하였다. 교육과 계몽을 통해 유능한 청년들을 자연스럽게 기독교에 접근시키려는 방안을 모색해 낸 것이 바로 헐버트의 YMCA운동이었던 것이다. 즉 YMCA를 한국에 설치해 청년의식을 개조하고 계몽해 이들을 미래의 지도자로 양성해 내려는 목적이 내포되어 있었다.

헐버트가 YMCA의 목표를 복음전도 기관으로 정하자고 주장하던 동료 선교사들의 의견에 공감하지 않았던 것은 선교에 비중을 적게 두어서가 아니었다. 선교를 보다 효율적이고 사회적으로 두루 펼치는 접근 방법을 통하여 생활 속에서 자연스럽게 기독교를 받아들이도록 하자는 취지였다.

왜냐하면 당시 기울어가는 나라를 되살리는 방법으로서 교육과 계몽이 가장 절실하다고 여겼기 때문이다. 그는 조선 선교의 접근 방법으로 교육, 계몽, 선교를 목표로 설정했던 것이다. 그래서 교육과 계몽의 과정을 통해 선교와 연결시키는 것이 보다 합리적인 방안이었으리라 판단했을 것으로 생각된다. 실제로 초기 YMCA에서 활동했던 수많은 한국의 선각자들이 기독교 정신에 입각해서 사회활동을 하였고 또 신실한 신앙인이었다는 사실은 헐버트의 목표설정이 정확했음을 반증하는 것이라고 볼 수 있다.

선교란 곧 직접 복음을 전하는 것만도 의미가 있지만 사회적으로 받아들이는데 거부감이나 어려움이 있다면 좀 더 지혜로운 방법을 모색할 필요가 있다. 예수 그리스도께서도 제자들을 파송할 때에 "뱀 같이 지혜롭고 비둘기 같이 순결 하라."(마10:16)고 말씀하신 것이다.

결국 YMCA를 통한 교육, 사회, 문화 방면의 계몽이란 방향 설정은 헐버트의 통전적 선교방법의 일환으로 이뤄진 결과이다. 그가 추진한 한국의 상황에 맞는 선교는 곧 통전적 선교활동이었던 것이다.

2. 근대교육제도의 도입과 확산

헐버트가 입국할 당시에는 서당교육 위주의 구식교육이 조선의 교육 전부라고 할 수 있었다. 헐버트는 육영공원(育英公院)에 재직하면서 교육체계, 교과목, 교육 내용, 시간 운영, 학칙, 학생들의 학습 태도와 예절에 이르기까지 기초를 세워 주었다.838) 영어교사로 왔으나 영어 외에 필요한 과목을 신설하여 지도하였다. 육영공원 계약기간이 끝난 후에는 한성 사범학교의 교육장이자 대한제국의 교육 책임자로서 정부에서 교육현장을 어떻게 지원해야 하는지 제도, 교과목, 교사양성, 교재, 그리고 내용에 이르기까지 두루 관여하였다. 정부에 개선할 부분에 대한 건의서도 제출하였다. 헐버트의 교육활동이 한국의 근대교육에 끼친 영향을 정리하면 다음과 같다.

(1) 근대교육 제도가 정착하는 토대를 세워주었다. 교과서를 도입하고 교과목을 다양하게 함으로써, 전인교육을 실현할 수 있는 기반을 마련해 주었다.

(2) 교육에 한글을 도입하여 학생들이 쉽게 교육을 받도록 하였고, 교육의 목표 도달률을 높였으며,839) 한글의 사용을 장려하여 한국인의 문맹률을 낮추었다.

(3) 한성사범학교와 육영공원, 관립 중학교 등에 고루 근무하여 교육기관의 계통을 세우고 계통에 맞는 교육과정과 과목 및 시스템이 잘 운영

---

838) 김경민, "育英公院과 헐버트", 22-34.
839) 류방란, "육영공원 소고", 121-139.

되도록 기여하였다. 특히 한성사범학교 산하에 초등교육기관이 운영되게 하여 교사들의 실습효과를 높였다.

(4) 학교의 연간,[840] 주간,[841] 일간[842] 시스템을 구축하였으며, 학교에 운동기구를 설치하고 오선 악보를 통한 음악을 도입하여 예체능 과목을 정착시켰다.

(5) 교육활동과 목표에는 서구 문물을 가르쳐 뒤떨어진 사회를 발전시키려는 계몽에 의한 실용주의적 목적을 달성하게 하였다.

(6) 『수민필지』를 통하여 오대양 육대주의 사회, 문화, 지리에 눈을 뜨게 하였고, 한글의 일상화와, 로마자의 한글 명칭을 명료화 하였다.

(7) 외세에 대항할 수 있는 민족 역량을 강화시키기 위한 민족주의적 목적을 담고 있었다.

(8) 한국에 근대과학문화를 소개하였고, 자유·민주·평등·박애를 인식할 수 있는 계기를 마련해 주었으며,[843] 교육을 통하여 바른 인간관과 우주관을 가르쳐 주었디. 또한 평등사상 및 사물에 대한 과학적 인식과 서구적 합리이론을 소개해 줌으로써 세계관을 넓혀주었다.[844]

(9) 합리적이고 조직적인 사고력을 길러주었고, 자주·자립·자치하는 자세를

---

840) 연간 학사 일정은 미국식 학사제인 봄 학기(음력 1월 중순부터 5월말)와 가을 학기(8월말부터 12월 말)로 나누었고, 여름과 겨울 방학을 도입하였다. 국경일과 성탄절, 추수감사절 등을 휴업일로 정하였다. 서명일, "육영공원의 교과서와 근대지식 전파", 181-213.

841) 당시에는 일주일을 7일로 하는 개념이 없었다. 월요일, 일요일 등의 용어도 없었다. 당시의 학원 박경의 '육영공원일록'에 보면 1년이 지난 후부터 일요일을 요일로 구분하고 있다. 헐버트와 미국인 교사들은 주 6일제 수업인 월요일부터 토요일 오전까지 수업하는 시스템을 정착시켰다. 위의 책, 186-187.

842) 매일 아침 9시에 시작해 오후 4시에 수업이 종료되었고, 토요일 오후와 일요일에는 수업이 없었다. 위의 책, 186.

843) 손정숙, "구한말 헐버트의 대한인식과 그 활동", 128.

844) 서명일, 앞의 책, 182-213.

고취시켜 제자들이 나라의 동량으로 자라도록 하였다.

(10) 한글과 한국문화에 대한 긍지와 민족의식을 고취했으며 문화인을 양성하고 사람들로 하여금 하나님과 이웃을 위하여 봉사하도록 했다.

헐버트가 전통적 교육의 토대를 바꿔 서구식 근대교육을 도입하여 정착시킨 것은 한국 역사상 가장 큰 전환점이 된 것으로 평가할 수 있다. 빈한했던 한국이 오늘날 세계에서 큰 두각을 나타내는 것은 교육혁신, 교육입국(敎育立國)에서 비롯된 것임을 누구나 인정하고 있다. 그 초석은 고종의 초빙으로 최초의 관립학교인 육영공원에 교사로 입국했던 헐버트가 마련한 것이라 해도 과언이 아니다.

헐버트의 교육정신은 "네 이웃을 네 몸과 같이 사랑하라"는 그리스도의 정신에 입각하여 한국인을 사랑한 선교사적 소명에 근거한 것이었으며, 복음전도를 위해서는 자신이 가진 모든 역량을 사회적 활동으로 구현해내는 통전적 선교의 일환이라 평가할 수 있다.

3. 한글의 보급과 연구 및 발전

헐버트는 1886년 한국에 첫발을 내딛은 지 일주일 만에 한글을 터득하였으며, 3년 만에 조선 최초의 순 한글 교과서 『스민필지』를 저술하였고, 1991년 이를 바탕으로 순수한 한글로 된 교과서를 간행하였다. 이 결과, 육영공원의 학생들뿐 아니라 당시 세워지기 시작한 사립학교에서도 이것을 교재로 사용하게 되었다.

그는 한글이 과학적이고 배우기 쉽고 사용하기 편리한 문자임을 세계에 최초로 알렸을 뿐만 아니라 심지어 중국에 한글을 사용하도록 권장하기까지 하였다.

그렇지만 『스민필지』의 한자본을 간행해야 할 만큼 당시 지식인을 포함한 관리들은 말할 것도 없었고 일반인들도 한글을 천시하여 그 사용을 꺼려하는 상황에서, 한글 교과서를 만들어 많은 사람에게 유익을 주고 한글의 우수성을 드높여 귀하게 여기도록 분위기를 반전시킨 위대한 업적을 이룩하였다. 또한 그는 한국어에 대하여 그 어원과 형성에 관해 언어계통학적으로 깊이 연구하였을 뿐 아니라 한글의 띄어쓰기와 문장부호를 도입하도록 주시경에게 도움을 주었을 것이라는 사실도 특기할 만하다.

헐버트의 업적은 다음과 같이 요약할 수 있다.

(1) 한글의 우수성, 과학성, 독창성을 한국인들보다 먼저 깨달아 서구에 많은 논문을 발표함으로써 서구인들로 하여금 한국인은 스스로의 문자를 가진 우월한 문화민족임을 주지시켰다. 특히 "한글은 대중 의사

소통의 매개체로서 영어보다 우수하다"라고 평가했다.845) "한글(The Korean Alphabet)", "한글 2(The Korean Alphabet Ⅱ)"와 같은 논문을 발표했다.

(2) 『ᄉᆞ민필지』라는 교재를 통해, 한글의 표음문자적인 특징을 고찰하고 어원을 연구하였으며 한글의 대중화에 크게 기여했다.

(3) 한국어의 한글 맞춤법과 로마자 표기법 등 실용적 연구를 선도적으로 수행함으로써, 후세의 한국인들이 한글을 쉽게 사용할 수 있도록 그 체계를 구축하였다.

(4) 한글의 보급을 위해 '한글 보급청'을 신설할 것을 건의했고, 그 결과 고종황제가 1907년 주시경이 건의한 '국문연구소' 설치를 윤허했던 것은 헐버트의 역할이 크게 작용한 결과였다.

(5) 한글 인쇄소를 운영하였고, 한글로 씌어진 『독립신문』을 발간했으며, 주시경 등 한글학자를 배출하였다.

(6) 헐버트는 한국어는 우랄알타이어족에 속하며 의성어와 의태어가 많고 동사가 발달하여 대중 연설에 영어보다 우수한 특징을 갖고 있음을 밝혔다. 뿐만 아니라 한글을 200개가 넘는 여러 나라 언어와 비교하였으며, 한글은 현존하는 문자 가운데 가장 훌륭한 문자 중 하나로써 배우기 쉽고 과학적인 글자임을 주장하였다. 일본과 중국도 한글을 공식문자로 사용할 것을 권하기도 하였다.

(7) 한국어 연구 저술로는 단행본 『한국어와 드라비다어의 비교 연구(A

---

845) 『한국평론』 1902년 10월호에 "한국어(The Korean Language)"란 논문을 발표하고, 이를 1903년 미국 정부 및 의회에 보내는 연례보고서 학술논문 난에 수록했는데, 결론에서 "Korean surpasses English as a median for public speaking."이라고 평했다. 김동진, "개화초창기 한글 문화 자강 활동에서 헐버트(1863~1949)박사의 역할과 업적," 『한국어정보학』 제13권 1호에서 재인용.

Comparative Grammar of the Korean and the Dravidian Languages)』846)와 『한국어와 대만어(Korean and Formosa)』 외에 주요 논문 13편이 있는데,847) "한민족의 기원 2(The Origin of the Korean People Ⅱ, 1895)", "고유의 한국말(Korean Survivals, 1900)", "한국어의 대명사(The Korean Pronoun, 1901)", "한국어와 에파테어(Korean and Efate, 1901)", "이두(The ITU, 1898)", "한글 1, 2(The Korean Alphabet Ⅰ, Ⅱ)", "훈민정음(The Hun-min Chong-eum, 1903)", "한글 맞춤법 개정(Spelling Reform, 1904)" 등이 있다.848)

(8) 헐버트는 한국어와 드라비다어의 말수와 문법에서의 유사성을 들어, 삼한민족은 드라비다족이 해로로 북상하여 이주한 것이라고 주장하였다.849)

(9) 언어를 통한 계통 연구를 했던 헐버트의 최종적 관심사는 한국 민족의 역사적, 문화적 정체성의 추적에 있었다. 비록 그가 언어학의 전문적인 이론적 토대를 갖추지는 못했다 하더라도, 그의 계통 연구는 최소한 한국인들의 주목을 끌기에 충분한 가치를 지니고 있다고 말할 수 있을 것이다.850)

세종대왕이 한글을 창제한 이래, 한글이 이 땅에 정착하게 된 것은 1882년 로스와 서상윤이 한글로 성경을 번역한 것이 첫 번째 계기가 되었

---

846) 송기중, "19세기 서양인의 국어 계통론," 『알타이학보』 제12호(2002. 6), 183-209.
847) 김정우, "헐버트의 한국어 계통론 연구", 72.
848) Homer B. 헐버트, 『헐버트, 조선의 혼을 깨우다』, 113-292.
849) 윤경로, "한국기독교 문화 운동사", 447.
850) 김정우, 앞의 책, 72-73.

다. 두 번째 계기는 헐버트가 한글의 우수성, 과학성, 창조성에 대한 연구 논문을 통하여 그 이론을 밝히고, 『ᄉᆞ민필지』로 그것을 입증하였으며, 언론 출판을 통해 대중화함으로써 이뤄졌다. 헐버트는 한글의 우수성을 해외에 소개하여 한국인의 우월성과 독창성을 인식하도록 제고했을 뿐만 아니라 한국인들에게 한글 사용을 계몽하고 그 우수성을 자각하게 만들었다.

이러한 그의 활동은 그의 관찰과 탐구정신의 발로의 결과라는 것 이외에도 한글 사용을 매개로 그의 복음전도라는 사명을 보다 쉽게 이루려는 전략적인 측면과 무관하지 않다고 평가된다. 왜냐하면 한자 이외에 문자를 사용하지 못하는 사람들, 특히 일반 백성들에게 복음을 전하기 위해서는 단지 말을 통해서 밖에 할 수 없다는 제한성이 있다. 그러나 일반 백성들도 한글을 사용할 줄 안다면 문자를 통해 얼마든지 복음을 전할 수 있는 여건이 조성되기 때문이다. 이는 복음을 전하는 자와 접하는 자의 공간상 제약을 제거해 주는 것이 문자이기 때문이다.

한글을 매개로 대중을 계몽해 조선을 개화된 나라로 만든다면 복음의 씨를 돌 자갈밭이나 가시덤불에 뿌리는 것이 아닌 옥토에 뿌리는 것과도 같기 때문이다.

4. 한국 역사의 보존과 역사적 가치 계승

헐버트는 한국의 역사를 총체적이고 체계적으로 기술하여 국제적으로 알린 최초의 인물이다. 그는 한국 역사를 연구하기 위해 어려운 한자를 공부하여 터득했고, 한문으로 기록된 조선의 5,000년 역사를 꿰뚫어 알았다. 한국인도 수행하기 어려운 역사에 관한 많은 연구를 성취해 냈다는 점은 헐버트의 도전정신, 의욕, 학문적 탐구심이 바탕이 된 것이 아닐까 생각된다.

일제는 한반도의 역사를 지워버리기 위해 갖은 노력을 다했고 조선의 고대사 책을 20만권이나 분서(焚書)하여 우리가 현재 식민사관에 의해 고대사를 거의 알지 못하는 지경에 이르렀음을 볼 때, 헐버트가 조선의 역사를 연구하여 책으로 썼다는 것은 학술적으로도 대단히 가치 있는 일임에 틀림없다.

역사에 대한 그의 업적은 다음과 같다.

(1) 『대동기년(大東紀年)』이라는 한자로 된 조선왕조에 관한 역사책을 출판하였다. 이 책은 조선왕조를 기술한 최초의 역사서로 도합 5권, 1092쪽으로 이뤄져 있다. 한문으로 되어 있는 이 책은 한국인의 도움을 얻어 출판했다고 여겨진다.

(2) 헐버트는 내한 초기부터 자신이 조선을 알기 위하여 그리고 서구세계에 조선을 소개하기 위하여, 한국의 역사와 문화를 꾸준히 탐구하였다. 그는 한문으로 된 역사책까지 학습하여 15년여 만에 『한국사(The

History of korea)』를 저술하였다. 역사와 문화탐구 뿐만이 아니라 한국의 역사를 총체적이고 체계적으로 기술하여 이 책을 국제적으로 알렸다. 이 책은 본래 1901년부터 영문 월간지 『한국평론』에 4년에 걸쳐 시리즈로 기고했던 것을 책으로 묶어 1905년에 출판하였는데, 기초자료는 순전히 한국의 책에서 나왔고, 고대사는 『동사강목(東史綱目)』을 주 자료로 사용하였다. 이 책은 일제가 한국의 역사를 왜곡하기 이전에 저술한 것이어서 더욱 가치가 있다. 오늘날까지도 미국에서 그 가치를 인정하여 미 국무성에서 극동으로 나가는 초임 외교관들에게 유용한 교육 자료로 활용되고 있다.

(3) 『대한제국멸망사(The Passing of Korea)』라는 명저를 저술했다. 이 책은 한국을 연구하는 학자들에게 더할 나위 없이 귀중한 책으로 외국인들에게 최초로 한국을 종합적으로 소개한 길잡이였다. 헐버트는 당시에 함께 살았던 민비와 고종황제의 일까지 객관적인 시각으로 기술하였으며 1906년 런던에서 출간하였다. 총 473쪽으로 되어 있는데 역사, 문화, 전통, 풍속, 산업, 사회제도 등 한국의 모든 것을 집대성한 역사책이다.

(4) 헐버트의 한국 역사에 관한 저술은 단순한 역사 기술을 넘어 한국인에 대한 애정도 담겨 있다.

(5) 헐버트는 역사 기술을 통해 한민족의 인성적 특성을 기술하여 한국인들로 하여금 자신을 되돌아보게 하여 후세의 길잡이가 되게 하였다.

(6) 헐버트의 한국 관련 역사서는 한국인들에게 민족정신을 불어넣는 계기를 제공하였다.

(7) 헐버트의 한국의 역사 저술은 한국인들에게 자국의 역사를 보존하고

후대에까지 계승 발전시켜야 할 책무를 느끼도록 하였다는 점에서 한국인들을 각성시켰다.

자국의 역사를 자국인들이 아무리 꾸미고 좋게 평가하여 남에게 소개한다 하더라도 사람들은 그것을 전부 믿으려 하지 않는 것이 일반적인 심리 현상이다. 그런데 이방인인 헐버트가 한국의 역사와 그 우수성을 서구에 알렸기 때문에, 세계 사람들에게 한국의 장점을 객관적으로 볼 수 있는 좋은 근거를 제공하였다. 그런 면에서 당시에 국난을 당하고 있는 한국에 대하여 외국인들의 관심과 동정을 받기에 유리했을 것이다.

그리고 헐버트의 근대사 부분의 기술은 학술적으로 대단히 큰 가치를 지니고 있다. 또한 일제의 한반도 역사 말살 정책으로 전해지지 않는 것을, 사료로 남겨줌으로써 역사를 보존하고 민족의 자긍심을 되찾을 수 있는 계기를 마련해 준 것이 사실이다.

헐버트가 한반도의 역사를 책으로 편찬한 것은 여러 목적과 의도가 내포되어 있었을 것이다. 그 중의 하나는 그가 조선에 선교사로 입국해 조선 사람들에게 복음을 전하기 위해 왔기에 기본적으로는 조선 사람을 사랑하는 마음이 있었던 것이고, 그것이 곧 하나님의 뜻을 이루는 것이라고 믿었을 것이다. 그의 이러한 의도는 한국의 발명품 곧 활판인쇄술이나 거북선 등 과학적으로 뛰어난 한민족의 우수성을 널리 드러내 세계에 소개한 것에서도 잘 나타난다. 헐버트의 조선 사랑이 한국의 역사 서술에 있어서 긍정적인 면을 더욱 부각시키는데 방점을 두게 했을 것이다.

이러한 민족적 자긍심을 심어주는 역사 서술을 통하여 구한말 열강, 특히 일본으로부터 압제를 당하는 당시 한국인들에게 큰 용기를 주었고, 민족정신을 고취시켰으며 역사를 길이 보존해야 한다는 책임감을 심어주었다. 이 점에 있어서 헐버트의 역사 서술은 선교사로서의 사명 외에, 또 다른 훌륭한 역할을 수행하였다고 평가할 수 있다.

5. 문학·예술·언론·출판문화의 창달

헐버트는 저술과 언론 활동을 통해서도 미국을 비롯한 서방세계에 한국을 소개하였고, 이해시켰으며, 한국의 문화와 그 장점을 부각시키려 노력했다. 그가 한국의 독자적인 문화를 인정하였다는 것이 무엇보다 중요하다.

그는 많은 논문, 기고문, 저술 등을 통하여 한국의 문화를 세계에 소개하였을 뿐만 아니라, 언론과 출판 등 사회활동을 통해 한국인들로 하여금 긍지와 자신감을 가지고 살아갈 수 있는 토대를 마련해 주었다. 그리고 끝없는 계몽활동을 펼침으로써 그가 이룬 공적을 높이 평가할 수 있도록 하였다.

그의 문화, 예술, 문학, 언론, 출판 등에서의 사회적 활동의 업적은 대략 다음과 같이 요약할 수 있다.

(1) 한국을 배경으로 해서 『안개 속의 얼굴』 등의 소설을 썼는가 하면, 우리 민담을 소재로 『마법사 엄지』 라는 동화책을 창작했고 다수의 저서를 남겼다. 한국의 문학작품을 번역해 외국에 소개하고 평론하였으며, 삼문출판사를 통하여 한국 최초로 영어소설 『천로역정(The Pilgrim's Progress)』의 제1부 번역본 『텬로역뎡』(제임스 S. 게일 역)을 출판하였다.

(2) "한국의 소리 음악(Korean Vocal Music)"이란 논문을 통하여 '아리랑'을 세계 최초로 오선악보에 채보하여 발표하였다. 뿐만 아니라 시

조 '청산아'와 경기민요 '군밤타령'에 서양음계를 붙여 소개하였다.

(3) 영문으로 된 월간지 『한국소식』의 공동편집인 겸 운영책임자였고, 『한국평론』을 창간하여 운영하고, 주필을 맡았다.

(4) 신문과 잡지를 통해 조선의 풍광과 풍속, 사회제도, 문화와 실제 상황 등을 세계에 알렸다.

(5) 제본기를 도입하여 삼문출판사를 효율적으로 운영하였으며, 한국의 출판문화를 진작시켰다. 서재필을 도와 조선 최초의 한글 신문인 『독립신문』을 발행하는데 공헌했고, 『조선그리스도인회보』, 『협성회보』, 『매일신문』 등 개화에 영향을 끼친 각종 신문 등을 인쇄하였다.

(6) 한국의 5대 발명품을 비롯하여 '경천사 10층 석탑' 등 한국의 문화유산을 홍보하고 보호하는데 심혈을 기울였다.

(7) 미국으로 추방된 후에도 지속적인 언론활동을 통해 한국의 독립을 위하여 미국과 세계인들을 일깨웠으며, 한국의 문화 창달에 큰 기여를 하였다.

헐버트는 선교사로서 자국의 문화 우월주의를 드러내지 않고 상대국의 장점을 보려고 노력했다. 문학작품을 평가할 때에도 문화적 배경에 따른 한국문학의 고유성과 인간 감정의 보편성을 동시에 찾으려 했다. 예술을 논할 때에도 한국의 독자성을 인정하고 한국의 문화적 요소들을 긍정하려 했다.

헐버트의 문화 예술 방면에서의 이러한 공적은 아리랑의 소개와 연구에서도 잘 드러난다. 아리랑이 세계 사람들에게 한국을 대표하는 노래이자 상징적 노래가 된 것은 헐버트의 '아리랑 채보 → 서구에 최초로 소개 →

서구인들의 관심과 인식 증대 → 한국인들의 반응과 그 가치 자각 → 한국인들의 아리랑에 대한 의미부여 → 한국인들의 아리랑 해외 소개 → 세계 사람들의 아리랑을 통한 한국 인식'이라는 순환구조가 형성되는 결과로 나타난 것으로 판단할 때, 헐버트의 공적이 얼마나 큰 것이었는지 그의 역할을 짐작해 볼 수 있다.

헐버트의 문학, 예술, 언론 활동은 한국을 이해하고 한국인을 사랑한 것의 표현이지만, 그 이면에는 자신이 선교사라는 소명의식이 작용한 것이었기 때문에, 문화선교사로서의 역할을 수행한 헐버트의 통전적 선교행위의 표출이다.

6. 한국의 독립과 대한민국 건국에 기여

헐버트는 한국인보다 한국을 더 사랑한 사람이라는 별명이 붙어있다. 그가 열악한 환경의 조선에 와서 망해가는 나라를 구하고자한 의지는 한국인들로 하여금 자신들의 해야 할 일들을 되돌아보게 하는데 충분하였다.

을미사변으로 '춘생문사건'이 일어나던 당시 조선을 돕기 위해 고종의 불침번을 섰고, 을사늑약이 체결되자 특사로서 미국 대통령에게 고종의 밀서를 가져갔으며, 헤이그 만국평화회의를 이용하도록 고종에게 정보를 주고 친히 밀사가 되어 떠났던 점 등은 불의를 미워하여 일제의 만행을 참지 못한 양심의 발로이자, 한국을 진실어린 마음으로 사랑한 선교사적 소명을 실천하려 했던 것이라 평가하는 바이다.

그의 한국의 국권 수호를 위한 노력과 성과를 살펴보면 다음과 같다.

(1) 자신의 위험을 무릅쓰고 고종의 불침번을 서며 고종의 생명을 지켰다. 그것은 조선을 지킨 것과 같은 일이다.

(2) 을사늑약의 부당함을 미국 대통령에게 알리기 위해, 조미수호조약을 지킴으로써 조선을 일본의 침략으로부터 보호해달라는 고종황제의 밀서 전달을 위해 직접 미국을 방문하였으나 루스벨트 대통령이 접견하려 하지 않음으로 실패하자, 미국의 조미수호통상조약 위반을 미국과 세계 언론에 알렸다.

(3) 헤이그 특사로서 일본의 눈을 피하고 다른 특사들을 보호하기 위해 다방면으로 노력했다. 헤이그에서 많은 홍보활동을 펼치면서 특사들을

위한 지원에 힘썼으며, 이 사건으로 인해 한국에서 추방될 것을 각오하고 감수하였다. 미국으로 귀국한 후에도 한국이 독립을 간절히 염원하고 있음을 미국와 세계에 알려, 언론의 주목을 집중시켰다. 마침내 한국의 국민들이 독립을 위해 용기를 얻어 합심하여 일어나게 하는데 큰 영향을 끼쳤다.

(4) 고종황제가 독립자금을 마련하기 위해 중국의 독일은행에 예치한 돈을 일제가 은밀히 탈취해 간 것을 되찾기 위해 죽을 때까지 온갖 노력을 다하였다.

(5) 일제의 박해로 더 이상 한국에 거주할 수 없게 되자 추방된 후에 미국 매사추세츠 주 스프링필드에 거처를 정하고서, 그곳에서 특사 정신을 잃지 않고 한국의 주권 회복을 위한 강연, 모금활동, 한국의 독립 운동가들과의 접촉과 후원 등을 통해 계속 투쟁하였다.

(6) "일본이 강하다고는 하지만 일본 문명은 뿌리가 없어 오래지 않아 한국에서 일본 세력은 패망할 것이다."라고 외치면서 한국인들에게 희망과 용기를 심어주어, 한국인들이 국권 수호를 위해 노력하도록 동기를 부여하였다.

(7) 헐버트는 한국 문제에 대해 루스벨트 대통령과 10년이 넘도록 끈질기게 공개적 설전을 벌였고, 1915년 12월 8일 자에 "루스벨트와 한국"이라는 글을 기고했다. 이러한 노력의 결과, 루스벨트가 임종할 때에 자신이 한국을 일본에 넘겼다고 고백하게 했다.

(8) 헐버트는 여운홍과 함께 1918년 11월 16일 뉴욕의 한 호텔에서 1919년 파리에서 개최되는 강화회의에 상정될 독립청원서 문건을 작성하는 등 한국 독립의 열의를 보였다.

(9) 일본을 향하여, 한국에서 자행하고 있는 각종 만행을 중지할 것을 요구하였고, 미국인들에게 한일강제병합의 부당성과 한국독립의 시급성을 알렸다. 그는 연설과 강연으로 한국의 독립 지원을 위해 필라델피아에서 시작하여 미국 전역에 걸쳐 활동하였다. 1907년 미국 입국 시부터 1945년 독립 이전까지 이 활동을 꾸준히 전개하여 한국인들뿐만 아니라 미국 학자와 대학생, 기독교인들, 의원들까지도 한국친우회를 결성하는 등 다양한 방법으로 한국독립을 지원하는 활동에 동참하도록 만들었다.

(10) 헐버트는 서재필 등이 주최한 1920년과 1921년의 3·1운동 기념행사에 연사로 등장하였다. 또한 이승만과 함께 보스턴 대학에서 '한국친우동맹' 활동의 일환으로 강연을 하였고, 그 결과 구미위원부는 '한국은 독립되어야 한다'는 제목의 글로 일본의 만행을 규탄하고 한국의 독립을 요구하는 독립선언 단행본을 발행하게 되었다.

헐버트가 한국의 독립과 사회 발전을 위하여 노력한 열매는 헤아릴 수 없이 많겠지만 가장 중요한 것 두 가지를 든다면 첫째, 1943년 카이로 선언[851]을 통해 미국이 전 세계 100여 개의 식민지 나라들 중 유일하게 한국만을 자유 독립국으로[852] 지원하도록 이끌었다. 둘째, 6.25전쟁 시에도 미국이 역사 상 유래가 없는 연 인원 178만 명의 미군을 참전하도록 지원

---

851) 제2차 세계대전이 연합국의 승리로 매듭지어질 것을 예견되자, 1943년 11월 22-26일 카이로에서 미국의 루스벨트 대통령, 영국의 처칠 수상, 중국의 장개석 총통이 만나 전후 처리에 관한 회담을 하였다. 이때 한국의 독립 문제를 국제연합국 회의에서 처음으로 다루었다. 그 합의문의 내용 중 일부는 아래와 같다.
"한국민이 노예상태에 놓여 있음을 유의하여 앞으로 적절한 과정을 통해 한국을 자유 독립국으로 할 것을 결의한다." 김재동, 앞의 책, 70.
852) 김재동, 앞의 책, 69-70.

하였고, 전쟁비용 670억 달러를 한국을 위해 지출[853]하게 하였다.

그리고 전쟁 직후 형제관계와 같은 한미우호관계를 유지하고 있는 것도 헐버트가 약 38년간 미국 전역을 돌며 미국인들 가슴에 한국의 독립을 지원하고 한국인들을 품도록 각성시킨 결과라고 보아도 좋을 것이다.

헐버트의 이상과 같은 공로로 말미암아, 대한민국은 1949년 8월 5일 서거한 헐버트의 장례식을 1949년 8월 11일 대한민국 외국인 최초의 사회장으로 거행하였다.[854] 대한민국은 1950년 3월 1일 외국인 최초로 헐버트에게 건국공로훈장 독립장을 추서[855]하였던 것이다.

헐버트야말로 복음전도와 사회활동은 서로 분리할 수 없는 통합된 일체임을 그 스스로의 삶과 신학적 신념을 통해 확인시켜주었다. 타국의 주권을 불법으로 강탈한 일제의 만행을 고발하고 투쟁하며 한국인에게 독립정신을 고취시킨 것은 그의 기독교 신앙에 근거한 사랑과 정의의 실현을 위한 것이었다. 뿐만 아니라 그가 한국의 선교사로서의 사명을 끝까지 감당하려는 책임감의 발로었나고 평가한다.

헐버트 선교사는 한국을 위한 통전적 선교를 온 몸으로 실천했던 사랑의 사도였으며, 한국의 근대문명 개화의 개척자였다. 오늘날 국가적 난관과 복음전도의 어려움에 직면한 한국 기독교인들에게 어떻게 살아야 하는지 모본을 보여준 신앙의 선구자였음을 평가할 수 있다.

---

853) 위의 책, 154-155.
854) 김권정, 『한국인보다 한국을 더 사랑한 미국인, 헐버트』, 194.
855) 위의 책, 196.

V. 결 론

본 논문은 구한말 이 땅에 입국하여 복음전도와 각종 사회적 활동으로 그 공적이 혁혁했던 미국인 선교사 호머 헐버트(Homer B. Hulbert)에 대하여 통전적 선교의 관점에서 그의 신학과 행적을 분석하고, 이를 바탕으로 그의 복음전도 방식이 사회적 활동을 통한 통전적 선교임을 규명하는 것이다. 뿐만 아니라 오늘날 위기에 처한 한국 기독교를 위해 효과적인 복음전도의 방향을 찾고, 헐버트 선교사의 한국에서의 공헌을 드러내 기독교의 사회적 위상을 확보하고, 기독교 초기 선교사들의 활동이 한국의 근대화를 이끄는 견인차 역할을 함으로써 한국 근현대사 발전에 기여했다는 것을 밝히는데 본 연구의 목적이 있다.

헐버트가 1886년 조선 최초의 근대 국립(國立)학교인 육영공원(育英公院)에 교사로 초빙되어 입국하게 된 동기는, 기울어져가는 나라를 바로잡으려면 인재를 양성해야 한다는 조선의 정치적 목적에 기인하였다. 왜냐하면 헐버트가 입국하기 전에 이미 조선은 정치·사회·경제적으로 첨예한 갈등과 모순이 노출되어 위기를 맞고 있었고, 이로 말미암아 새로운 토대 위에서 국정을 진작시켜 운영하지 않으면 안 되었기 때문이다.

서양의 신사상과 과학기술 및 학문을 받아들여야 할 국가적인 필요성으로 인해 기독교는 이전 천주교의 수난 시대와는 달리 사회적으로 수용될 수 있는 여건이 형성되었다. 이로 인하여 초기 미국 선교사들이 합법적으로 입국할 수 있었고, 복음전도의 한 방편으로 의료와 교육 등의 공익적 사회활동을 수행할 수 있었던 것이다.

조선 최초의 공교육 기관인 육영공원의 초빙교사로서 입국한 헐버트는 5년의 임기를 마치고 본국으로 귀국하였다가 2년 후인 1893년에 정식 감리교 선교사로서 조선에 재입국하였다. 그리하여 1907년 미국으로 추방되기까지 약 19년 동안 교사와 선교사, 고문관, 사회문화 활동가 등으로 다양한 사회활동을 하였다.

헐버트가 한국에서 했던 주요 활동은 다음과 같다.

첫째, 육영공원 초빙교사, 한성사범학교 교육장 등 교육가로서 『ᄉᆞ민필지』를 비롯한 교과서 집필, 교과목 선정 및 학교의 연간, 월간, 주간, 일간 시스템을 세워 한국 근대교육의 기초를 놓았다. 그 결과 한국에 근대교육 체제가 정립되고 근현대교육이 발전하는데 이바지 하였다.

둘째, 『ᄉᆞ민필지』를 비롯한 순 한글 교과서의 집필과 『한국사』 등 한국의 역사서 저술 및 한국에 관한 다수의 논문과 문학 작품 등을 번역 또는 저술, 발표하며 저술가로서 활동을 함으로써 한글의 대중화뿐 아니라 한국의 문학과 한국의 역사를 전 세계에 알리고 보호하는 데 앞장섰다.

셋째, 한글 연구와 아리랑 채보, 한국의 문화재 소개 등을 통하여 한국 문화 전문가로서 한국 문화의 우수성을 최초로 전 세계에 소개하였다.

넷째, 출판사 운영, 월간지 편집, 신문 잡지의 기고 등 언론·출판인으로서의 활동을 통하여 한국의 실정을 신속하게 전 세계에 알렸으며, 한국인들의 민족의식과 자주성, 개화사상 및 기독교의 발전에 이바지하였다.

다섯째, YMCA 창립총회 의장이자 초대 회장 등 계몽가로서 젊은이들의 인식 변화와 지적능력 향상 및 애국계몽활동과 개혁 활동을 진작시켰다.

여섯째, 한국의 주권과 독립을 위해 고문관, 밀사 및 미국에서의 독립운동 지원 활동을 통하여 한국인들에게 독립정신과 독립활동을 고무시켰다. 또한 미국인들에게 한국의 독립에 대한 타당성과 시급성을 적극적으로 알려 마침내 1943년 카이로 선언을 통해 미국은 전 세계 100여개의 식민지 나라들 중 유일하게 한국만을 자유 독립국으로 지원하도록 이끌었다. 6.25전쟁 시에도 역사상 유래가 없는 연인원 178만 명의 미군이 참전하였고, 전쟁비용 670억 달러를 한국을 위해 지출하게 되었다. 당시에는 이승만 대통령의 도미외교가 직접적인 원인이 되었지만 그 이면에는 헐버트가 1907년부터 30여 년 동안 미국 전역을 돌며 한국의 독립을 위한 미국인들의 동정과 지원을 끊임없이 각성시켜 미국민의 가슴에 한국을 품게 한 결과라고 볼 수 있다.

일곱째, 담임목사로서 목회와 성직, 선교 지원 활동 등 선교사로서 활동을 통하여 한국에서 기독교가 급속하게 확산되고 발전하는데 힘을 더하였다. 애국기독교 청년들을 대거 양성하여 한국을 기독교국가라고 지칭할 만큼 기독교인들의 활동이 한국의 독립과 발전을 위한 지도적 역할을 할 수 있도록 이바지하였다.

이상의 열거 중, 일곱 번째를 제외하면 헐버트에 대한 평가는 사회 다방면에서 참여와 봉사를 하여 큰 공적을 이룩한 사회활동가라고 말해도 무방할 것이다. 그러나 선교적 관점에서 논한다면 헐버트의 경우는 첫 번째에서 여섯 번째까지는 모두 일곱 번째 항목, 곧 복음전도를 위하여 수행했던 수단이자 복음전도를 위한 방편이었다고 평가할 수 있다.

왜냐하면 헐버트는 "어떻게 위기에 처한 한국인들을 수수방관하는 것이 참 선교라 할 수 있는가? 참 선교는 고통 받는 한국인들을 돕는 것이며 진실한 애국심과 참된 신앙은 떨어져 있지 않다. 선교사의 사명이 기독교 정신을 가르치는 것이라면 가르쳐야 할 기독교 정신은 무엇인가?"라고 말하며 자신의 사회 참여활동에 대한 의미를 부여했기 때문이다.

이 말은 헐버트 선교사의 선교신학 사상을 대변하는 것으로, 선교사로서의 사회참여와 활동이 복음전도의 한 방편임을 주장한 것이다. 다시 말해서 선교사로서의 복음전도와 그리스도인의 사회적 책무는 서로 분리될 수 있는 것이 아니라 하나로 융합된 것이다. 즉 오늘날의 용어로 표현한다면, 선교를 위해 자신이 가진 재능, 역량, 환경 등을 최대한으로 활용하여 선교를 하는 이른바 '통전적' 선교인 것이다. 그러므로 헐버트 식 선교를 '통전적 선교'라 지칭할 수 있다. 헐버트의 통전적 선교 방법을 모본삼아 기독교인들이 단지 복음전도에만 기댈 것이 아니라 사회 각 분야에서 더욱 적극적으로 활동해야 할 것이다.

헐버트가 한국에 남긴 공적이 사회 각 방면에서 이토록 지대함에도 불구하고 알렌, 언더우드, 아펜젤러, 스크랜턴 등과 같이 뚜렷이 부각되지 않고 한국인에게 잘 알려지거나 기억되지 않은 까닭은 아마도 위의 인물들은 각각 떠받치는 토대(병원이나 설립학교 등)가 있지만, 헐버트는 일정하게 지지하는 가시적인 토대가 미흡해서일 것이라 사료된다.

그러므로 본 논문을 시작으로 헐버트의 활동이 학교의 교과서와 교회학교의 공과 등에 기술되어 교육현장에서 다루어지고 거론됨으로써 헐버트의 위상이 재정립되기를 기대한다. 또한 기독교가 한국 근현대사에 공헌한 바에 대한 사회적 평가가 더욱 높아지며, 더욱 많은 한국인들이 헐버트의 공적을 알게 되기를 희망한다.

이방인으로서 한국인보다 더 한국을 진정으로 사랑했던 헐버트는 선교사로서 한국의 교육과 사회, 문화, 독립 등 다방면에서 한국을 위해 자신의 재량을 총동원하여 봉사함으로써 복음전도자의 역할을 완수했다. 그러므로 헐버트는 통전적 선교를 통하여 한국의 근대교육과 사회문화 발전을 이룩하는데 있어서 지대한 영향력을 끼쳤다고 평가하는 바이다.

참고문헌

1. 국문도서

헐버트박사기념사업회. 『헤이그 만국평화회의 관련 일본 정부 기밀문서자
　　　　료집』. 서울: 도서출판 선인, 2007.

김동진. 『파란눈의 한국혼 헐버트』. 서울: 참좋은친구, 2010.

김권정. 『한국인보다 한국을 더 사랑한 미국인 헐버트』. 서울: 역사공간,
　　　　2016.

고대 아세아 문제연구소. 『구한국외교문서』. 제11권, 1967.

고정휴. 『이승만과 한국독립운동』. 서울: 연세대학교 출판부, 2004.

곽안전. 『한국교회사』. 서울: 대한기독교서회, 1973.

국립국어원. 『천주교수화』. 한국표준수화규범제정 추진위원회 편. 서울:
　　　　애드피아, 2010

국사편찬위원회. 『고종시대사』. 4권. 서울: 탐구당, 1972.

국사편찬위원회. 『수신사기록』. 서울: 탐구당, 1974.

국사편찬위원회 편. 『대한민국임시정부자료집 41: 일본·미국 보도기사』.
　　　　서울: 탐구당문화사, 2011.

권희영 외. 『고등학교 한국사』. 서울: 교학사, 2018.

김낙환. 『아펜젤러행전 1885~1902』. 서울: 청미디어, 2014.

김명혁. 『현대교회의 동향』. 서울: 성광문화사, 1995.

김봉희. 『한국기독교문서 간행사 연구』. 서울: 이화여자대학교출판부, 1987.

김석영. 『처음선교사 아펜젤러』. 서울: KMC, 2011.

김수진. 『한국 기독교 선구자 이수정』. 서울: 도서출판진흥, 2006.

김승호. 『복음주의선교신학에 대한 이해』. 서울: 예영 B&P, 2008.

김영모. 『조선지배층연구』. 서울: 일조각, 1977.

김용삼. 『대한민국 정체성 총서 30: 대한민국 건국의 기획자들』. 파주: 백년동안, 2016.

김은수. 『현대선교의 흐름과 주제』. 개정증보판. 서울: 대한기독교서회, 2010.

김인수. 『韓國 基督敎會의 歷史』. 서울: 쿰란출판사, 2002.

김재동. 『한국 근현대사 바로 알기』. 개정증보판, 서울: 복의근원, 2018.

심시현. 『선택받은 섬 백령도(1816~1902)』. 서울: 디자인유니크, 2002.

김한종 외 5명. 『고등학교 한국 근·현대사』. 서울: 금성출판사, 2010.

김호용 편. 『大韓聖書公會史』. 서울: 대한성서공회, 1993.

김홍규. 『제물포웨슬리예배당 복원과 아펜젤러비전센터와 목자관 신축의 역사적 의의와 그 전망』. 인천: 기독교대한감리교 내리교회, 2012.

나동광. 『토마스 목사의 생애』. 서울: 생명의말씀사, 1990.

대한예수교장로회총회역사위원회 편. 『총회창립 90주년기념 대한예수교장로교회사 (상)』. 서울: 한국장로교출판사, 2003.

박명수. 『근대복음주의의 주요흐름』. 서울: 대한기독교서회, 1998.

박상진, 백승종, 임희국, 강영택, 한규원 공저. 『기독교학교 역사에 길을 묻다』. 서울: 예영커뮤니케이션, 2013.

박용규. 『한국교회를 깨운 복음주의 운동』. 서울: 두란노, 1998.

_____. 『한국기독교회사 Ⅰ(1784~1910)』. 서울: 생명의말씀사, 2007.

白樂濬. 『韓國改新敎史 1832-1910』. 서울: 연세대학교 출판부, 1973.

변창욱. 『한국교회 선교 운동사』. 서울: 장로회신학대학교 출판부, 2018.

『브리태니커 세계대백과사전』. 제 2권 "교육" 항목, 서울: 한국브리태니커 회사동아일보, 1996.

서울노회편찬위원회. 『서울노회의 역사』. 서울: 한국장로교출판사, 2010.

서윤동. 『경교와 아시아 선교』. 서울: 올리브나무, 2017.

성삼제. 『고조선, 사라진 역사』. 서울: 동아일보사, 2006.

세계교회협의회 편. 『통전적 선교를 위한 신학과 실천』. 김동선 역, 서울: 대한기독교서회, 2007.

손석원. 『한국교회와 선교사 대전 Ⅰ』. 파주시: 한국학술정보, 2011.

손윤탁. 『한국 교회와 선비 정신』. 서울: 도서출판 케노시스, 2012.

손인수. 『한국개화교육연구』. 서울: 일지사, 1981.

심도태. 『서재필 박사 자서전』. 서울: 을유문화사, 1974.

양기백. 『미 의사록 한국관계기록 요약집, 1878-1949』. 서울: 선인, 2008.

양동안. 『대한민국 '건국일'과 '광복절' 고찰』. 파주: 백년동안, 2014.

오윤태. 『한국 기독교사 Ⅳ』. 서울: 혜선출판사, 1983.

_____. 『일한 그리스도교 교류사』. 동경: 신교출판사, 1968.

우용제. 『기독교 수용과 한국 근대교육』. 파주: 교육과학사, 2007.

유영식 외 3인 공저.『부산의 첫 선교사들』. 서울: 한국장로교출판사, 2007.

윤경로.『한국기독교 문화 운동사』. 서울: 대한기독교출판사, 1992.

윤성렬.『도포입고 ABC, 갓쓰고 맨손체조』. 서울: 학민사, 2004.

윤병석.『이상설의 유문과 이준, 장인환, 전명운의 의열』. 서울: 독립기념관 한국독립운동사연구소, 1988.

_____.『이상설전』. 서울: 일조각, 1998.

윤사무엘.『한국교회와 신학』. 서울: 쿰란출판사, 2016.

윤치호.『윤치호 국한문 일기』上. 송병기 역. 서울: 탐구당, 1975.

이광린.『한국개화사연구』. 서울: 일조각, 1982.

_____.『초대 언더우드 선교사의 생애』. 서울: 연세대학교출판부, 1991.

이기백.『한국사 신론』. 서울: 일조각, 1990.

이덕주.『서울연회사Ⅰ: 1884~1945』. 서울: 기독교대한감리회 서울연회, 2007.

_____.『한국 교회 이야기』. 서울: 신앙과지성, 2017.

이동주.『현대선교신학』. 서울: 기독교문서선교회, 2003.

이선교.『한국 근현대사와 북한 실상』. 서울: 현대사포럼, 2010.

_____.『현대 역사신학』. 서울: 현대사포럼, 2017.

이수환.『이수정 선교사 이야기』. 용인: 목양, 2012.

이승만.『독립정신』. 김충남, 김효선 옮김, 서울: 동서문화사, 2010.

_____.『한국교회 핍박』. 서정민 주해, 건국대통령 이승만 박사 기념사업회 편. 서울: 청미디어, 2008.

이원순.『인간 이승만』. 서울: 신태양사, 1988.

이장식. 『대한기독교서회백년사』. 서울: 대한기독교서회, 1984.

이태진. 『20세기 한민족 고난의 역사와 세계평화』. 서울: 이준열사기념사
　　　업회, 2007.

이호. 『친일청산에 대한 성서적 입장』. 서울: 정암서원, 2011.

장로회신학대학교 100년사 편찬위원회 편. 『장로회신학대학교 100년사』.
　　　서울: 장로회신학대학교, 2002.

장훈태. 『국제정치 변화속의 선교』. 천안: 혜본, 2014.

전택부. 『한국기독교청년회운동사』. 서울: 범우사, 1994.

_____. 『한국기독교청년회운동사: 1899년~1945년』. 서울: 정음사,
1978.

정병준. 『제10차 WCC 부산 총회 반대와 주요 쟁점과 대안』. 서울: 대한
　　　기독교서회, 2013.

정성화, 로버트 네프. 『서양인의 조선살이 1882~1910』. 서울:푸른역사,
　　　2010.

정재정 외. 『고등학교 한국사』. 서울: 지학사, 2014.

조귀삼. 『선교신학』. 군포: 한세대영산신학대학원, 2008.

_____. 『복음주의 선교신학』. 안양: 세계다문화미디어, 2013.

최덕수. 『개항과 조일관계』. 서울: 고려대학교 출판부, 2004.

최인진. 『한국신문사진사』. 서울: 열화당, 1992.

최종고 외. 『구한말 고문관 연구』. 한국정치외교사학회, 2001.

침례교신학연구소. 『문화를 알면 교육이 보인다』. 대전: 침례신학대학교
　　　출판부, 2003.

한국복음주의선교신학회. 『선교를 위한 문화인류학』. 서울: 이레서원, 2005.

한국선교신학회편.『선교학개론』.개정증보판. 서울: 대한기독교서회, 2013.

한국천주교회편집위.『한국천주교회사』.서울: 한국천주교회사연구소, 1986.

韓奎元. 『開化期 韓國基督教 民族敎育의硏究』. 서울: 국학자료원, 1997.

한철호.『헤이그 특사와 한국 독립운동』. 서울: 독립기념관 한국독립운동 사연구소, 2007.

현상윤.『朝鮮儒學史』. 서울: 민중서관, 1949.

한국선교신학회 편.『선교신학개론』. 개정증보판. 서울: 대한기독교서회, 2013.

2. 번역도서

Hulbert, Homer B. *The Selected Works of Homer B. Hulbert.* 김동진 옮김.『헐버트 조선의 혼을 깨우다』. 서울: 참좋은친구, 2016.

_____. *The Passing of Korea.* London: William Heinemann Co., 1906. 신복룡 역.『대한제국멸망사』. 파주: 집문당, 2013.

_____.『마법사 엄지 Omjee The Wizard』. 이현표 역. 서울: 코러스, 2011.

_____.『ᄉ민필지』. 1891.

_____.『안개 속의 얼굴 The Face in the Mist』. 이현표 역. 서울: 코 러스, 2011.

_____. 『한국사, 드라마가 되다 1, 2』. 마도경·문희경 역. 서울: 리베르, 2009.

Allen, H. N. 『알렌의 일기(The Allen Dairy)』. 김원모 역, 서울: 단국대학교출판부, 1991.

_____. *Things Korean: A Collection of Sketches and Anecdotes Missionary and Diplomatic.* 윤후남 역. 『알렌의 조선 체류기』. 서울: 예영커뮤니케이션, 1996.

Griffis, William Elliot. A Modern Pioneer in Korea: *The Life Story of Henry G. Appenzeller.* New York: Fleming H. Revell Co., c1912. 이만열 역. 『아펜젤러』. 서울: 연세대학교출판부, 1985.

Kane, J. Herbert. *A Concise History of The Christian World Mission.* 박광철 역. 『기독교 세계선교사』. 서울: 생명의말씀사, 1981.

Latourette, Kenneth Scott . 윤두혁 역. 『기독교사』하. 서울: 생명의말씀사, 1980.

Rhodes, Harry A. "Rijutei to the Christian of American, Greeting." in Children of Christmas, *The Missionary Review of the World.* Dec., 13, 1883. 최재건 옮김. 『미국 북장로교 한국선교사』. 서울: 연세대학교출판부, 2009.

Stokes, Charles D. *History of Methodist Missions in Korea:*1885-1930. 『미국감리교회의 한국선교 역사:1885-1930』. 장지철, 김홍수 역. 서울: 한국기독교역사연구소, 2010.

Underwood, Horace Grant. *Horace Grant Underwood and Lillias Horton Underwood Paper.* Ⅰ. 이만열, 옥성득 편역. 『언더우드

자료집 I 』. 서울: 연세대학교출판부, 2010.

Vera, R. N. 『社會變革宗教倫理』. 河合秀和 譯. 서울: 未來社, 1974.

글라서, 아더. 『성경에 나타난 하나님의 선교』. 임윤택 역. 서울: 생명의
　　　말씀사, 2006.

글라서, 아더; 맥가브란, 도날드. 『현대선교신학』고환규 역. 서울: 성광문
　　　화사, 1990.

드 종, 노먼. 『기독교 교육, 이제는 학교교육이다』. 손정위 역. 부천:
　　　도서출판 존스북, 2012.

베르카일, 요하네스. 『현대선교신학개론』. 최정만 역. 서울: 기독교문서선
　　　교회, 1991.

베빙톤. 『영국의 복음주의』. 이은선 역. 서울: 한들, 1998.

비숍, I. B. 『조선과 그 이웃나라들』. 신복룡 역. 서울: 집문당, 2000.

알리스터 맥그라스. 『복음주의와 기독교의 미래』. 정성욱 역. IVP, 2018.

언더우드, L. H. 『언더우드: 한국에 온 첫 선교사』. 이만열 역. 서울: 기
　　　독교문사, 1993.

원성옥 역. 『최초의 한국의회』. 서울: 범한서적, 1986.

옥성득·이만열 편역. 『대한성서공회사 1』. 서울: 대한성서공회, 2004.

윤건차. 『다시 읽는 조선근대교육의 사상과 운동』. 이명실, 심성보 옮김.
　　　서울: 도서출판 살림터, 2016.

이성전. 『미국선교사와 한국근대교육』서정민·가미야마 미나코 옮김. 서
　　　울: 한국기독교역사연구소, 2007.

존 스토트. 『현대기독교선교』. 김명혁 역. 서울: 성광문화사, 1985.

최재건 옮김. 『미국 북장로교 한국선교사』서울: 연세대학교출판부, 2009.

케인, 허버트. 『기독교세계선교사』. 박광철 역. 서울: 생명의말씀사, 1981.

_____. 『세계 선교 역사』. 신서균, 이영주 역. 서울: 기독교문서선
교회, 2013.

테리, M. J.; 페인, J. D. 『선교 전략 총론』. 엄주연 역. 서울: 기독교문서
선교회, 2015.

히버트, 폴. 『선교와 문화인류학』. 김동화 외 3인 역. 서울: 죠이선교회출
판부, 1996.

3. 외국도서

Hulbert, Homer B. "Korean Vocal Music," in The Korean Repository.
vol. 2, Feb., 1896.

_____. "The China Inland Mission." *The Missionary Review of the
World.* April, 1889.

_____. *Comparative Grammar of the Korean Language and the
Dravidian Language of the India.* Seoul, 1905.

_____. *The Korea Review.* Vol. 3, April, 1903.

_____. *The Korean Repository.* vol. 3. July, 1896.

_____. *Manuscripts*, undated, presumably around, 1930,

_____. "Japanese and Missionaries in Korea." in *Missionary Review.*
1908.

_____. "Japan in Korea," in *the Journal of International Relations* Vol 10. No. 27, 1920.

_____. "I am prejudiced in favor of justice, international comity and a right patriotism." *Echoes of the Orient.* 서울: 선인, 2000.

_____. "Spelling Reform," in *The Korea Review.* Sep., 1904.

_____. *The History of Korea.* Seoul: Methodist Publishing House, 1905.

_____. "National Examination in Korea." *Transactions of the Korea Branch of the Royal Asiatic Society.* XIV, Seoul, 1923.

_____. *The Passing of Korea.* New York: Doubleday, Page & Co., 1906.

_____. *Echoes of the Orient: A Memoir of Life in the Far East.* 서울: 선인, 2000.

Appenzeller, H. G. "Methodist Episcopal Mission in Korea." *Gospel in All Lands.* Sept., 1886.

_____. Henry G. *The Korea Mission of the Methodist Episcopal Church.* New York: Open Door Emergency Commission, 1885.

_____. "The Korea Mission." *Gospel in All Lands.* March, 1888.

_____. E. D. First Arrivals in Korea: Mrs. Appenzeller in *The Methodist History.* July, 1892.

Avision, O. R. "Cholera in Seoul." *Korean Repository.* II, Sept, 1895.

Dallet, C. *Histoire de l'eglise de Coree.* Vol. 1, 1966.

Grasser, Autur F.; McGavran, Donald A. *Contemporary Theologies of Mission.* Grand Rapids Baker Book House, 1983.

Gutzlaff, C. *Journal of Three Voyages along the Coast of China.* 1832.

Harris, M. C. "Korea Conference." *World-Wide Missions.* XVIII, Jan., 1906.

James, A. Scherer. "The Manila Manifesto", in *New Directions in Mission and Evangelization.* 1, New York: Orbis Books, 1992.

Latourette, K. S. *Christianity in a Revolutionary Age: a History of Christianity in the 19th and 20th Century.* Vol. 3, Gran Rapids: Zondervan Publishing House, 1976.

Linsay, H. H. *Report of Proceedings on a Voyage to the Northern Ports of China.* 1832.

Moffett, S. A. "Early Days in Pyong Yang." *The Korea Mission Field.* Vol. 21, No. 3, March, 1925.

Methodist Episcopal Church. Missionary Society. *Annual Report.* 1884-7, 1892, 1896, 1910.

_____. Korea Mission, Minutes of the *Annual Meeting.* 1893, 1895.

_____. Woman's Foreign Missionary Society, *Annual Report.* 1888.

Pollard, Robert T. "American Relations with Korea, 1882-1895." *The Chinese Social and Political Science Review.* XVI, 1932.

Robert, T. Handy. *A History of Union Theological Seminary in New York*. New York: Colombia University Press, 1987.

Ross, J. "The Christian Dawn in Korea." *The Missionary Review of the World*. N. S. Vol. 3, No. 4, April, 1890.

Rothweiler, L. C. "What Shall WE Teach in Our Girl's School?" *Korean Repository*. I, 1892.

Scranton, M. B. *The Gospel in All Lands*, Nov., 1887.

Scherer, James A. "The Manila Manifesto." in *New Directions in Mission and Evangelization*. 1, New York: Orbis Books, 1992.

Shaw, Carole C. *The Foreign Destruction of Korean Independence*. Seoul: SNU Press, 2007.

Underwood, Horace Grant. The Foreign Missionary. Vol. 45, No. 5, October, 1886.

_____. L. H. *Fifteen Years among the Top-Knots*. New York: American Tract Society, c1904.

Wasson, Alfred W. *Church Growth in Korea*. xii, New York: International Missionary Council, 1934.

Weems, Clarence N. *Hulbert's History of Korea*. Routledge & Kegan Paul, 1962.

4. 정기간행물 및 논문집

강석형. "프로테스탄트의 선교역사".『선교학개론』. 개정증보판. 서울: 대한기독교서회, 2013.

岡倉由三郎. "朝鮮國民敎育新案."『東邦協會會報』. 第2號, 부록, 1894.

권정화. "헐버트의『사민필지』와 미국 근대 지리교육의 굴절된 투영성."『社會科學敎育硏究』. 第15號, 2013.

金源模. "개화기의 한·미 문화교류–알렌, 아펜젤러, 언더우드, 헐버트."『仁荷』. 19, 1983.

김경미. "육영공원의 운영방식과 학원의 학습 실태."『한국교육사학』. 21, 1999.

김경민. "育英公院과 헐버트."『高凰論集』. 第45緝, 2009.

김경용. "육영공원일록 연구."『교육사학연구』. 제20집, 제2호, 2010.

김기석. "헐버트: 대한제국의 마지막 밀사."『한국사 시민강좌』. 34, 2004.

김기협. "'서세동점현상의 퇴조' 문명 전환 시대 한반도의 진로는? ."『역사학자 김기협과 함께하는 인문학 강의 자료집』. 프레시안, 2015.

김동진. "개화 초창기 한글문화 자강 활동에서 헐버트(1863~1949)박사의 역할과 업적."『한국어정보학』. 13권, 1호, 2011.

김무림. "'그리스도'와 '기독(基督)'의 어원."『새국어생활』. 제20권, 제1호, 2010.

김무진. "조선후기 교화체제의 정비와 면훈장제의 성격."『歷史敎育』. 58, 1995.

김성원. "포스트모던 죄론에 대한 연구." 『한국기독교신학논총』. Vol. 96, 2015.

김성철. "19세기후반~20세기 초반 서양인들의 한국 문학 인식 과정에서 드러나는 서구 중심적 시각과 번역 태도: Allen, Aston, Huibert 의 저작물을 중심으로." 『우리文學硏究』. 제39집,

김승우. "호머 헐버트(Homer B. Hulbert)의 아리랑 논의에 대한 분석적 고찰". 『비교한국학』. 20, 국제비교한국학회, 2012.

김승태. "105인 사건과 선교사의 대응." 『한국기독교와역사』. 36호, 2012.

김영우. "개화기의 교원교육." 『韓國敎育史學』. 15, 1993.

김원모. "조선 보빙사의 미국사행(1883) 연구." 『동방학지』. 제50집, 1986.

김을한. "故 헐버트博士의 一生." 『신천지』. 제4권 제8호, 1949.

_____. "高宗皇帝와 헐버트博士." 『民聲』. 제5권 제10호, 통권39, 1949.

김정우. "헐버트의 한국어 계통론 연구." 『人文論叢 』. 제12집, 1999.

노규호. "조선후기 교육 저변의 확대와 가사문학의 대응: '팔역가' 와 '오륜가' 를 중심으로." 『새국어교육』. 제79호, 2008.

류방란. "육영공원 소고." 『교육사학연구』. 4, 1992.

류홍렬. "우리나라에 있어서의 천주교전래의 사적의의." 『가톨릭靑年』. 제12권 제9호, 1958.

박걸순. "1894년 합덕 농민항쟁의 동인과 양상." 『한국 독립운동사 연구』. 제28집, 2007.

박명수. "한국 고등학교 국사 교과서에 나타난 개신교 서술의 문제점." 『역사교과서와 기독교, 공정하게 서술되었는가? 』. 박명수, 이은선,

박성래. "역사 속 과학인물: 개화기 교과서 『사민필지』의 저자 미국 호머 헐버트(1863-1949년)." 『과학과 기술』. 2001.

_____. "한국 근대의 서양어 통역사." 『역사문화연구』. 16권, 한국외국어 대학교역사문화연구소, 2002.

박영환. "로잔대회 이전의 세속화." 『복음과 선교』. 28집, vol. 4, 2004.

_____. "복음주의 선교가 본 통전적 선교의 한계와 과제, 그리고 대안." 『선교신학』. 제50집, 2018.

_____. "로잔운동의 선교신학과 WCC선교신학의 비교." 『로잔운동과 선 교』. 서울: 올리브나무, 2014.

박창현. "신약에서 본 선교." 『선교학개론』. 개정증보판. 서울: 대한기독교 서회, 2013.

방상근. "헌종~고종대 천주교 박해와 순교 기록." 『기록인(IN)』. 제28호, 2014.

변창욱. "내한(來韓) 선교사의 교육선교(1884-1940): 한국교회의 교육선 교에 주는 선교적 함의." 『선교와 신학』. 36, 2015.

서명일. "육영공원의 교과서와 근대 지식의 전파." 『韓國史學報』. 제56호, 2014.

서태열. "高宗皇帝 密使의 주역 헐버트의 世界地理 관련 저술에 대한 一考察." 『황실학논총』. 2007.

서종태. "김대건 신부와 그의 기록." 『기록인(IN)』. 제28호, 2014.

소요한. "헐버트(Homer Bezaleel Hulbert) 선교사의 한국사 연구: 새로 발굴된 동사강요(東史綱要)를 중심으로." 『대학과 선교』. 제30 집, 2016.

손윤탁. "성경적 선교신학과 통전적 선교관." 『선교와 신학』. 7집, 2001.

손정숙. "구한말 헐버트의 대한인식과 그 활동." 『梨花史學硏究』. 第22
　　輯, 1995.

송기중. "19세기 서양인의 국어 계통론." 『알타이학보』. 제12호, 2002.

송인설. "통전적 선교: 에큐메니칼 운동과 복음주의의 화해." 『한국교회사
　　학회지』. 제16집, 2005.

송찬식. "朝鮮後期 校院生 考." 『國民大學 論文集』. 11, 1977.

안영후. "개화기 兪吉濬의 교육개혁이론 考." 『지방교육경영』. 8, 2003.

여운홍. "파리강화회의에 갔다가." 『삼천리』. 제10호, 1930.

오상미. "헐버트(H. B. Hulbert)의 조선문명화론." 『학림』. 제32집, 2011.

오윤선. "근대초기 한국설화 영역자들의 번역태도 연구: Allen, Griffis,
　　Hulbert, Carpenter를 중심으로." 『동화와 번역』. 제23집, 2012.

오태훈. "우리나라 최초의 영어교육기관에 관한 일 고찰: 동문학과 육영
　　공원." 『한국관광내학 논문십』. 제5호, 2006.

윤경로. "Homer B. Hulbert 연구: 그의 한국에서의 활동을 중심으로."
　　『역사교육』. 29, 1981.

＿＿＿. "헐버트의 한국에서의 교육, 선교, 사회 및 막후 외교활동: 대한
　　의 독립을 세계에 역설한 파란눈의 후원자, 1863. 1. 26-1949.
　　8. 5." 『순국』. 통권 270호, 2013.

＿＿＿. "춘생문 사건과 기독교." 『한국기독교사 연구』. 창간호. 1985.

尹熙勉. "조선후기 소수서원의 교육 사례." 『역사교육』. 92, 2004.

이광린. "헐버트의 한국관." 『한국근현대사연구』. 제9집, 1998.

＿＿＿. "육영공원의 설치와 그 변천." 『한국개화사연구』. 서울: 일조각,

1982.

이기동. "검인정교과서 실체는 민중사학의 비틀린 허위의식."『新東亞』. 8권, 12호, 통권675호, 2015.

이덕주·장동민. "초기 내한 선교사들의 신앙과 신학."『한국기독교와 역사』. 6. 서울: 한국기독교역사연구소, 1997.

이민원. "광무황제와 헤이그 특사-고종의 헤이그특사 파견 논리와 구상을 중심으로."『한국독립운동사연구』. 제29집, 2007.

이민희. "20세기 초 외국인 기록물을 통해 본 고소설 이해 및 향유의 실제: The Korea Review 수록 'Korean' 중심으로."『인문논총』. 제68집, 2012.

이상훈. "하나님백성의 선교적 사명과 책무."『선교신학』. Vol. 36, 2014.

이선미. "1880년대 조선의 영어통역관 양성."『청람사학』. 제7집, 2003.

이승일. "대한제국기 외국인의 부동산 전당 및 매매와 민사 분쟁: 헐버트의 가옥 분쟁(1900~1902)을 중심으로."『法史學硏究』. 第49號, 2014.

이영관. "성리학에 대한 호머 헐버트의 견해."『韓國思想과 文化』. 第81輯, 2016.

이원희·조재식. "교육대학 교육과정의 변화: 한성사범학교 설립과정과 운영을 중심으로."『대구교육대학교 논문집』. 제39집, 2004.

이후천. "복음주의 선교신학."『선교학개론』. 서울: 대한기독교서회, 2013.

장훈태. "한국복음주의선교신학회의 역사 그리고 미래."〔제95차 한국복음주의선교신학회 정기학술대회 및 정기총회 자료집〕. 2018.

전민호. "유길준과 헐버트의 교육사상 비교 연구."『한국학연구』. 39,

2011.

_____. "헐버트(H. B. Hulbert)의 교육개혁론 고찰: "코리아 리뷰(The Korea Review)"를 중심으로." 『敎育問題硏究』. 제38집, 2010.

_____. "헐버트(H. B. Hulbert)의 활동과 교육사상 고찰." 『한국교육학연구』. 제16권, 제1호, 2010.

전석재. "미래세대를 향한 전도방향과 전략" 『한국기독교신학논총』. Vol. 96, 2015.

田淑子. "근대화 교육과 시민의식-開化期 敎育變化와 市民意識." 『성곡논총』. 27(3), 1996.

丁淳佑. "開化期 西歐近代敎育의 受容過程과 그 性格." 『정신문화연구』. 15권, 4호, 1992.

정정숙. "韓國 開化期 敎育에 관한 硏究." 『신학지남』. 63권, 2호, 1996.

정정호. "개화기 개신교의 번역사역과 한국 어문의 근대화." 『번역학연구』. 제8권, 2호, 2007.

정호훈. "조선후기 향교 교육과 丹陽." 『중원문화연구』. 제13집, 2010.

조원래. "朝鮮後期 實學者의 敎育思想 一考." 『歷史敎育The Korean history education review』. 제26집. 서울: 역사교육연구회, 1979.

진용하. "우리나라 最初의 近代學校 設立에 대하여." 『한국사연구』. 10, 1974.

채백. "'독립신문'의 참여 인물 연구." 『한국언론정보학보』.통권36호. 2006.

최무열. "선교와 사회복지." 『선교학개론』. 서울: 대한기독교서회, 2013.

최병헌. "삼인문답(2)." 『대한그리스도인 회보』. 제4권, 13호, 1900.

최보영. "育英公院의 설립과 운영실태 再考察." 『한국독립운동사연구』. 제42집, 2012.

_____. "育英公院 교사 헐버트의 독립운동과 '學員'의 사회진출." 『역사민속학』. 제52호, 2017.

최종고. "묄렌도르프와 한말 정치와교." 『구한말 고문관 연구』. 한국정치외교사학회, 2001.

한규원. "개화기 한국기독교가 민족교육에 미친 영향에 관한 연구 검토." 『한국기독교와 역사』. 31권, 1990.

한철호. "헐버트의 만국평화회의 활동과 한미관계." 『한국독립운동사연구』. 제29집, 2007.

허재영. "조선시대 여자 교육서와 문자생활." 『한글』. 272. 서울: 한글학회, 2006.

홍선표. "헐버트(Homer B. Hulbert)의 在美 한국독립운동." 『한국독립운동사연구』. 제55집, 2016.

홍성욱. "신학적 상황화." 『선교신학개론』. 개정증보판. 2013.

홍완표. "최초의 관립 육영공원의 설립과 교육." 『安城農業專門大學 論文集』. 17, 1985.

황우선 · 김성해. "한국근대저널리즘 개척자로서 H. 헐버트연구." 『커뮤니케이션학 연구: 일반』. 제25권. 1호. 2017.

5. 학위논문

강세영. "헐버트의 교육 관련 활동 연구: 그의 서신 중심으로." 석사학위
논문, 한국교원대학교 대학원, 2013.

권기호. "감리교선교사들의 개화기 교육활동 연구." 박사학위논문, 단국대
학교 일반대학원, 2011.

김미진. "육영공원의 개원 요인 분석: 1883-1894년간의 조선개화의 사상
적, 정치적 측면을 중심으로." 석사학위논문, 중앙대학교 교육대
학원, 1998.

김영우. "韓國 開化期의 敎員養成에 관한 硏究." 박사학위논문, 中央大
學校 大學院, 1983.

김응기. "통전적(統全的) 선교 이해와 선교 교육론 연구." 석사학위논문,
한신대학교 대학원, 1997.

김종인. "통전적 선교를 위한 복음전도." 석사학위논문, 장로회신학교신학
대학원, 2017.

문찬연. "미(美)북장로교 서울선교부 설립배경과 초기선교활동
(1884-1910)에 관한 연구." 박사학위논문, 평택대학교 피어선신
학전문대학원, 2011.

신이레. "구한말 선교사 헐버트(Homer B. Hulbert)의 활동 연구." 신학석
사학위논문, 협성대학교 일반대학원, 2007.

유선주. "開化期 漢城師範學校에 관한 연구." 석사학위논문, 건국대학교
교육대학원, 1991.

유승희. "구한말 관립외국어학교에 관한 연구." 석사학위논문, 한국외국어
대학교 교육대학원, 2015.

유정화. "19세기 한·중·일 근대 통번역 교육제도 비교 연구." 박사학위논
문, 한국외국어대학교 통번역대학원, 2011.

윤나영. "헐버트(H. B. Hulbert)의 한국연구와 역사인식." 석사학위논문,
인하대학교 교육대학원, 2012.

윤병조. "개화기 한국 기독교 출판문화 사업이 일반사회에 미친 영향에
관한 연구: 감리교출판사의 사례분석을 중심으로." 석사학위논
문, 연세대학교 언론홍보대학원, 1998.

이동일. "헐버트의 선교신학에 대한 연구." 석사학위논문, 서울장신대학교
일반대학원, 2018.

李元浩. "開化期 敎育政策의 史的研究". 박사학위논문, 동아대학교 대학
원, 1982.

장재용. "근대 서양인의 저술에 나타난 한국사 인식." 박사학위논문, 강원
대학교 대학원, 2015.

전자룡. "통전적 선교를 통한 지역사회 선교 연구." 석사학위논문, 장로회
신학대학교 대학원, 2017.

정영식. "통전적 선교의 이론과 적용." 신학석사학위논문, 장로회신학교
대학원, 2002.

정진웅. "사중복음의 21세기 통전적 성결선교신학적 해석." 박사학위논문,
성결대학교 대학원, 2011.

조가영. "국어 계통론의 국어과 교육 내용 및 방안에 대한 연구." 교육학
석사학위 논문, 고려대학교 교육대학원, 2014.

조홍찬. "조선말 개화파의 정치시상 비교연구: 김옥균, 박영효, 유길준, 서재필을 중심으로." 박사학위논문, 원광대학교 대학원, 2003.

진영일. "헐버트의 반일외교활동에 나타난 선교이해." 신학석사학위논문, 한신대학교 신학전문대학원, 2004.

黃兢天. "開化期의 初等敎員 養成敎育에 관한 연구: 漢城師範學校를 중심으로." 석사학위논문, 弘益大學校 敎育大學院, 1990.

허화연. "1880년대 근대교육기관의 설립과 육영공원의 운영." 석사학위논문, 건국대학교 대학원, 2008.

6. 인터넷, 기타 자료

김연갑. "아리랑 5도 답파기(1)," 뉴시스.

http://www.newsis.com/ar_detail/
view.html/? ar_id=NISX20151215_0010479132&cID, 2018. 12. 28.

http://kosis.kr/statHtml/statHtml.do? orgId=101&tblId=DT_1PM1502

https://ko.wikipediaorg/wiki/

http://www.worldometers.info/kr/

http://ranky.tistory.com/424,

http://paichai1885.com/? MID=cHTML&IDX=33546&TOP=MQ==

http://news.kmib.co.kr/article/view.asp? arcid=0006053689

https://terms.naver.com/entry.nhn? docId=871310&cid

http://www.nrjch.or.kr

https://ko.wikipedia.org/wiki/

국가보훈처. 헐버트박사 서거 60주기 추모식 보도자료. 2009년 2월.

동아일보. 1949년 8월 15일자.

『매일신보』

『신한민보』

The Korea Review

The Citizen-Republican

The County Record

The New York Times

The San Francisco Call

The Topeka State Journal

The Virginia Enterprise

Abstract

The purpose of this study is to explore the acts of holistic mission unfolded by Homer B. Hulbert, an early American missionary devoted to the development of modern education, society, and culture of Korea, and highlight such a historical mark point of Korean modern history.

Political, social, and educational backgrounds in the end of the epoch were examined, and the procedure of holistic mission led by Hulbert with regard to the education and social culture was separately inspected.

The status of Korea today is a hallmark of the fruit of Hulbert and other early Christian missionaries committed to the spread of the words of God and the enlightenment of people which were the only key to open the doors to a new era from the unstable national crisis during late Joseon dynasty. It was in virtue of their sacrificial missionary works, Christianity and modern education have proliferated across the country, serving the role as a driving force for independence and sociocultural development.

It was reconsidered that despite such an achievement, the Korean textbooks of modern history exclude the devotions of early missionaries and reads the influence of Christianity as a negative impact despite such an effort.

The old education at the end of Joseon dynasty was remaining in its limit as a traditional Confucian-oriented education, the national economy and society left behind the light of civilization, and the state of politics at stake which was tied to the Japanese invasion. The propagation of western civilization via missionary works a remarkable breakthrough of modern education, medical care, science, etc., which complied with the requirements and needs of the circumstances back then.

Hulbert, the precursor of modern education in charge of the first modern public education in Joseon, replaced the old confucian education system with a modern framework of educational curriculum to prepare the foundation of Korea's modern education. It was stressed that he served as a holistic missionary in love of Korea, taking the lead to popularize Hangeul, announce the potential and excellence of Korea, disclose the reality of Japanese invasion to the United States and unto the world, and strived for the Independence of Korea.

Hulbert made an optimum use of his talents, capabilities, environment, etc., as a measure for missionary work to achieve a glorious outcome of modernization and the struggle for independence of Korea through volunteering in the education, culture, society, media, press, enlightenment, politics, independence, etc. in Korea. The events of Hulbert in social activities were examined to exhibit a pioneering life as a "holistic" missionary to spread the words of God in light of an inseparable corelation between the evangelical work and a social duty of a Christian.

Key words: Hulbert, Education, Culture, Missionary work, Social activities, Reformation, Holistic, Missionary

부 록

헐버트(Homer B. Hulbert)의 생애 연혁

1863. 1. 26. 미국 버몬트 주 뉴헤이븐(New Haven) 시에서 출생.

1884. 다트머스대학 졸업. 유니언 신학대학(Union Theological seminary) 입학(2년 수학)

1886. 7. 5. 조선 최초의 관립학교인 육영공원(Royal English College) 교사로 조선에 입국.

1888. 9. 18. 메이 한나(May B, Hanna)와 결혼.

1890. 언더우드(H. G. Underwood)의 최초 사전인 『한영ㅈ전』의 영한사전 부분 편찬에 동참.

1891. 한국 최초의 순 한글 교과서 『ㅅ민필지』 출간.

1891. 12. 육영공원에서 5년 반 동안 재직 후 미국으로 귀국.

1892. 1. 3. 근대 최초의 한글 관련 논문 "한글(The Korean Alphabet)" 발표

1892. 풋남군사학교(Putnam Military Academy, Ohio) 교장.

1893. 7. 미국 시카고에서 열린 '컬럼비아 국제설화학술회의'에 참석, 한국의 설화 소개

1893. 10. 1. 감리교 선교사로 한국에 재입국.

1893. 감리교 배재학당내 삼문출판사(Trilingual Press)의 책임자 볼드윈예배소(Baldwin Chapel, 현 동대문교회) 담임목사

1895.	영문 월간지 『한국소식(The Korean Repository)』운영
	책임자 겸 공동 편집인.
	명성황후 시해 사건 직후 언더우드, 에비슨(O. R. Avison)
	등과 고종의 침전에서 불침번을 서며 고종 보호.
1896.	아리랑을 역사상 최초로 서양식 악보로 채보.
	서재필을 도와 『독립신문』 창간을 도움. 영문판 책임자.
1897.	한성 사범학교 교육장, 대한제국 교육 고문.
	왕립지리학회(Royal Geographical Society) 회원.
1900.	관립중학교(현 경기고등학교) 교관.
1901.	영문 월간지 『한국평론(The Korea Review)』 창간.
	왕립지리학회(Royal Asiatic Society) 한국지부 창설이사.
1903. 7.	단편소설 『줌나의 기적(The Sign of the Jumna)』 출간.
	『시베리아 금광을 찾아(Search for a Siberian Klondike)』
	출산. 조선왕조 역사서 『대동기년(大東紀年)』 출간.
	『타임스(The Times, London)』지 객원 특파원.
	한국YMCA 창립준비위원장 및 창립총회의장, 한국YMCA
	헌장기초.
1904.	『AP통신』 객원 특파원
1905.	종합 역사서 『한국사The History of Korea』 출간.
	『한국어와 드라비다 어의 비교 연구(A Comparative
	Grammar of The Korean and The Dravidian
	Languages)』 출간.
1905. 10.	고종 황제의 대미 특사로 미국의 루스벨트(Theodore

Loosevelt) 대통령에게 을사늑약 저지를 위한 친서 전달.

1906.   한국의 문화, 풍물, 사회 제도 등을 집대성한 한국역사책
             『대한제국멸망사(The Passing of Korea)』 출간.
             노량진교회 설립 예배 인도.

1906. 6. 22. 헤이그만국평화회의 관련 고종 황제의 특사로 임명 받고,
             대한제국 조약 상대국 국가원수를 방문.

1907.   일본 궁내부 대신의 경천사 석탑 약탈 실상을 세계 언론에
             알리며 석탑 반환을 요구.

1907. 5~7.   고종 황제의 특사로 제2차 만국평화회의가 열린 헤이그
             방문, 한국인 특사 지원 활동.

1907. 7.   헤이그 사건 후 일본의 박해로 미국으로 귀국하여
             매사추세츠 주 스프링필드(Springfield)에 정착.

1907~1909.   미국 전역을 돌며 순회강연과 언론, 기자회견을 통해 한국의
             독립을 지원해줄 것을 호소.

1909. 8~11. 비밀리에 미국 정부가 주선한 경호원과 함께 한국을
             방문하여 평양에서 열린 기독교 한국 선교 25주년
             기념행사에 참석, 고종 황제로부터 내탕금에 관한 밀명을
             받고 상하이를 거쳐 미국으로 귀국.

1911~1922.   성인 하계대학인 '셔토쿼 순회 강좌(Chautauqua
             Circuit)'에서 활동, 한국의 실상을 알리고 독립을 호소.

1918~1919.   제1차 세계대전 중 YMCA 연사로 프랑스에서 강연.

1919.   파리강화회의 기간 중 파리를 방문하여 대한민국
             임시정부의 독립청원서를 제출한 김규식 만남. 각국에

한국의 독립을 지원할 것을 호소.

1919. 9.　　미국 상원 외교관계위원회에 "한국을 어찌할 것입니까?
　　　　　　(what about Korea?)" 라는 제목의 청원서(Statement)를
　　　　　　제출하여 미국 의회기록(Congressional Records)에 한국의
　　　　　　독립을 호소하고 청원서를 남김.

1919~1945. 서재필이 이끄는 미국인 중심의 한국독립지원단체
　　　　　　한국친우회(The League of The Friends of Korea)와
　　　　　　이승만이 이끄는 구미위원부(The Korean Commission to
　　　　　　America and Europe)에서 중심 연사로 활동.

1925.　　　한국 전래 동화 『엄지 마법사(Omjee The Wizard)』 출간.

1926.　　　소설 『안개 속의 얼굴(The Face in The Mist)』 출간.

1928~1931. 『미라신부(The Mummy Bride)』등 희곡 4편 발표.

1942.　　　미국 워싱턴에서 열린 한국자유대회(Korea liberty
　　　　　　Canfernce)에서 연설을 통해 한국인들의 단결을 호소.

1948.　　　아내 메이(May B. Hulbert) 별세.

1949. 7. 29. 이승만 대통령의 국빈 초청으로 8. 15 독립 1주년 행사에
　　　　　　참석하기 위해 40년 만에 내한.

1949. 8. 5.　내한 일주일 만에 서거.

1949. 8. 11. 외국인 최초로 대한민국 사회장으로 영결식 거행 후
　　　　　　양화진에 안장.

1950. 3. 1.　대한민국의 외국인 최초로 건국공로훈장 독립장 추서.

※ 위 연혁은 『헐버트, 조선의 혼을 깨우다』에서 발췌.

H. B. 헐버트 선교사의 통전적 선교가
한국 근대교육과 사회문화 발전에 끼친 영향

2019년 3월 28일 인쇄
2019년 4월 28일 발행

저   자 : 유 성 실
발 행 인 : 이 선 교
발 행 처 : 도서출판 현대사포럼
           서울 도봉구 쌍문1동 486-107 완성연립 다동 103호
등록번호 : 210 - 91 - 62090
전   화 : 010 - 5320 - 2019

도서주문 : 도서출판 가나북스
전   화 : 031-408-8811   팩스 : 031-501-8811
홈페이지 : www.gnbooka.co.kr

정   가 : 22,000원
ISBN 978-8994-096117